Horst Rückle/Peter Stumber (Hrsg.)
Verkaufen – eine Herausforderung

Horst Rückle/Peter Stumber (Hrsg.)

Verkaufen – eine Herausforderung

verlag
moderne industrie

Die Deutsche Bibliothek – CIP-Einheitsaufnahme

Verkaufen : eine Herausforderung / Horst Rückle/Peter Stumber (Hrsg.) – Landsberg/Lech : Verl. Moderne Industrie, 1994
ISBN 3-478-23280-5
NE: Rückle, Horst [Hrsg.]

Umschlaggestaltung: Liebe & Partner, 86899 Landsberg/Lech
Satz: Fotosatz Reinhard Amann, 88317 Aichstetten
Druck und Bindearbeiten: Friedrich Pustet, 93051 Regensburg
Printed in Germany 230280/0794301
ISBN 3-478-23280-5

Inhaltsverzeichnis

Vorwort

Die meisten Verkäufer beschreiben ihren Beruf als anspruchsvoller und schwieriger als vor einigen Jahren. Die Kunden seien kritischer geworden und hätten mehr Bewußtsein entwickelt. Produkte und Dienstleistungen ähnelten sich immer mehr. Internationalisierung und Globalisierung machten den Wettbewerb schwieriger und den Weg zum Erfolg aufwendiger. Immer öfter entscheide nicht der direkte Gesprächspartner allein, sondern ein Gremium, zu dem man selbst keinen direkten Kontakt habe. Bei den Argumenten für die Entscheidungsfindung stehe immer häufiger der „Preis" im Vordergrund. Viele Verkäufer fühlen sich deshalb „ohnmächtig".

Sicher ist Verkaufen in den mehr als 20 Jahren, in denen meine Kollegen und ich beraten und trainieren, schwieriger geworden. Wer mit der Zeit gehen wollte, mußte sich mit den Veränderungen auseinandersetzen und Probleme mit Lernen lösen.

Wir mußten uns genauso auf die Entwicklungen vorbereiten und Aktivitäten entwickeln wie jeder, der morgen noch erfolgreich sein will. Neben dem früher ausreichenden Training für Verkäufer nimmt heute Beratung in den Bereichen Unternehmensvision, Unternehmensentwicklung, Personalentwicklung und den benachbarten Bereichen wie Erarbeiten von Leitbildern und deren Realisierung mittels Coaching und Schulung einen breiten Raum unserer Tätigkeit ein. Die zunehmende Internationalisierung und Globalisierung machte es erforderlich, daß auch wir international tätig wurden.

Mit derzeit 104 Mitarbeiterinnen und Mitarbeitern in der hr TEAM Unternehmensgruppe sind wir prädestinierte Partner für Unternehmen, die erfolgreiches Training gestalten wollen, aber auch für die Unternehmen, die über reines Training hinaus ganzheitliche Konzeptionen und Maßnahmen entwerfen wollen. Als „Auslöser und Begleiter von gewollter Entwicklung" stehen wir von der Vorberatung bis zur erfolgreichen Verwirklichung nationaler und internationaler Konzeptionen zur Verfügung.

Wir kennen die Welt der Unternehmensführung und des Verkaufs aus eigener und mehr als 20jähriger beobachtender und begleitender Erfahrung. Das tiefe

Eintauchenkönnen in die Problemwelt unserer Kunden und deren Mitarbeiter, die daraus resultierenden maßgeschneiderten Lösungen und besonders die Erfolge unserer Kunden bei der Verwirklichung beweisen die Qualität unserer Arbeit.

Nach wie vor ist das Kommunikations- und Verhaltenstraining im Verkaufsbereich einer unserer, aus unserer speziellen Erfahrung resultierenden Schwerpunkte. Verkaufen allein führt jedoch noch nicht zum Erfolg. Viele Faktoren bedingen und untermauern den Erfolg im Markt. Zum Beispiel sind das Image des Unternehmens, die Qualität seiner Produkte, seine Unternehmenskultur und die Persönlichkeit des Verkäufers weitere wesentliche Elemente, aus denen heraus Kunden Entscheidungen für die Aufnahme oder Weiterführung einer Zusammenarbeit treffen.

Schon als wir 1979 unser erstes „Handbuch der Verkaufspraxis" im verlag moderne industrie herausbrachten, haben wir unser Bedauern darüber formuliert, daß der Verkäuferberuf kein Lehrberuf ist, und der „Motor der Wirtschaft" praktisch als begabter Angelernter, anders als z. B. in den USA, um seine soziale Anerkennung ringen muß.

Um all jenen Verkäufern zu helfen, die ihr Wissen up to date halten wollen, haben meine Kollegen und ich dieses Buch geschrieben. Die Kollegen, die an diesem Handbuch mitgewirkt haben, entwickelten aufgrund ihrer täglichen Seminarpraxis und dem ständigen Kontakt zu Verkäufern verschiedenster Branchen praxiserprobte Vorgehensweisen. Vor allem auch denjenigen, die im Unternehmen für die Qualifikation der Verkäufer verantwortlich sind, soll dieses Buch die Anforderungen aufzeigen, die es an qualifizierte Verkäufer zu stellen gilt.

Immer stärker rückt die Persönlichkeit des Verkäufers in den Vordergrund. Die Firmen brauchen bessere Verkäufer, brauchen die „Botschafter" im Markt, die den Kollegen der Mitbewerber in den entscheidenden Bereichen mit ihrem Wissen und insbesondere ihrem Verhalten voraus sind. Vom Verkäufer wird nicht mehr wie in der Vergangenheit Überzeugungsfähigkeit und Durchsetzungsvermögen (damit würde er seine Kunden zu Verlierern machen!), sondern Glaubwürdigkeit und Begeisterungsfähigkeit gefordert. Begeisterung aber kommt von Geist und nicht von Geld, sonst würde der Begriff „Begelderung" heißen müssen.

Verkaufen ist ein aktiver Vorgang. Dabei muß immer gegen einen Widerstand gearbeitet werden. Im Gegensatz dazu steht Bedienen, bei dem der Nachfrager auf den Anbieter zukommt und dieser ihm das Gewünschte aushändigt.

Den Verkäufern, die sich in diesem Sinne verantwortlich für ihr Unternehmen sehen, die die Sicherung der Marktanteile und damit den Erhalt von Arbeitsplätzen als die hinter dem Umsatz stehende, wichtigste Aufgabe ihres Berufs sehen, ist dieses Buch gewidmet.

Wer sein Verhalten ändern will, muß als erstes sein eigenes Verhalten in Frage stellen, einsehen können und wollen, daß das derzeitige Verhalten verbesserungsfähig ist. Jeder braucht diese Veränderungen, um sich dem erfolgenden Wandel anpassen zu können. Wer nur tut, was er kann, bleibt, wo er ist!

Verkaufserfolge können erheblich verbessert werden, wenn die Fähigkeiten zum rationalen und intuitiven Erfassen und zum erfolgreichen Bearbeiten von Situationen entwickelt werden. Erfolgreiche Verkäufer denken unternehmerisch und betrachten sich als Manager ihres Verkaufsgebiets. Erfolgreich und sympathisch sein wird immer derjenige, der neben Wissen und Erfahrung insgesamt „echt“ wirkt, der aus Selbstbejahung Selbstbewußtsein entwickelt hat und genügend eigene Dynamik besitzt, um Wirkung zu entfalten.

Erfolgreiche Verkäufer wissen, daß Arbeit und Leistung natürliche menschliche Ziele sind und daß diese nicht nur in sportlichen und in Hobbybetätigungen, sondern auch im Beruf möglich sind. Oft entstehen aus kleinen Ansätzen Erfolgserlebnisse, die zu neuen Versuchen Anlaß geben und den Motor des Positiven in Gang halten. Wenn dieses Buch derartige Ansätze vermittelt und beim einzelnen Anstoß für eine neue Einstellung gibt, hat es seine Aufgabe erfüllt.

Allen Lesern wünschen wir, daß sie auf jedem Gebiet mehr (Verkaufs-)Erfolg erleben und dadurch zufriedener werden.

Böblingen, im Juli 1994 Horst Rückle

Kapitel 1

Ziele – Werte – Philosophie

Matthias Hartmann

1. Ziele machen Erfolge möglich
2. Gelebte Werte machen das Unternehmen interessant und verläßlich zugleich
3. Unternehmensphilosophie fördert die Entwicklung einer einheitlichen und wirksamen Identität

Mit der Sehnsucht beginnt alles, mitten in den harten Realitäten des Alltags. In schäbigen Garagen wurde am ersten PC gebastelt, an dem Traum von Unabhängigkeit und Leistungsfähigkeit. Die Faszination von einem Volksauto konnten auch die rauchenden Trümmer von Wolfsburg nicht ersticken. Der Wunsch nach Zusammenarbeit in Europa war stärker als die 40jährige Tradition von Mauern und Gräben. Im großen wie im kleinen bewegt Hoffnung auf eine bessere Zukunft große Berge.

Den Zusammenhang zwischen täglicher Arbeit, weitgespannten Zielen und faszinierenden Visionen hat Antoine de Saint-Exupéry an folgendem Beispiel verdeutlicht:

„Wenn Du ein Schiff bauen willst,	Ziel
so trommle nicht Männer zusammen, die Holz beschaffen, Werkzeuge vorbereiten, Holz bearbeiten und zusammenfügen,	Aufgabe
sondern lehre sie die Sehnsucht nach dem weiten Meer.“	Vision

Quelle: Antoine de Saint-Exupéry

Abb. 1: Ziel – Aufgabe – Vision

1. Ziele machen Erfolge möglich

Mit Zielen wird ein konkreter, meßbarer Zustand in der Zukunft bezeichnet. Der Weg zu diesem Zustand ist noch nicht bekannt, und doch gibt das Ziel wie ein Leuchtfeuer die Richtung vor und ermöglicht die Überwindung vieler Widerstände.

Anfang der 60er Jahre sagte John F. Kennedy: „In diesem Jahrzehnt ist unser Mann auf dem Mond." Mit dieser Zielvorstellung trat John F. Kennedy eine Lawine technologischer Entwicklung los. Um letztendlich den Mann auf den Mond zu bringen – wenn auch erst Anfang der 80er Jahre –, mußten so viele Erfindungen und Entwicklungen getätigt werden, wie 60 Jahre Technikgeschichte vorher. Dieses Ziel hat die Kreativität und den Erfindungsgeist einer ganzen Generation beflügelt.

Diese erfolgreiche Wirkung von Zielen kann sich jeder selbst zur Verfügung stellen. Dazu dient die Frage nach den längerfristigen Perspektiven, wie z. B.: „Wo wollen Sie in fünf Jahren, z. B. 1999, stehen?" Geht es um eine krisensichere Position im Beruf als Verkäufer? Geht es um eine größere Verantwortung als Führungskraft, z. B. als Handlungsbevollmächtigter? Geht es im Sinne der Unternehmensentwicklung um eine Marktposition, die Weltniveau hat?

Solche Überlegungen sind gerade in schwierigen Zeiten angebracht. Ziele verändern nämlich nicht automatisch die Zukunft, sondern sie geben für die Gegenwart Orientierung, was als nächstes zu tun ist. Insofern verändern sie die Gegenwart und geben ihr eine Richtung.

Ziele bündeln die Energien. Sie zeigen, welche Schritte erfolgreich auf dem Weg sind. Ein erstaunliches Beispiel für die belebende und erfolgreiche Kraft von Zielen ist eine amerikanische Untersuchung. 1953 wurden an der Yale Universität die Studenten des letzten Semesters befragt, ob sie ein klares und konkretes Ziel niederschreiben und sich einen Plan erstellen können, wie sie dieses Ziel erreichen wollen. Bei drei Prozent der Studenten war dies der Fall.

20 Jahre später wurden nun die Mitglieder dieses Lehrgangs noch einmal interviewt. Dabei stellte sich heraus, daß diejenigen, die ihre Ziele konkretisiert und schriftlich formuliert hatten, mehr Einkommen und Wohlstand erreicht hatten als die restlichen 97 Prozent zusammengenommen.

Damit soll gesagt werden, daß Ziele die Perspektiven steuern, die Energien bündeln und die Wahrnehmungen und Verhaltensweisen im Blick auf das Ziel strukturieren. Der entscheidende Schritt, um aus Wünschen, Träumen, Zukunftsvorstellungen, Phantasien usw. Erfolgsfaktoren zu machen, geschieht über die Operationalisierung. Das heißt, Ziele müssen mit Zeiten, Mengenangaben und Randbedingungen griffig und greifbar werden.

Die Hochspringerin Ulrike Meyfarth sagte einmal: „Ohne die Latte gibt es keinen Weltrekord." Für die persönliche Karriereplanung wie auch für die strategische Planung von Unternehmen ist es demnach entscheidend, die Vorstellungen in konkrete meßbare Zustände zu übersetzen. So heißt es nicht einfach, einen besseren Lebensstandard zu erreichen, sondern innerhalb von fünf Jahren aus der Mietwohnung in ein Eigenheim zu ziehen, mit einer planbaren und realistischen Zinsbelastung.

Damit sind nicht alle Träume und Phantasien Wirklichkeit geworden, aber sie sind in eine Realisierung überführt, woraufhin jeder Schritt ein meßbarer Erfolg ist.

Angewandt auf die Situation von Verkäufern heißt dies, im Rahmen von Umsatz und Entwicklungszielen des Unternehmens eigene Zielvorstellungen zu entwickeln. Denn erst in der Perspektive von fünf Jahren kann eine entsprechende Frustrationstoleranz entwickelt werden, die es ermöglicht, dürre Perioden im Blick auf eine Verbesserung und Annäherung an das Ziel zu überstehen.

Gerade auch in Zeiten der Rezession bieten hochgespannte und gleichzeitig einigermaßen realistische Ziele die Gewähr, daß nicht auf kurzfristigen Tageserfolg hingearbeitet wird, sondern auf längerfristige, fruchtbare Geschäftsbeziehungen. Und es ist auch nicht entscheidend, ob letztendlich das Ziel zu 100 Prozent erreicht wird. Wichtig ist, daß in den Widerständen des Alltags, z. B. in einem Kundengespräch mit Liquiditätsproblemen, die Zukunftsorientierung nicht aus den Augen verloren wird. Der momentane Ertrag mag bescheiden sein, er führt jedoch weiter.

Und hier gilt genauso wie in den übrigen Bereichen: Man muß höher zielen, als man später trifft.

2. Gelebte Werte machen das Unternehmen interessant und verläßlich zugleich

Umsatzziele, Definition der Marktposition und Expansionsziele des Unternehmens sind die eine Seite. Genauso wie im persönlichen Bereich Karriereziele und familiäre Ziele die andere Seite beschreiben. Mit den Zielen ist noch nicht der Weg beschrieben. Es lassen sich Umsatzziele im Prinzip der schnellen Mark durch aggressive Verkaufsmethoden, unseriöse Rabattpolitik, unsolide Einmalgeschäfte usw. kurzfristig erreichen. Genauso lassen sich persönliche Ziele durch Ellenbogenmentalität, Vernachlässigung der familiären Bedürfnisse und Hintenansetzen der Gesundheit erreichen.

Im Blick auf ein vertrauenswürdiges und längerfristiges Geschäft mit Kunden und genauso im Blick auf eine gedeihliche Zusammenarbeit innerhalb des Unternehmens bedarf es Werte, die auf Dauer verläßlich sind und motivierend wirken.

Individuum	➧	Integration
Verstand	➧	Vernunft
Analyse	➧	Synthese
rational	➧	intuitiv
deduktiv/logisch	➧	zirkulär/systematisch
Expansion	➧	Erhaltung
Quantität	➧	Qualität
Wettbewerb	➧	Kooperation
Starrheit	➧	Flexibilität

Abb. 2: Der Wandel der Werte in der Unternehmensauffassung

Das Ziel der Französischen Revolution war die Republik. Die dabei leitenden Werte waren „frei und gleich“ (brüderlich kam später hinzu). Diese Werte von Freiheit, Gleichheit und Brüderlichkeit haben die Wirren der Französischen

Revolution überdauert, die Diktatur Napoleons überstanden, die bürgerlichen Könige überlebt, den Parteienstreit überwunden, den Abschied Frankreichs von den Kolonien begleitet und mehrere Verfassungsreformen in Gang gesetzt.

Daran wird deutlich, daß die Werte eine verhaltensprägende Kraft haben und wie Magnete in der Bewältigung schwieriger Situationen wirken. Sie geben eine Orientierung für alle Beteiligten, wie und auf welche Weise das Ziel – hier die Republik – auf Dauer und für alle Mitwirkenden faszinierend erreicht werden soll.

Im Blick auf Unternehmen, die sich auf ihre eigenen Werte verpflichten, bedeutet dies eine Garantieerklärung gegenüber Mitarbeitern und Kunden für zukünftiges Verhalten. Eine solche Garantieerklärung überdauert Umsatzziele wie auch Schwierigkeiten der Reorganisation.

Worin liegt nun dieses krisensichere Erfolgsgeheimnis der Werte?

Werte, wie z. B. offen, qualitätsorientiert und zuverlässig sind wie ein Versprechen im konkreten Verhalten überprüfbar. So heißt z. B. der Wert „offen“ im Blick auf die Führung, daß man dort Kritik zuläßt, Zuhören gewohnt ist und Ideen erfragt. „Qualitätsorientiert“ im Hinblick auf die Führung ist am Verhalten zu erkennen, wenn die Führungskraft lernbereit ist, Feedback zuläßt, von sich aus kontrolliert und auch delegiert. Im Blick auf den Mitarbeiter heißt es, daß er sich Kenntnisse selbständig aneignet, Schwierigkeiten schnell erfaßt und mit Kreativität Aufgaben löst.

Genauso ist der Wert „zuverlässig“ am Verhalten der Führungskraft leicht zu erkennen, z. B. daran, daß er Rückmeldungen gibt und daß er Zusagen einhält. Auch der Mitarbeiter ist im Hinblick auf den Wert „zuverlässig“ daran zu erkennen, wieweit er eigenverantwortlich, mit Eigendisziplin und termintreu agiert.

Im Blick auf den Kunden bedeuten diese Werte „offen“, „qualitätsorientiert“ und „zuverlässig“ ein Versprechen hinsichtlich der Zusammenarbeit. Der Unternehmenswert „offen“ bedeutet für den Kunden, daß kundenspezifische Erwartungen akzeptiert, Verbesserungen geprüft und bei Schwierigkeiten Lösungen gesucht werden. „Qualitätsorientiert“ bedeutet für den Kunden, daß Standards und Normen vorausgesetzt werden können, daß Eingangskontrollen nicht nötig sind und daß auf seine speziellen Qualitätsvorstellungen eingegangen wird. „Zuverlässig" meint aus Sicht des Kunden, daß Zusagen eingehalten werden, daß fair verhandelt wird und daß auch der Service stimmt.

Werte ermöglichen somit eine Verhaltenssicherheit auf dem Weg zum Ziel. Werte wirken auf alle Beteiligten wie ein Magnet. Sie geben Orientierung für das Verhalten in der konkreten Situation. Gerade weil Werte etwas Gutes und Erstrebenswertes sind, wodurch man sich der Hochschätzung würdig erweist, sind sie attraktiv.

Für den Mitarbeiter bedeutet dies, daß er sein Verhalten entsprechend den Werten der Firma ausrichten und sich als wirkungsvoller Multiplikator nach außen, im Markt und nach innen beweisen kann. Für die Führungskraft bedeuten die Werte, daß sie Mitarbeitern eine Orientierung geben.

Insgesamt bedeutet ein nach Werten orientiertes Auftreten im Markt, daß sich die Firma und die Mitarbeiter von den Mitbewerbern durch ein konsequentes werteorientiertes Verhalten unterscheiden. Dadurch können Wettbewerbsvorteile erzielt werden. Das läßt sich unter anderem an Finanzinstituten erkennen, die vom Produkt her alle dasselbe wollen, nämlich ein All-Finanz-System bieten, und sich dennoch aufgrund ihrer Philosophie unterscheiden.

Die einen stellen besonders den Wert der Solidität heraus, die anderen den Wert der kurzen Wege, wieder andere die Gemeinsamkeit mit ihren Kunden. Darüber hinaus gibt es Banken, die aufgrund ihrer internationalen Verflechtung Flexibilität versprechen.

Im Blick auf den Verkäufer in einer solchen Bank bzw. im Blick auf den Verkäufer im Großhandel, wo eine ähnliche Gleichheit der Produkte herrscht, oder hinsichtlich des Verkäufers in Kaufhäusern bzw. in der Automobilbranche, überall dort stellt sich die gleiche Herausforderung. Der Verkäufer realisiert durch sein Verhalten diesen „Mehr"-Wert der Firma. In seinem Verhalten wird greifbar, ob die Werte in der Realität gelten. Er kann durch sein Verhalten die Glaubwürdigkeit der Firma nachdrücklich unterstreichen und sich dadurch beim Kunden wie auch in der Firma eine feste Position verschaffen.

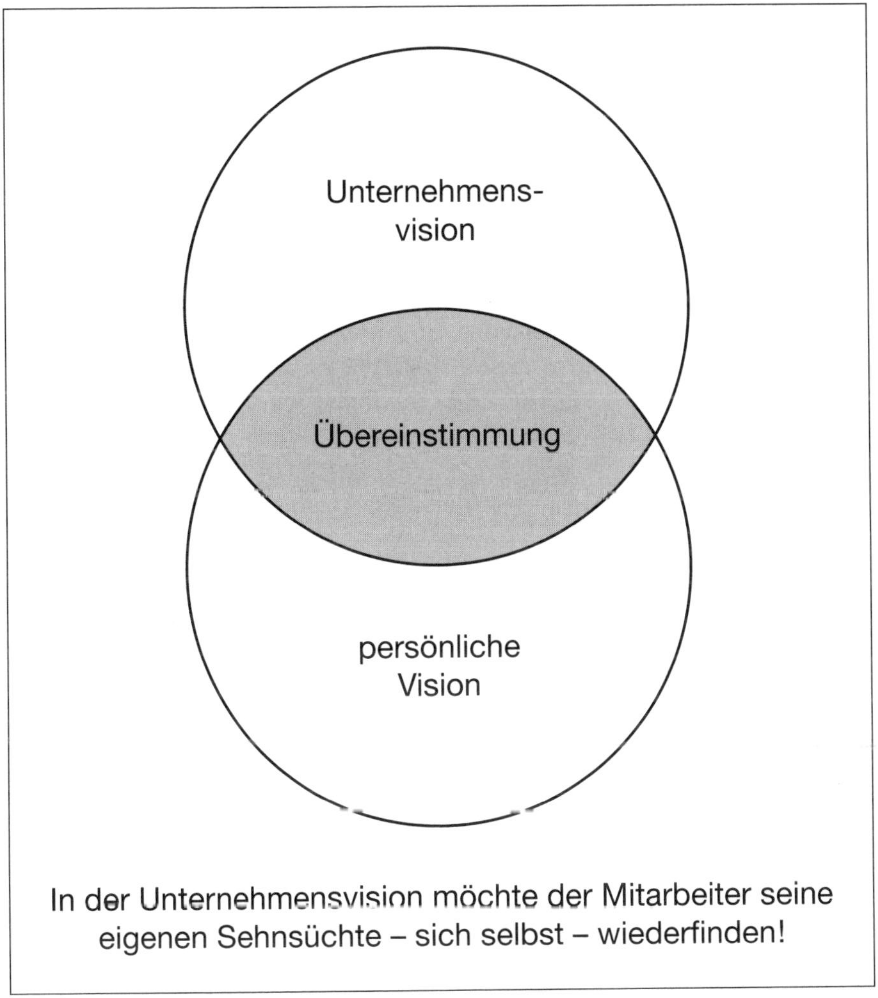

Abb. 3: Mitarbeiter suchen Resonanz

Aber nicht nur der Verkäufer im direkten Kontakt mit dem Kunden entscheidet über den Wirkungsgrad der Werte, sondern auch der Innendienst hat seinen Anteil an der Glaubwürdigkeit der Werte. So sagt man: Das erste Auto verkauft der Verkäufer, das zweite Auto die Werkstatt.

In der Baubranche bedeuten Werte, wie zum Beispiel Qualität und Termintreue, einen entscheidenden Wettbewerbsvorteil, der aber nur durch einen einheitlichen Auftritt von Innen- und Außendienst glaubwürdig realisiert werden kann. Wenn das aber möglich ist, dann ist dieser Wettbewerbsvorteil wirklich erreicht.

Die Voraussetzung eines funktionierenden Werteverhaltens innerhalb der Firma ist ein klares Rollenbewußtsein aller Beteiligten. Damit ist gemeint, daß der Mensch in der Lage ist, sich entsprechend der Situation rollenspezifisch zu verhalten. Rolle meint in diesem Zusammenhang, daß er nicht Schauspieler ist, sondern daß er die berechtigten Erwartungen an seine Funktion erfüllt. Dazu ist jeder Mensch in der Lage, weil er im Laufe eines einzigen Tages schon verschiedene Rollen wahrnimmt.

So z. B. ist es jedem möglich, den Rollenwechsel zwischen Familienmitglied, Verkehrsteilnehmer, Mitarbeiter in der Firma, Staatsbürger und Vereinsmitglied reibungslos zu vollziehen. Diese Erkenntnis und Flexibilität des Menschen gibt die Gewißheit, daß der Mitarbeiter und die Führungskraft in der Lage sind, entsprechend den Wertvorgaben der Firma die eigene Rolle glaubwürdig auszugestalten.

Werden Führungskräfte und Mitarbeiter trainiert, gilt es nun, das Verhaltensrepertoire im Blick auf die durch die Ziele und Werte des Unternehmens erwarteten Verhaltensweisen hin zu entwickeln. Der Vorteil eines klaren Wertebewußtseins liegt darin, daß es möglich ist, konkrete Verhaltensweisen entsprechend den Werten auch zu benennen und dementsprechend Trainingsmaßnahmen zu konzipieren. Das jeweilige Rollenverhalten bestimmt sich aus den Werten und läßt sich von dorther ableiten.

Angesichts des schwindenden allgemeinverbindlichen Wertebewußtseins in der Gesellschaft, im Sinne preußischer Tugenden, wird von den Unternehmen erwartet, daß sie die Werte ihres Geschäftsverhaltens selber vorgeben und sich dementsprechend daran halten. Das ist besonders wichtig für Firmen, die europaweit bzw. international arbeiten, damit ein Verhaltensstandard vorgegeben wird, auf den man sich auch fern der Heimat verlassen kann. Nicht zuletzt waren es Fluggesellschaften und Hotelketten, die dieses als erstes auf ihre Fahnen geschrieben haben.

3. Unternehmensphilosophie fördert die Entwicklung einer einheitlichen und wirksamen Identität

Unternehmensentwicklung meint, alle Erfolgsfaktoren, besonders aber die Mitarbeiter, bereits heute auf die besonderen Anforderungen von morgen vorzubereiten. Insofern ist die Unternehmensphilosophie ein Leitbild für die zukünftige Entwicklung.

Im Unterschied zur Unternehmenskultur, worin die Gesamtheit der in einem Unternehmen gegebenen Selbstverständlichkeiten gemeint ist, bezeichnet die Unternehmensphilosophie den Soll-Charakter. Unternehmenskultur meint insofern den Ist-Zustand, das täglich Beobachtbare und Gelebte, Falsche oder Richtige, Verbotene oder Erlaubte. Unternehmensphilosophie will mit ihrem Soll-Charakter diese eingeschliffenen Gewohnheiten dynamisieren und auf einen einheitlichen Auftritt ausrichten.

Ursprünglich war das preußische Beamtentum die modernste Weiterentwicklung, wie der Staat seine Funktionen gegenüber dem Bürger wahrzunehmen hat. Im Gegensatz zu vielen anderen Gepflogenheiten in der damaligen Staatenwelt war das preußische Beamtentum ausgezeichnet durch Unbestechlichkeit, Prinzipientreue und Sachlichkeit. Dieser einheitliche Grundzug aller preußischen Beamten, ob in der Provinz oder in der Hauptstadt, bewirkte eine unglaubliche Effizienz der staatlichen Gesetzgebung, bis hin zum letzten Dorf.

Kostenersparnis im Sinne des Staates ging bei preußischen Beamten so weit, daß sie selbst den Sand mitbrachten, um die Tinte zu trocknen. Dieses Bewußtsein der Effizienz, einer gemeinsamen Sache verpflichtet zu sein, machte Preußen zu einem modernen staatlichen Dienstleistungssystem. Es ermöglichte die verläßliche Entfaltung privater Initiativen. Eine solche verbindliche Unternehmensphilosophie, wie am Beispiel des preußischen Beamtentums aufgezeigt, macht deutlich, daß dadurch eingefahrene Verhaltensweisen wieder flexibel und dynamisch werden.

Genauso wie der Geist die Glieder bewegt und ohne den Geist die Glieder zum Leichnam werden, ist es mit der Unternehmensphilosophie, da sie den Enthusiasmus eines reibungslosen Miteinanders und wirkungsvollen Auftretens vermittelt. Die belebende Kraft solcher verbindender Faszination wird immer wieder deutlich an der erstaunlichen Tatsache, daß Firmen in der Gründerphase bzw. Kleinunternehmen kaum von Fehlzeiten und unerklärlichen Abwesenheiten geplagt sind. Hier mobilisieren der Aufschwung und die neue Perspektive alle Kräfte und bündeln sie in einem gemeinsamen Unternehmen.

Die Unternehmensphilosophie will dementsprechend auch bei etablierten Firmen diesen ursprünglichen Geist und die Einsatzbereitschaft wieder wecken

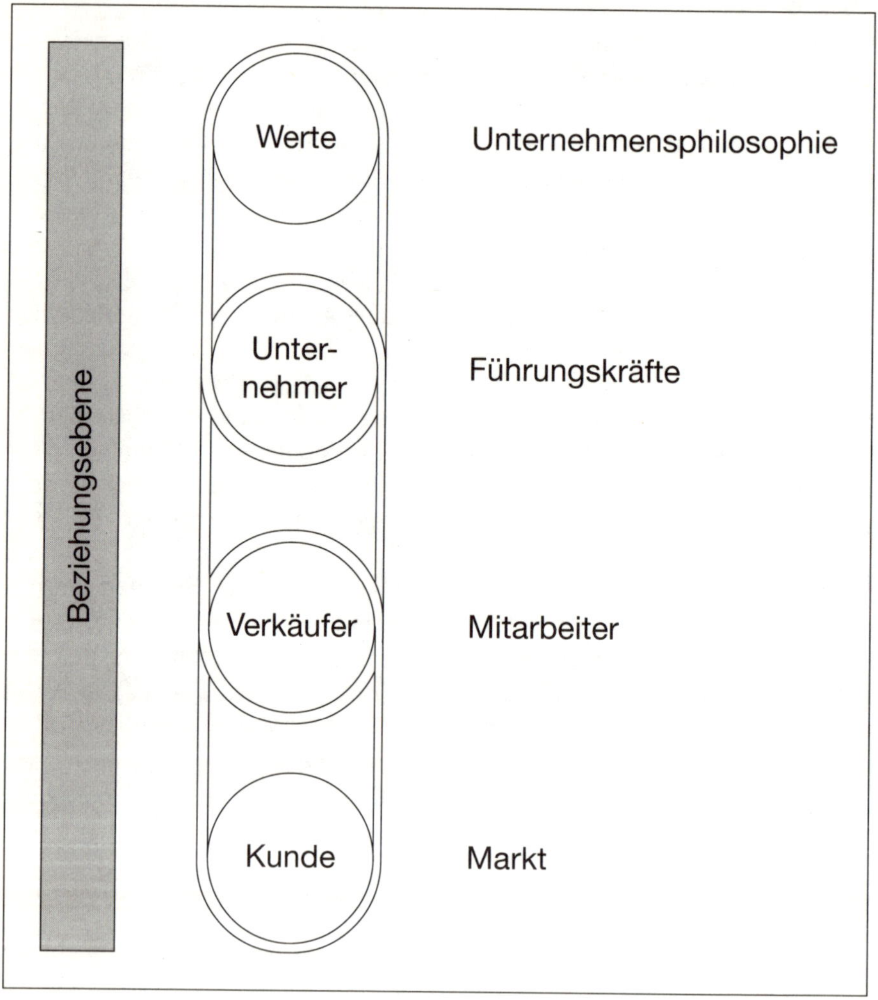

Abb. 4: Begeisterung

und ihm Richtung und Wirkungsfeld geben. An den Schnittstellen eines Generationenwechsels in einer Firma bzw. bei der Übernahme anderer Firmen in die eigene Verfügung wird immer wieder deutlich, daß der ursprüngliche Geist bzw. die belebende Philosophie wieder aktiviert werden muß, um eine Einheit zu erreichen, statt sich in Konkurrenzkämpfen zu verzetteln.

Literatur

Drucker, P. F. (1990): Neue Realitäten. Wertewandel in Politik, Wirtschaft und Gesellschaft, Düsseldorf

Mann, R. (1988): Das ganzheitliche Unternehmen. Die Umsetzung des Neuen Denkens in der Praxis zur Sicherung von Gewinn und Lebensfähigkeit, Bern

Peters, Thomas J. / Waterman, Robert H. (1992): Auf der Suche nach Spitzenleistungen, 15. Aufl., Landsberg/Lech

Kapitel 2

Die Persönlichkeit des Verkäufers

Gerd Bayrhoffer

1. Stärken und Schwächen des Verkäufers
2. Werte und Ziele des Verkäufers

Produkte werden immer ähnlicher. Deshalb wird der Verkäufer in seiner Persönlichkeit immer wichtiger für den Verkaufserfolg. Versteckt er sich, bekennt er sich nicht zu seinem Beruf, weil er sich nicht berufen fühlt, dann spürt das der Kunde. Keine Technik kann diese fehlende Identifikation mit seinem Beruf verdecken.

Titel und Umbenennungen lösen das Problem nicht. Wenn sich der Verkäufer Repräsentant nennen muß, um seine Tätigkeit zu verschleiern, dann kann es sein, daß die Beziehung zum Kunden leidet.

1. Stärken und Schwächen des Verkäufers

Warum soll sich ein Verkäufer fragen: Wie gehe ich mit mir selbst um? Welche Einstellung habe ich zu mir selbst?

Verkäufer – so glauben wir oft –, das ist doch ein Beruf, bei dem es nur darum geht, nach draußen in den Markt zu gehen, um etwas zu bewegen. Was interessiert mich da, wie ich mich selbst fühle, wie meine Einstellung zu mir selbst ist?

Viele Märchen und Geschichten, aus denen Kinder lernen sollen und die Menschen zur Persönlichkeitsbildung nutzen, ranken sich immer wieder um die Frage: Wie bin ich? So z. B. bei Rumpelstilzchen, das sich davor fürchtete, daß jemand seinen Namen, also seine Identität erkennt.

Sich verstecken, etwas vortäuschen sind übliche Verhaltensweisen geworden. Manche tragen gute Anzüge, und wenn sie an Höflichkeitsformeln erinnert werden, dann wissen sie nicht, wie sich ein höflicher Mensch verhalten sollte.

Eine Verkäuferpersönlichkeit entsteht nur, wenn sich der Verkäufer wirklich annehmen kann – mit all seinen Stärken und Schwächen. Es gibt keinen Menschen, der nur Stärken hat. Stärken und Schwächen existieren im gleichen Verhältnis zueinander. Denn jeder Pol erzeugt automatisch im Sinne des komplementären Ausgleichs seinen Gegenpol. Jede Stärke hat auch wieder ihre schwache Seite, z. B. birgt gut reden können die Gefahr des Überredens in sich. Stärken können entarten: So wird aus Freiheit Anarchie, aus der Ordnungsliebe Pedanterie.

Wie entstehen die Stärken und Schwächen, die unsere Persönlichkeit beinhaltet?

Die Biologen sagen, jeder Mensch ist ausgestattet mit Genen, an die Informationen gebunden sind. Anlagen oder – je nach Stärke – Begabungen oder Talente nennt man diese Gesamtheit. Anlagen sind Dispositionen für Fähigkeiten. In Reflexion mit der Umwelt werden diese Anlagen zu Fähigkeiten und Fertigkeiten entwickelt. So entstehen Charakterstrukturen. Der Mensch beginnt, sich mit einzelnen Verhaltensweisen zu identifizieren. Er schätzt seine Stärken, seine Schwächen lehnt er ab. Die Problematik ist nur, daß unser Ich, das wir so hofieren und für so wichtig halten, nur die Stärken einbezieht und die Schwächen isoliert.

Jung spricht in diesem Zusammenhang vom Schatten des Menschen. Er meint damit alle jene Bereiche, in die der Mensch seine nicht akzeptierten Wirklichkeitsanteile, die die anderen nicht sehen dürfen, versteckt.

Wenn jemand im Verkäufer nicht die Person, die er sein will, anspricht, sondern seinen Schatten trifft, kann er nicht mehr gelassen reagieren. Deshalb sagt der Volksmund auch: „Getroffene Hunde bellen.“ Wenn der Gesprächspartner etwas anspricht, was der Verkäufer von sich weiß, dann ist dies kein Problem für ihn. Ein selbstbewußter Mensch braucht die Schwächen nicht zu verstecken, doch viele Menschen glauben, daß man sich Schwächen abgewöhnen muß. Das bringt nichts, denn wer sich Schwächen abgewöhnt, wird weniger schwach, aber nicht stark. Also wäre doch eine Möglichkeit, im Sinne von Selbstvertrauen seine Stärken zu lokalisieren, um sie in unterschiedlichen Rollen zu nutzen und die bekannten Schwächen durch Organisation unschädlich zu machen.

Viele Verkäufer reflektieren nicht über sich selbst. Sie fragen sich nicht: Was kann ich gut – was kann ich nicht gut? Zu welcher Zielgruppe passe ich?

Charakter ist immer gekoppelt mit Identifikation, und jede Identifikation führt dazu, daß der Verkäufer den für ihn nicht akzeptablen Teil seiner Persönlichkeit verdrängt. Da sind Menschen, die wegen ihrer eigenen Unzufriedenheit andere unzufriedene Menschen nicht leiden können und die wegen ihrer eigenen Fehlerhaftigkeit Fehler bei anderen nicht ausstehen können. Denn es stört den Menschen in seinem Umfeld meist das, was er in sich selber nicht mag. Dies verfolgt er in der Umwelt, denn wenn das Störende draußen nicht mehr auftritt, hat er seine Ruhe. Deshalb gibt es so viele Menschen, die sagen, ich möchte gar nichts mehr hören. Sie vermeiden Situationen, in denen sie lernen könnten. Was ist denn Lernen anderes als die Integration von Problemen? Wenn jemand ein Problem akzeptiert, dann ist diese Situation für ihn in seinem Leben nie mehr ein Problem. Probleme wandeln sich so zu Aufgaben. Wenn ein Verkäufer lernt, mit Ablehnung umzugehen, weil er sich nicht mehr so wichtig nimmt, weil er sich auch als Diener verstehen kann, dann hat er kein Problem damit, wenn ihn ein Gesprächspartner nicht sofort hofiert. Aber das kann nur der, der seine Stärken und Schwächen kennt.

Die Frage ist nur: Wie bemerkt der Verkäufer seine Stärken und Schwächen? Über klares Feedback kann er begreifen, was er ändern soll. Wenn jemand zu ihm sagt: „Du sprichst so schnell, mir fällt es schwer, dir zu folgen", dann kann der Verkäufer sagen: „Ich rede wie ich will", oder er kann sagen: „Oh, da gibt es einen, der sagt, daß mein Reden auch Nachteile hat. Jetzt will ich doch einmal probieren, wie das wäre, wenn ich langsamer sprechen würde." Aber dazu gehört Offenheit, und viele Menschen haben vor dieser Öffnung Angst. Wenn der Verkäufer immer mehr in sein Ich hineinläßt, dann hat er plötzlich keine so klaren Vorstellungen mehr über falsch und richtig. Dann ist er mit immer mehr einverstanden, dann ist ihm immer mehr gleichgültig. So wäre einem qualifizierten Verkäufer gleichgültig, ob er positives oder negatives Feedback bekommt, weil er aus beidem lernen kann. Aus dem einem bestätigend und aus dem anderen erweiternd. Würde sich der Verkaufer so entwickeln, dann würde er reifen, indem er ständig neues Selbstbewußtsein, neues Wissen um sich selbst und seine Wirkung erzeugt.

Die Verkäuferpersönlichkeit nutzt ihren Beruf, um ständig zu lernen, wie sie wirkt, damit sie in allen Rollen offener sein kann. Das Ja-Sagen zu seinen eigenen Schwächen ist eine der besten Möglichkeiten, Reifung einzuleiten. Dieser Reifeprozeß ist nur möglich, wenn der Verkäufer zu zwei Dingen ja sagt: zu seinen Stärken und zu seinen Schwächen.

Ein Verkäufer hat viele Möglichkeiten, Feedback zu bekommen: Er kann aus jeder Reaktion seines Gesprächspartners ableiten, ob er auf dem richtigen oder falschen Weg ist, er kann seinen Vorgesetzten befragen und er kann alle Möglichkeit nutzen, immer wieder etwas Neues über sich zu erfahren und sich so weiterentwickeln.

2. Werte und Ziele des Verkäufers

In einer seiner Nebenrolle, z.B. als Verkehrsteilnehmer, erlebt der Verkäufer täglich, wie seine Prinzipien von anderen Verkehrsteilnehmern durchbrochen oder bestätigt werden. Er hat ein Ziel, das er möglichst schnell erreichen will, also wird dieses Ziel zu einem seiner Prinzipien. Er hat aber auch eine Art und Weise, wie er dieses Ziel erreichen will. Er hat um sich herum eine Menge anderer Menschen, die ebenfalls mit Prinzipien ihren Zielen zustreben, und die Frage ist: Kommt es zu Konflikten oder zu Kooperation? Deshalb haben Menschen immer wieder versucht, über Prinzipien im Sinne von Normen zu klären, was richtig und falsch ist. Ein Verkäufer muß wissen, was sein Arbeitgeber als richtig oder falsch definiert. Er muß wissen, was für seine Kunden richtig oder falsch ist und er muß wissen, mit welchen Verhaltensweisen er zeigen kann, daß er richtig liegt. Er braucht Richtlinien oder Leitsätze, die ihm Identifikation erlauben und die Begeisterung auslösen. Und die Antwort auf die Frage „Wofür soll ich mich begeistern?" gibt die Firma mit ihrer Unternehmensphilosophie.

Unternehmensphilosophie meint die Gesamtheit der gültigen Werte und Normen. Werte sind Eigenschaften, die zu Hochschätzung würdig machen. Ein Verkäufer wird auf die Frage „Was ist dir an deinem Kunden wertvoll?" eher sagen: „Er ist loyal, er ist ehrlich, wir haben eine gute Beziehung" und wird vielleicht dann anfügen: „Wir machen auch noch Umsatz." Der Verkäufer wurde bisher meist an den Zielen gemessen, ohne daß man fragte: „Werden denn die Werte eingehalten?" Es ist ein riesiger Unterschied, ob ein Verkäufer für ein Unternehmen arbeitet, das sich als elitär versteht (und demzufolge an ihn die Forderung gerichtet wird, im Anzug aufzutreten) oder für ein Unternehmen, das sich als kumpelhaft versteht (und demzufolge er gebeten wird, sich dementsprechend zu kleiden). Nur wenn der Verkäufer die Werte des Unternehmens kennt, kann er sich innerlich identifizieren und bekommt jene Kraft, mit der es ihm möglich ist, bei seinem Kunden begeisternd zu wirken. Und diese Begeisterung ist auch die Tragkraft für das Zustandekommen der Motivation für das Produkt.

Produkte werden immer ähnlicher. Deshalb wird der Verkäufer mit seiner Persönlichkeit immer wichtiger für den Verkaufserfolg. Die Verkäuferpersönlichkeit benötigt Prinzipien, die ihr Handeln lenken können:

1. damit er Halt bekommt in einer haltloser werdenden Zeit und
2. damit er weiß, was falsch und was richtig ist.

Der Verkäufer sollte in seinem Unternehmen klären, wie er die Aufgabe erledigen und Probleme lösen soll. Wenn das geklärt ist, werden die Ziele auch leichter definierbar und der Konflikt, z. B. zwischen dem Ziel, möglichst viel Umsatz zu erwirtschaften und dem Wert, dies auf seriöse Art und Weise zu tun, kann gelöst werden.

Der Verkäufer ist Botschafter des Unternehmens im Markt, der Ziele erreichen und Werte verwirklichen muß, damit die Zielgruppe zufriedengestellt wird. Dazu wird auch die Anforderung der Zielgruppe berücksichtigt. Es ist ebenso wichtig, daß der Verkäufer bei sich selbst auch einmal klärt, welche Werte und Ziele er hat. Wenn es gelingt, daß die Werte des Verkäufers und seine Wünsche in bezug auf Lebensgestaltung, seine Ziele in bezug auf Einkommensmöglichkeiten, seine Erwartungen in bezug auf die Zielgruppen harmonieren mit dem Wertesystem seiner Firma, dann entsteht jene Arbeitsfreude, die Erfolge zwangsläufig macht.

Wenn wir dies übertragen auf das Verkaufsgespräch, dann kann ein Verkäufer seinem Kunden sagen, welche Werte er vertritt und aus welchem Denkhintergrund er formuliert. So entsteht besseres Verstehen. Dieses bessere Verstehen gestaltet die Beziehungsebene. Wobei Beziehung eine wechselseitige Bedürfnisbefriedigung meint. Beide befriedigen Bedürfnisse wechselseitig in der Art des Miteinanderumgehens. Es gibt verschiedene Möglichkeiten, dem anderen zu zeigen, „wes Geistes Kind“ man ist, beispielsweise durch Aussehensmerkmale. Jeder von uns bildet sich relativ schnell ein Bild über den anderen. Es entsteht aus Einzelheiten wie Anzug, Krawatte oder Frisur. Daraus entsteht ein Vorurteil. Vorurteile waren (und sind) überlebensnotwendig, weil sie schnell sagen, ob jemand Gegner oder Freund ist. Und diese Vorurteile gestalten die gesamte Folge des Gesprächs im Sinne einer sich selbst erfüllenden Prophezeiung.

Man sagt nicht umsonst: „Wer gute Produkte verkauft, muß auch danach aussehen.”

Einige Male wurde der Begriff der „Rolle“ erwähnt. Häufig reagieren Verkäufer sehr negativ, wenn man sagt, sie spielten eine Rolle. Wie wollen aber Verkäufer in einem härter werdenden Konkurrenzdruck ohne Rollenspiel bestehen? Es ist höchst problematisch, wenn der Verkäufer alles, was in einem Verkaufsgespräch geschieht, persönlich nimmt, denn dann beginnt er zu leiden! Hier hilft innere Distanz zur Rolle, die er aus dem Kern seiner Persönlichkeit in der jeweiligen Situation gestaltet.

Gerade beim Verkäufer ist es das Schöne, daß er in seinem Beruf etwas lernen und tun darf, was er in allen Rollen seines Lebens gebrauchen kann: Umgang mit anderen, Kommunikation, Wärme, Wertschätzung, Gestalten von Sprache, eben Formen der Persönlichkeit.

Kapitel 3

Körpersprachliche Signale erkennen und deuten

Matthias Hartmann

1. Die Gesprächsgrundlage wird ohne Worte über körpersprachliche Signale formuliert

2. Körpersprache läßt sich verstehen, aber nicht trainieren

3. Hinweise zum Verstehen von körpersprachlichen Signalen
   - 3.1 Der erste Eindruck: die Haltung
   - 3.2 Mit den Händen reden
   - 3.2.1 Der Kopf „be-hauptet"
   - 3.2.2 Die Energie in den Schultern
   - 3.2.3 Luftholen mit Brust und Armen
   - 3.2.4 Es kribbelt in den Fingern
   - 3.2.5 Der Sitz im Leben
   - 3.3 Mimik
   - 3.4 Blickrichtung

Ob jemand offen und erwartungsvoll auf uns zukommt, das erkennen wir instinktiv sofort. Ob uns jemand verschlossen und kritisch begegnet, auch das erkennen wir und verhalten uns entsprechend vorsichtig und zurückhaltend. Wir erkennen es an den Händen, am Gesicht, am Gang, an der einladenden oder reduzierten Gestik. Diese Grundbotschaften, die über den Körper vermittelt werden, sind für den Verkäufer und Vertriebsmitarbeiter von entscheidender Bedeutung. Sie und die Betonung geben den Sachinformationen und Detailaussagen (die wortwörtlich ausgetauscht werden) die entscheidende Bedeutung. So kann die Einladung zu einem Gespräch – „Bitte setzen Sie sich" –, je nach körpersprachlichen Signalen, die Aufforderung zu einem offenen Austausch sein wie auch zu einem Verhör. Ob jemand mit verschränkten Armen signalisiert, daß er noch ganz bei sich und seinen Gedanken ist, oder ob er mit verschränkten Armen signalisiert, daß er mit dem Angebot nicht einverstanden ist, solche entscheidenden Botschaften prägen den Verlauf des Gesprächs. Angesichts dieser Tatsache und dadurch, daß Gespräche gewöhnlich zeitlich befristet sind, braucht es einen Blick für die Signale des Körpers, um frühzeitig wahrzunehmen, auf welchen Boden die Worte fallen. Mit der vorausgesetzten Flexibilität in der Gesprächsführung wird es dann möglich sein, entsprechend einer erwartungsvollen oder vorsichtigen Haltung des Gesprächspartners, dem Ziel näherzukommen. Körpersprachliche Signale werden in diesem Zusammenhang als Botschaften verstanden, die dem Redner zurückmelden, wie seine Worte „ankommen". Entsprechend kann er dann reagieren.

Körpersprache ist

- die älteste Form der Kommunikation,
- ein analoges Kommunikationssystem,
- eine symbolische Sprache,
- Ausdruck von Energie und Information in Haltung, Bewegung und Symptomen.

Abb. 1: Was ist Körpersprache?

1. Die Gesprächsgrundlage wird ohne Worte über körpersprachliche Signale formuliert

Es ist an der Körperhaltung zu erkennen, ob jemand zu seinen Worten steht, ob er es ernst und ehrlich meint. Die Glaubwürdigkeit dessen, was er sagt, spiegelt sich im körperlichen Ausdruck. Dieses Grundwissen ist in allen Kulturen gleich. Es ist der Grundbestand der menschlichen Kommunikation. Von daher sind wir auch in der Lage, uns ausreichend und effektiv in einer fremden Kultur nur mit Händen und Füßen zu verständigen.

Wissenschaftlich belegt ist diese Tatsache, weil die größte Wirkung des gesprochenen Wortes in den körpersprachlichen Begleitumständen liegt. Bis zu 60 Prozent der Wirkung liegen im Körperausdruck. Mit einer abwehrenden oder akzeptierenden Haltung wird der Sachinhalt bewertet. Daran wird für den Verkäufer als den aktiven Partner in der Kommunikation deutlich, ob er dem anderen aus dem Herzen oder ob er vor tauben Ohren geredet hat.

Der große Vorteil der Körpersprache ist ihre Ehrlichkeit. Der Körper läßt sich nicht täuschen oder manipulieren. Er bleibt sich treu und drückt genau aus, was man bzw. der andere fühlt. Das ist auch kaum bewußt zu beeinflussen. Der Körper reagiert auf die angebotenen Informationen. Hier trifft genau das Reiz-Reaktions-Prinzip zu. Der Körper reagiert auf die Informations- und Gesprächsreize unwillkürlich. Von daher ist es für den Verkäufer wichtig zu erkennen, ob man sich in dem entscheidenden Punkt nähergekommen ist oder ob noch eine Distanz besteht. Diese grundlegenden Informationen vermitteln körpersprachliche Signale.

Der entscheidende Vorteil dieser Signale gegenüber dem gesprochenen Wort liegt darin, daß der Körper schneller reagiert als das gesprochene Wort. Ein Achselzucken bzw. ein ausweichender Blick kann schon vor den Worten deutlich machen, daß hier eine Schwierigkeit vorhanden ist. Somit weiß der Verkäufer, daß die Entwicklung seiner Argumentation eher noch auf die Bearbeitung von Schwierigkeiten eingehen muß als auf das Aufzeigen der Nutzen. Das klassische Beispiel für die Deutlichkeit körpersprachlicher Signale ist in vielen Liebesszenen zu erkennen. Dort wird auf der sprachlichen Ebene oft ein Nein gesagt, während der Körper ein Ja, eine Annäherung und Umarmung will und ausdrückt.

2. Körpersprache läßt sich verstehen, aber nicht trainieren

Die körpersprachlichen Signale werden über jenes Nervensystem gesteuert, welches unserem bewußten Zugriff weitgehend entzogen ist. Die Echtheit von Schauspielern liegt darin, daß sie gelernt haben, sich mit einer Rolle zu identifizieren. Dadurch wird es ihnen möglich, ein anderer zu sein und sich wie ein anderer zu fühlen. Sie können so die vorhandenen Gesten und das mimische Repertoire in der Rolle nutzen. Wir merken genau, wenn ein Schauspieler „falsch“ spielt, d. h. wie eine Marionette reagiert. Wir sagen dann, er tut nur so als ob. Er spult nur eine Rolle ab. Was körpersprachlich trainiert und angeeignet werden kann, sind sogenannte Konventionen und Umgangsformen. Sie sind ritualisierte Weisen, wie man sich begegnet. So ist zum Beispiel der Handschlag eine Geste, die signalisiert, daß ich mit offenen Händen auf den anderen zugehe. Ich habe nichts in der Hinterhand versteckt. Solche vorgeformten Begrüßungsformeln verlieren bald ihr Gewicht, wenn es um den Verlauf des Gesprächs geht. Dann reagieren wir aus der Situation heraus. Hier wird es sogar als unpassend und störend empfunden, wenn jemand wie antrainiert über die Köpfe hinweg doziert. Auch wenn er es mit bestem Willen gut meint und Kompetenz und Fachkenntnisse signalisieren will. Jeder spürt jedoch, daß er auf der Beziehungsebene am Gesprächspartner vorbeigeht. Genauso können abschließende Formeln bei der Verabschiedung unglaubwürdig wirken, wenn beim aufgesetzten Lächeln spürbar wird, daß er eigentlich zubeißen möchte. Wenn also klar ist, daß sich der Erfolg einer Rolle als Verkäufer nicht in den äußerlich antrainierten Verhaltensweisen dokumentiert, sondern in dem von innen gesteuerten spontanen Ausdruck von Beziehung und Vertrauen, dann geht es um eine innere Übereinstimmung mit der Rolle. Daraus folgt dann, daß Körpersprache als Ausdruck des spontanen Reagierens auf Situationen verstanden wird. Dementsprechend ist es wichtig, sich über Feedback der eigenen körpersprachlichen Signale zu vergewissern und dementsprechend an der inneren Einstellung zu arbeiten.

3. Hinweise zum Verstehen von körpersprachlichen Signalen

Nun folgen einige Erklärungen wichtiger körpersprachlicher Signale. Die Grenzen dieser Erläuterungen liegen darin, daß zwar jede körpersprachliche Äußerung eindeutig und klar ist, aber nicht aus ihrem Zusammenhang herausgelöst werden darf. So ist z. B. das Jucken an der Nase als Hinweis auf eine Ver-

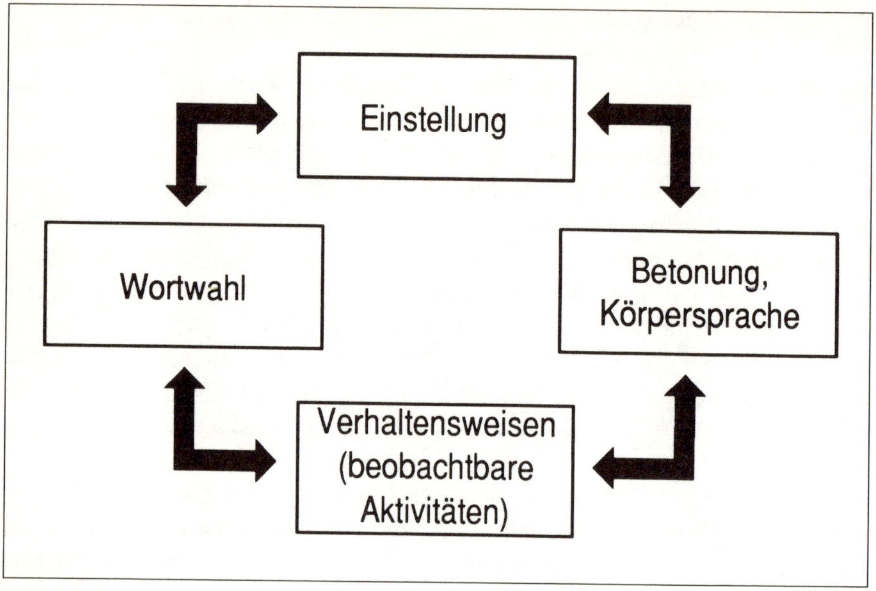

Abb. 2: Einstellung und Verhalten

ständnisschwierigkeit mit einer Sache, die jemanden „stört“, häufiger, wenn gleichzeitig eine Erkältung vorliegt. Aus dem Zusammenhang heraus werden die körpersprachlichen Signale eindeutig. Insofern können die folgenden Hinweise Anregungen sein, um aus der Fülle der Möglichkeiten heraus die im jeweiligen Kontext zutreffende zu erkennen. Eine gute Übung für diesen Zusammenhang ist, beim Fernsehen den Rednern „auf die Finger zu schauen“. Solche Übungen am Fernseher haben den Vorteil, daß sie kein Geschäft gefährden, sondern im Gegenteil durch die Schärfung der Beobachtungsgabe zukünftige Geschäfte fördern.

3.1 Der erste Eindruck: die Haltung

Über die Haltung teilt ein Gesprächspartner seine Stimmung, seine Einstellung, seine „innere Haltung“ mit. Man erkennt, ob er zu seinen Worten bzw. dem Thema „steht“ oder sich von seinen Worten distanziert. Je nachdem, ob er begeistert ist, wird er ausdrucksstark mit Händen und Füßen reden oder, distanziert zur Sache, sparsam agieren. Konkret lassen sich zwei verschiedene Grundhaltungen unterscheiden.

So gibt es die Haltung, daß jemand auf einem Bein fest steht und mit dem anderen locker spielt. Diese Haltung, Standbein/Spielbein, wirkt gelockert. Sie hat jedoch auch Nachteile. Der Redner muß häufig das Körpergewicht von dem einen auf den anderen Fuß verlagern. Wenn das häufig und rhythmisch geschieht, führt das zu störenden Schwankungen. Da dadurch auch die Körperachse gestört ist, führt das zu Disharmonien im Ausdruck. Im Normalfall hat jedoch dieser Wechsel zwischen Standbein und Spielbein den Ausdruck einer gewissen Souveränität und Lockerheit in sich. Er signalisiert dem Gesprächspartner, daß man etwas nicht „steif und fest behauptet". Flexibilität und Bewegungsbereitschaft sind mit im Spiel.

Abb. 3: Standbein – Spielbein

Die symmetrische Haltung, d. h. wenn beide Beine fest auf dem Boden stehen, vermittelt den Eindruck, daß der Gesprächspartner zu seinen Aussagen steht und engagiert und konzentriert bei der Sache ist. Auch wenn sich zeitweise der Eindruck einschleichen kann, daß er keinen Zentimeter von der Stelle rückt, so bietet diese Haltung jedoch grundsätzlich Anlaß zur Annahme, daß man sich hier auf festem Boden bewegt und dementsprechend eine solide Grundlage hat. Im Vergleich zwischen diesen beiden Haltungen – Standbein/Spielbein, symmetrische Haltung – wird deutlich, daß beide Haltungen eine positive Botschaft vermitteln können. Wie man nun auf Flexibilität bzw. Standfestigkeit reagiert, das bleibt offen. Es ist jedoch klar geworden, wo der andere „steht“ bzw. wo sein „Bewegungsraum“ ist.

3.2 Mit den Händen reden

Auch wenn die Gestik mehr als nur die Hände umfaßt, nämlich die Arme und den Kopf, so sind die Hände besonders wichtig im Blick auf das, was vom gesprochenen Wort her unterstrichen werden soll. Generell bedeutet die Sprache der Gestik, daß jetzt Akzente gesetzt werden.

3.2.1 Der Kopf „be-hauptet”

Mit den Haltungen und Ausdrucksweisen des Kopfes wird deutlich gemacht, wo einem „der Kopf“ steht.

So kann der senkrecht gehaltene Kopf Konzentration signalisieren ohne besonderes gefühlsmäßiges Engagement. Das Kinn, in Richtung des Zuhörers gereckt, läßt Willen spüren, Durchsetzungskraft. Wenn der Kopf in den Nakken geworfen wird, wirkt das über-heblich bzw. hoch-näsig. Das sind die Bewegungen des Kopfes in der Senkrechten. Falls jemand den Kopf zur Seite neigt, sagt man: „Er leiht dem anderen sein Ohr.“ Oder: „Er ist ganz Ohr.“ Senkt jemand den Kopf (Demutgestus), verkleinert er sich. Es kann jedoch auch aussagen, daß sich der Gesprächspartner sehr mit dem Gesagten beschäftigt und sozusagen nach innen schaut. Noch weiter geht das Senken des Kopfes in die Richtung, „den Kopf hängen zu lassen“. Dadurch wird deutlich, daß er sich aufgibt. Noch stärker wirkt dieses Signal, wenn er den Kopf einzieht und sich bedroht bzw. gefährdet sieht und deswegen den Kopf schützen will. Genauso gibt es Leute, die mit dem Kopf durch die Wand wollen und dementsprechend mit der Stirn voran die Sache anpacken. An diesen Beispielen wird deutlich, daß in der Umgangssprache bzw. in den treffenden Formulierungen des Volksmunds viel Erfahrungswissen gesammelt ist. Und sie alle beziehen sich auf die Tatsache, daß mit dem Kopf behauptet wird, d.h. eine Willensäußerung geschieht.

3.2.2 Die Energie in den Schultern

Hals und Schultern verdeutlichen Stärke und Energie. Die breiten Schultern wie der muskulöse Nacken werden oft durch Uniformen und entsprechende Polster bzw. Kleidungsstücke betont und signalisieren darüber Breite bzw. Stärke. Im Gespräch läßt sich bei den Schultern oft ein Hochziehen beobachten, das den Hals schützen soll. Damit kann ein Gefühl der Bedrohung und Verunsicherung ausgedrückt werden. Andererseits kann es ein Ausdruck von Freiheit und Selbstsicherheit sein, wenn man die Schultern locker hängen läßt und sich ungefährdet und sicher in seiner eigenen Haut fühlt. Wenn die Schultern dagegen völlig absacken und herunterhängen, so versteht der Gesprächspartner, daß hier die Energie verlorengegangen ist und der Widerstand verschwunden ist. Oft kann es in die Richtung gehen, daß jetzt Hilflosigkeit zum Ausdruck kommt.

3.2.3 Luftholen mit Brust und Armen

Mit der Atmung suchen wir Energie aus der Umgebung aufzunehmen und Kraft und Unternehmensgeist zu gewinnen. So kennen wir die Formulierungen wie „aufgeblasen“ oder „sich brüsten“. Sie alle signalisieren ein Raumgreifen des Brustkorbs. Mit dieser Energie kann es nach vorne gehen über den geneigten Oberkörper, um Annäherung, Interesse, Aktivität bis hin zum Angriff zu signalisieren. Ein zurückgeneigter Oberkörper weist eher auf Rückzug oder Flucht oder mangelnde Aktivität hin. Kämpft ein Gesprächspartner mit den eigenen Energien und Problemen, so verschränkt er wahrscheinlich die Arme möglichst eng am Körper, um sich sicher zu fühlen. Oft sucht jemand seine Unsicherheit hinter den verschränkten Armen zu verbergen, um so seinen körpersprachlichen Ausdruck zu behindern und ganz cool zu wirken. Je sicherer und freierer einer ist, um so mehr wird er mit seinen Händen und dem ganzen Körper reden und sich zum Ausdruck bringen. Er fühlt sich wohl und kann mit seinen Energien und seiner Dynamik vorankommen.

3.2.4 Es kribbelt in den Fingern

Die am meisten gebrauchten Werkzeuge bei der Körpersprache mit vielfältigen Funktionen sind die Hände. Sie können greifen, fühlen, tasten, streicheln, kämpfen. Im Normalfall bewegen sie sich im Bereich zwischen Hüfte und Schulter und nur in Momenten hoher emotionaler Beteiligung greifen sie weit

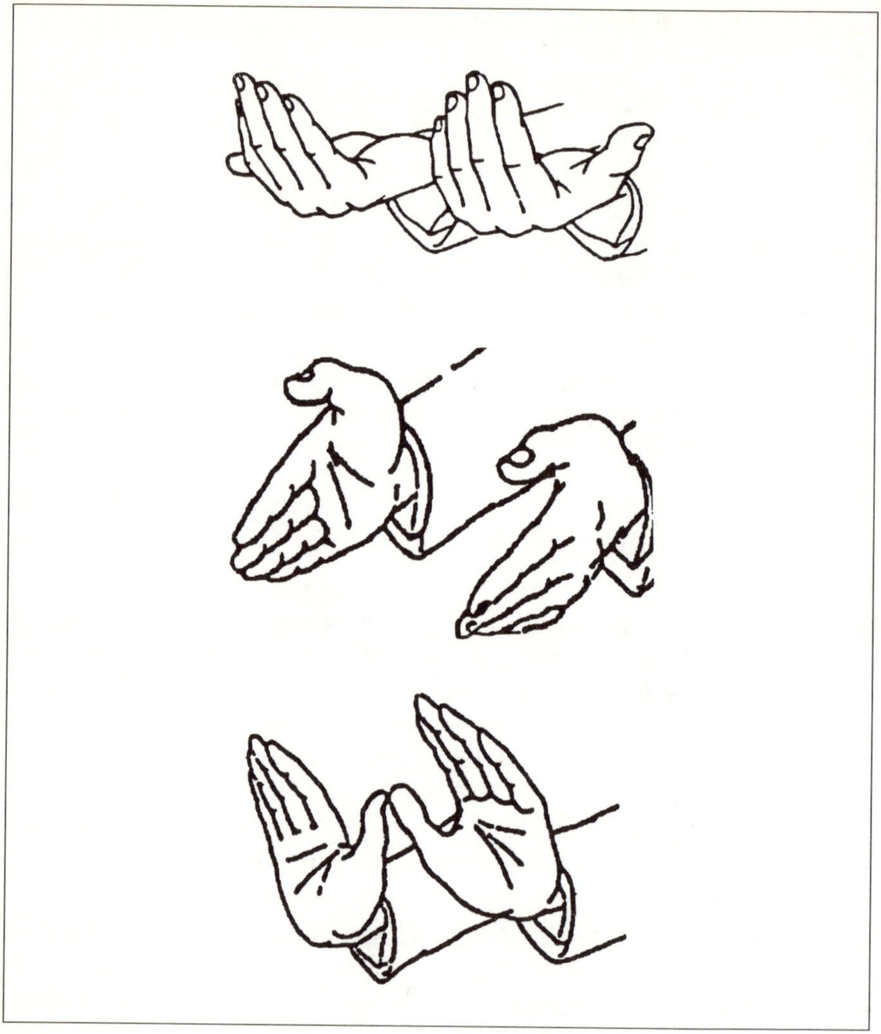

Abb. 4: Mit den Händen reden

über die Schultern hinaus oder bis hin zu den Knien. Von dort her wird deutlich, daß die Hände Intensität und Spannung signalisieren. Herabhängende, schlaffe, bewegungslose Hände lassen auf eine langweilige und farblose Unterhaltung schließen. Wenn man die Hände auf ihre Ausdruckskraft hin untersucht, so lassen sich verschiedene Ebenen unterscheiden.

Die offene, mit der Handfläche nach oben gerichtete Hand signalisiert Vertrauen, ein Entgegenkommen, man ist in der Lage, offen, friedfertig die Hände zu zeigen. Es gibt keine Waffen oder ähnliches zu verbergen.

Die sich verschränkenden und sich gegenseitig zudeckenden Hände signalisieren eher eine Bremse bzw. Unsicherheit. Man verbirgt etwas bzw. behindert und grenzt etwas ab. Zum Teil geht diese Gestik in die Richtung, daß man einen Vorschlag ablehnt bzw. nicht greifen kann. Das kann bis hin zur geschlossenen Faust gehen, welche Aggressivität, Durchsetzungswillen und Stärke anzeigt. Werden die Handflächen senkrecht gestellt, ist es eine neutrale Haltung. Nach unten gerichtete Handflächen signalisieren eine abwehrende, negative Einstellung. Sind die Handflächen nach unten und nach vorn gerichtet, lassen sie auf Widerstand und Abwehr schließen. Der Gesprächspartner soll gebremst werden, sein Anliegen auf Distanz gehalten und von sich weggeschoben werden. Nach innen gerichtete Hände signalisieren eine Konzentration auf sich selbst. Sie grenzen ab und machen die Tür zu.

Im Blick auf die einzelnen Finger lassen sich einige grundlegende Deutungen vertreten:

Daumen

Der Daumen ist der Dominanzfinger. Er drückt Kraft und Sicherheit aus: „den Daumen draufhalten."

Zeigefinger

Der Zeigefinger will, wie der Name sagt, Hinweise geben – bis hin zu Drohsignalen. Er ist der Schulmeister unter den Fingern und drückt autoritären Anspruch bzw. die zum Teil verdeckte und unterdrückte Aggression gegenüber dem anderen aus. Er kann wie eine Waffe wirken, als Schlagstock, als Degen, als Pistole oder als Schnabel, wenn mit ihm gekrümmt auf den Tisch gehakt wird u.a. Das sind die schwierigen Seiten des Zeigefingers. Sie sollen aber nicht verdrängen, daß der Zeigefinger den Willen, die Entschiedenheit deutlich macht. Nur wenn der Zeigefinger leicht gekrümmt nach oben zeigt, wird es als Hinweisfinger verstanden.

Abb. 5: Der Zeigefinger

Mittelfinger

Er ist der längste Finger der Hand und deutet auf das Ich eines Menschen hin. Das ist oft daran zu erkennen, wenn jemand mit dem Mittelfinger unterstreicht. Damit wird deutlich: Er ist persönlich ganz engagiert in dieser Sache. Sein Stolz steht dahinter.

Ringfinger

Beim Ringfinger sind die Gefühle des Menschen zu Hause. Nicht umsonst wird er durch den Ring der Liebe und Treue geschmückt.

Kleiner Finger

Er ist der sogenannte Gesellschaftsfinger, der über soziale Zuordnung und Beziehung Auskunft gibt. Wird er besonders abgespreizt oder geschmückt, läßt das auf eine hohe Sensibilität für Beziehung in Gesprächskreisen schließen.

3.2.5 Der Sitz im Leben

So wie einer sitzt, so macht er deutlich, wieviel er an Raum beansprucht, wie er sich zu seinem Standpunkt verhält, wo sein Bereich ist. Sind die Beine entspannt und ausgestreckt, so wird dadurch deutlich, daß er Ruhe und Erholung genießen möchte und darauf vertraut, daß das Umfeld und die Gesprächspartner wohlgesonnen sind.

Bei angewinkelten Beinen werden die Füße unter den Stuhl gezogen, und in dieser Situation ist man jederzeit aktions- und reaktionsbereit. Man sitzt wie auf dem Sprung.

Eine zusammengekauerte Haltung mit verschlossenen Beinen und Füßen läßt auf eine große Enge der persönlichen Wirkungsmöglichkeiten schließen. So macht sich jemand kleiner, als er ist.

Wenn einer offen dem Zuhörer zugewandt ist und mit dem Oberkörper und dem Oberschenkel in die Richtung des Partners zeigt, dann bedeutet das Interesse, Zuwendung und Aufnahmebereitschaft. Gefaltete Hände können auf einen Verschluß und eine fehlende Offenheit hindeuten. Es kann auch eine anerzogene Beherrschung sein.

Wenn Hände und Arme auf dem Tisch sich am Gespräch beteiligen, signalisiert das Bereitschaft für die Kommunikation und das Engagement im Gespräch. So reden die Hände und Füße mit.

3.3 Mimik

Sie wissen, daß das Gesicht die Landschaft der Seele ist. Daß sich darin die Seele spiegelt. Dementsprechend ist das Gesicht mit den Augen, der Nase, dem Mund und den Wangen, den Augenbrauen, dem Kinn und der Stirn ein großes Buch der inneren Bewegung. Nicht umsonst versuchen wir immer, dem Gesprächspartner ins Gesicht zu schauen; das heißt nicht, daß wir ihn mit den Augen fixieren und in seine Seele dringen möchten. Besser ist es, den Partner in Richtung seiner Nasenwurzel anzuschauen, um einen Blick für das ganze Gesicht zu behalten. An hochgezogenen Augenbrauen, der gerunzelten Stirn, den hängenden Mundwinkeln wird sehr schnell deutlich, wo der andere mit seinem Herzen ist.

Mit dem Gesicht spiegelt der Mensch das Herz. Mit dem Körper als Ganzem die grundsätzliche Einstellung. Mit dem Kopf die willentliche Entschiedenheit. Mit dem Oberkörper und den Armen die Intensität der Beteiligung. Mit

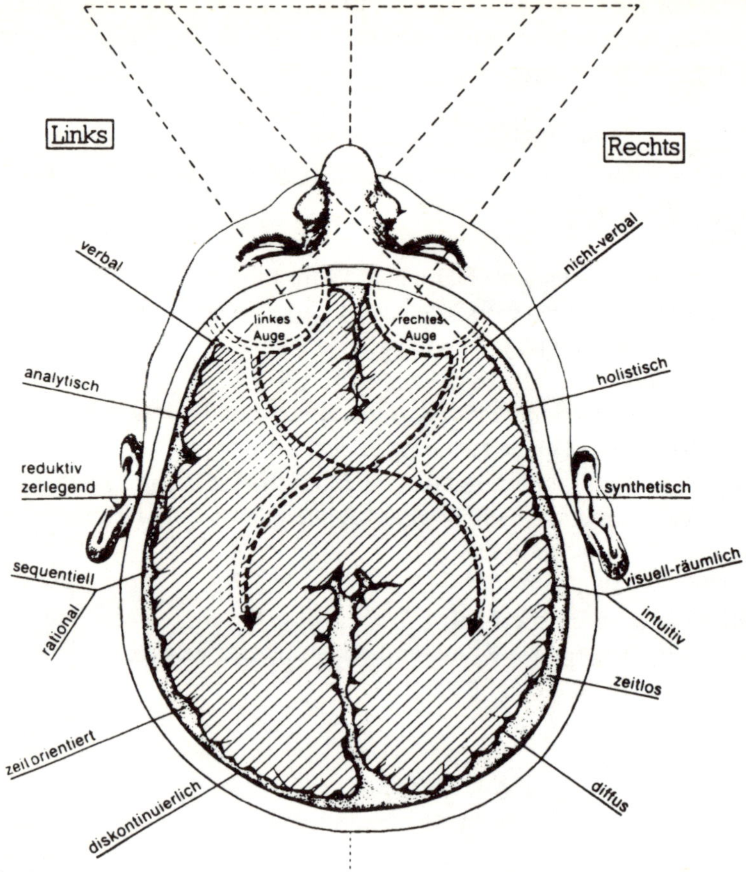

Sprachzentrum
analytisches Denken
rational und zeitorientiert

Musisches
Symbolik
ganzheitlich
intuitiv
synthetisch
zeitlos
diffus

Abb. 6: Die Hirnhemisphären

den Füßen den Raum, den er beansprucht. So bekommt das gesprochene Wort durch den körpersprachlichen Ausdruck eine Fülle von Ober- und Untertönen, die Wert und Gewicht geben.

3.4 Blickrichtung

Die Blickrichtungen eines Menschen signalisieren, in welche Richtung sich im Moment seine Gedanken bewegen. Dies ist eine wichtige Erkenntnis der Gehirnforschung. Über die Augenbewegungen wird deutlich, welche Gehirnhälfte gerade aktiv ist. Arbeitet die linke, wandert der Blick nach links. Arbeitet die rechte, wandert der Blick nach rechts. Aus der spiegelsymmetrischen Situation des Gesprächspartners bedeutet das: Wenn der Blick nach links wandert, wird die linke Gehirnhälfte aktiviert, wandert der Blick nach rechts, arbeitet die rechte Gehirnhälfte.

Zur Erinnerung die Funktionen der beiden Hemisphären des Gehirns: Die linke Hirnhemisphäre beinhaltet Sprache, Logik, Zahlen, Methode, Analyse, die rechte Hirnhemisphäre Bilder, Rhythmus, Musik, Phantasie, Ganzheiten.

Diese Erkenntnisse sind für den Gesprächsablauf sehr wichtig. Denn wenn der Verkäufer sieht, welche Gehirnhälfte des Gesprächspartners im Moment aktiv ist, kann er sich darauf einstellen. Generell heißt das hier: Mit der linken Hirnhälfte ist der Mensch damit beschäftigt, sich mit Zahlen und Fakten auseinanderzusetzen, und dementsprechend braucht er Beweise für die Behauptungen des Gegenübers bzw. Einzelheiten und Begründungen. Falls der andere jedoch stark in der rechten Hirnhälfte arbeitet, dann ist er auf Gesamteindrücke, Zusammenfassungen, Erinnerungen, Bilder und Vergleiche gespannt. So gilt es, mehr mit bildhaften Verdeutlichungen und gefühlsmäßigen Assoziationen zu arbeiten. Das ist nicht immer ganz einfach, gibt aber die Richtung an, um nicht an dem anderen vorbeizureden. An den „Augenblicken" kann man erkennen, wo der andere im Moment arbeitet. Blickt jemand nach links oben, so blickt er in die konstruierten Bilder. Der Gesprächspartner sieht hier Gedankenbilder vor sich. Er konstruiert Zusammenhänge in seiner Phantasie. Er entwickelt Vorstellungen, malt sich Situationen aus, träumt mit offenen Augen und ist ganz in seiner Phantasie.

Schaut jemand, immer in der „Draufsicht", nach rechts oben, so erinnert er sich an Situationen. Er sieht sich und andere in ganz konkreten Situationen und Umgebungen und braucht jetzt dementspechend Geschichten, Analogien, Beispiele, um sich die Sache vorstellen zu können.

Schaut jemand in Richtung des linken Ohrs, geht er in die Welt der konstruierten Klänge, d. h. er legt sich gerade zurecht, was er sagen könnte und befaßt sich mit möglichen Antworten, die er entgegensetzen könnte; er geht streng logisch vor.

Schaut er in Richtung des rechten Ohrs, so bewegt er sich in der Welt der erinnerten Klänge. Dabei erinnert er sich Wort für Wort an Aussagen seiner Gesprächspartner, und aus den wenigen Bemerkungen hört er heraus, was der andere mit dem, was er sagt, meint. Dementsprechend braucht es zugleich erinnerte Gesprächssituationen, Geschichten von Begegnungen.

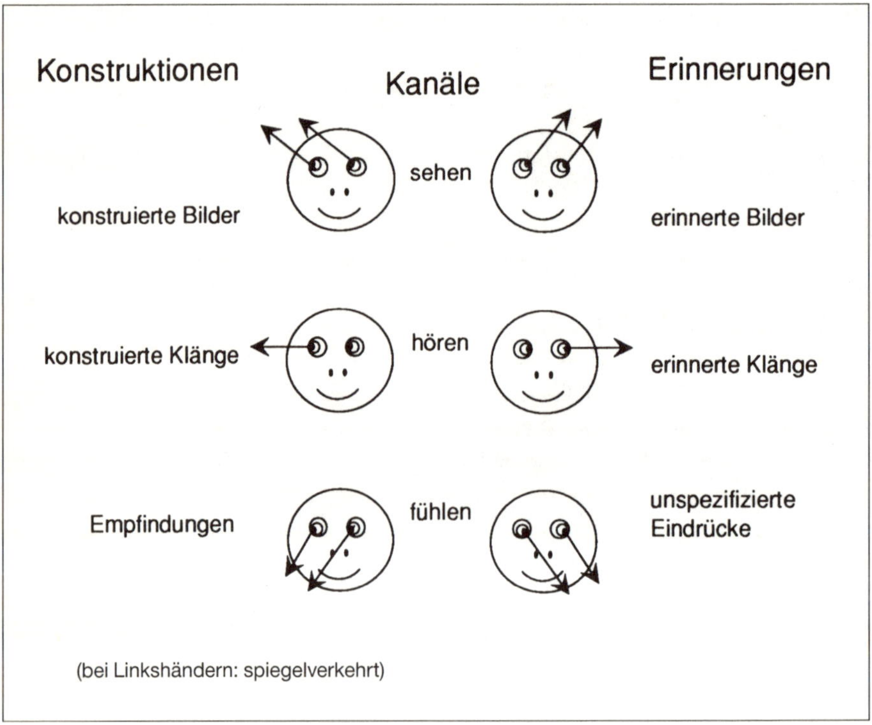

Abb. 7: Wie denkt mein Gesprächspartner?

Schaut jemand nach links unten, so bewegt er sich in der Welt der vorgestellten Gefühle. Er versucht, sich Gefühle bewußt zugänglich zu machen und Gefühle rational zu erfassen. Er zerlegt den gesamtheitlichen Eindruck und versucht, mit Logik Gefühle zu erfassen und zu ordnen. Er urteilt und bewertet. Er versucht, seiner Gefühle Herr zu werden. Diese Blickrichtung zeigt auch, daß Emotion entsteht.

Schaut jemand nach rechts unten, so bewegt er sich in den erinnerten Gefühlen. Er bleibt meistens stumm. Ihm fehlen die Worte, mit denen er sich und seine Gefühle beschreiben könnte. Manchmal weiß er gar nicht, was ihm geschieht, ihm stockt die Sprache und fehlen die Worte. Damit ist er unmittelbar bei sich und seinen Gefühlen. Das bedeutet für den Gesprächspartner, daß er ihn in diesen sehr persönlichen Gedanken nicht stören darf. Er ruht ganz in sich und wird deshalb sehr von innen antworten.

Mit dem Verstehen von Körpersprache soll nicht eine Enttarnung oder Entlarvung des Gesprächspartners erreicht werden, sondern eine schnellere und direktere Verständigung auf der Ebene der Beziehung und der Werte. In den körpersprachlichen Signalen wird die Bedeutsamkeit der Worte zum Ausdruck gebracht. Mit diesem ehrlichen und spontanen und sehr frischen Feedback gilt es, im Gespräch zu arbeiten. Es bietet die Gewähr, auf der gleichen Wellenlänge mit dem Gesprächspartner zu reden und ihn zu erreichen bzw. dort abzuholen, wo er steht. Das bietet die Chance, in Gesprächen sehr schnell auf den Punkt zu kommen, wo es um das Vertrauen und die Akzeptanz geht. Damit erreicht man den Dreh- und Angelpunkt der Gespräche und kann von dorther flexibel das weitere Vorgehen gestalten.

Selbst wenn es in einem konkreten Gespräch nicht zu einem Abschluß kommt, so ist doch durch eine gelungene Reaktion auf die körpersprachlichen Signale eine Kompetenz und Akzeptanz erreicht, die die Basis für weitere gemeinsame Verhandlungen gelegt hat.

Literatur

Molcho, Samy (1990). Partnerschaft und Körpersprache, München
Morris, Desmond (1981): Der Mensch, mit dem wir leben, München
Rückle, Horst (1992): Körpersprache für Manager, 9. Aufl., Landsberg/Lech
Strehle, H. (1974): Mienen, Gesten und Gebärden, München

Kapitel 4

Mit Fitneß zur Wellness

Bernd Sattler

1. Lebensweise contra Fitneß

Für den engagierten Verkäufer ist die Erhaltung der beruflichen Leistungsfähigkeit sehr wichtig. Tag für Tag werden von Körper und Geist Höchstleistungen gefordert. Dabei vergessen wir manchmal, daß sich in unserer industrialisierten Welt vieles durch technischen Fortschritt immer weiter entwickelt, während unser Organismus auf entwicklungsgeschichtlichem Steinzeitniveau weit hinterherhinkt. Entsprechend reagiert unser Körper auf die momentanen Arbeits- und Lebenszustände mit unterschiedlichen Signalen, die Hinweise auf die geistige und körperliche Leistungsfähigkeit geben.

Viele Menschen nehmen die zahlreichen Warnsignale des Körpers nicht wahr. Wer ist nicht schon mit Magenschmerzen aufgewacht und merkte, daß der Streß das erträgliche Maß längst überschritten hat. Wer weiß nicht um den Kollegen oder Bekannten, den es letztes Jahr mit einem Herzinfarkt erwischt hat. Raubbau mit der Gesundheit und das Ignorieren von Warnsignalen wie Appetitlosigkeit, Kopfschmerzen oder Schlaflosigkeit scheinen ein unverzichtbarer Teil des heutigen „Erfolgsmenschen" zu sein. Muß das so sein? Welche Möglichkeiten der Gegensteuerung gibt es?

Konkret lassen sich die Probleme auf drei Hauptursachen zurückführen:

- Mangel an Bewegung
- Fehlernährung
- Streß

Mangel an Bewegung

Beim Betrachten der folgenden Abbildung werden sich viele Verkäufer schnell wiedererkennen. In sitzender Position wird der überwiegende Teil des Tages verbracht, und damit werden die Phasen körperlicher Aktivität stark eingeschränkt. Unser Organismus ist jedoch auf Reize zur Erhaltung der Leistungsfähigkeit der Organsysteme angewiesen. Fehlen diese Bewegungsreize, so degeneriert nicht nur die Muskulatur in ihrer Funktion und erschlafft, sondern auch andere Systeme wie Bewegungsapparat, Stoffwechsel und Immunsystem verändern sich negativ. Die Folge können z. B. ständig auftretende, kleinere Beschwerden und immer wiederkehrende grippale Infekte sein.

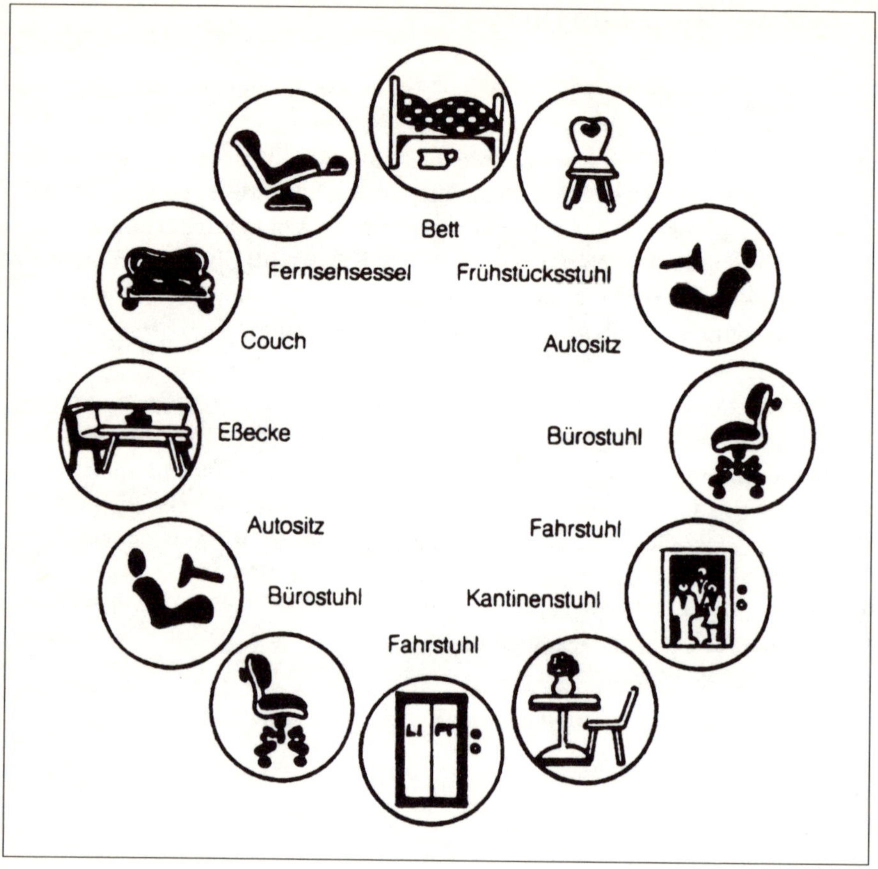

Abb. 1: Bewegungsarmer Alltag

Fehlernährung

Um leistungsfähig und gesund zu bleiben, benötigt der Mensch Nährstoffe, die er durch Essen und Trinken als elementare Säulen zur Lebenserhaltung aufnimmt. Eine vernünftige und verantwortungsvolle Ernährung besteht nun darin, die Lebensmittel so zu kombinieren, daß die lebensnotwendige Energie sowie die Nähr- und Wirkstoffe in optimaler Menge und Zusammensetzung vorhanden sind. Doch der Mensch ernährt sich heute vielfach falsch.

Energieliefernder Nährstoff	Tendenz	Ist (%)	Soll (%)
Komplexe Kohlehydrate (Nudeln, Kartoffeln)	▲	24	50
Einfache Kohlehydrate (Zucker, Süßspeisen, Getränke)	▼	18	10
Fett	▼	38	30
Eiweiß	▼	12	10
Alkohol	▼	8	0

Einerseits wird dem Körper zu viel Energie geliefert, andererseits wird zu fett, zu proteinreich und zu ballaststoffarm gegessen. Grundlage einer gesunden Ernährung ist jedoch die Vielfältigkeit und die Abwechslung der täglichen Kost.

Streß

Streß – wer kennt ihn nicht? Ein Verkäufer ohne Streß wird von seiner Umwelt meist sogar als wenig erfolgreich eingestuft. Streß scheint einfach dazuzugehören. Was aber ist Streß und welche Bedeutung hat er für den Verkäufer?

Streß ist zunächst nur ein Begriff. Aus medizinischer Sicht ist Streß eine körperliche und psychische Reaktion des Körpers auf die unterschiedlichsten Umweltreize, die man als Stressoren bezeichnet.

Das Streßpotential dieses Alltagsärgers liegt besonders in dessen Häufigkeit. Derartige Stressoren haben Langzeitwirkung und können zu chronischen Beschwerden führen.

Obwohl der Mensch ein gewisses Maß an Streß erlebt und auch braucht, ist der Begriff umgangssprachlich negativ besetzt. Zunächst ist jede kurzfristige Streßreaktion für den Organismus völlig unschädlich. Diesen positiven Streß bezeichnen wir als „Eustreß“. Er ist für die Leistung und Freude des Verkäufers an der Arbeit zwingend notwendig. Ist der Punkt aber überschritten, bis zu dem der Eustreß den Verkäufer sogar an seiner Aufgabe wachsen ließ, entsteht der sog. „Disstreß“. Die Belastungsgrenze ist überschritten, die Leistungsreserven werden verbraucht, ziel- und erfolgsorientiertes Handeln gehen verloren.

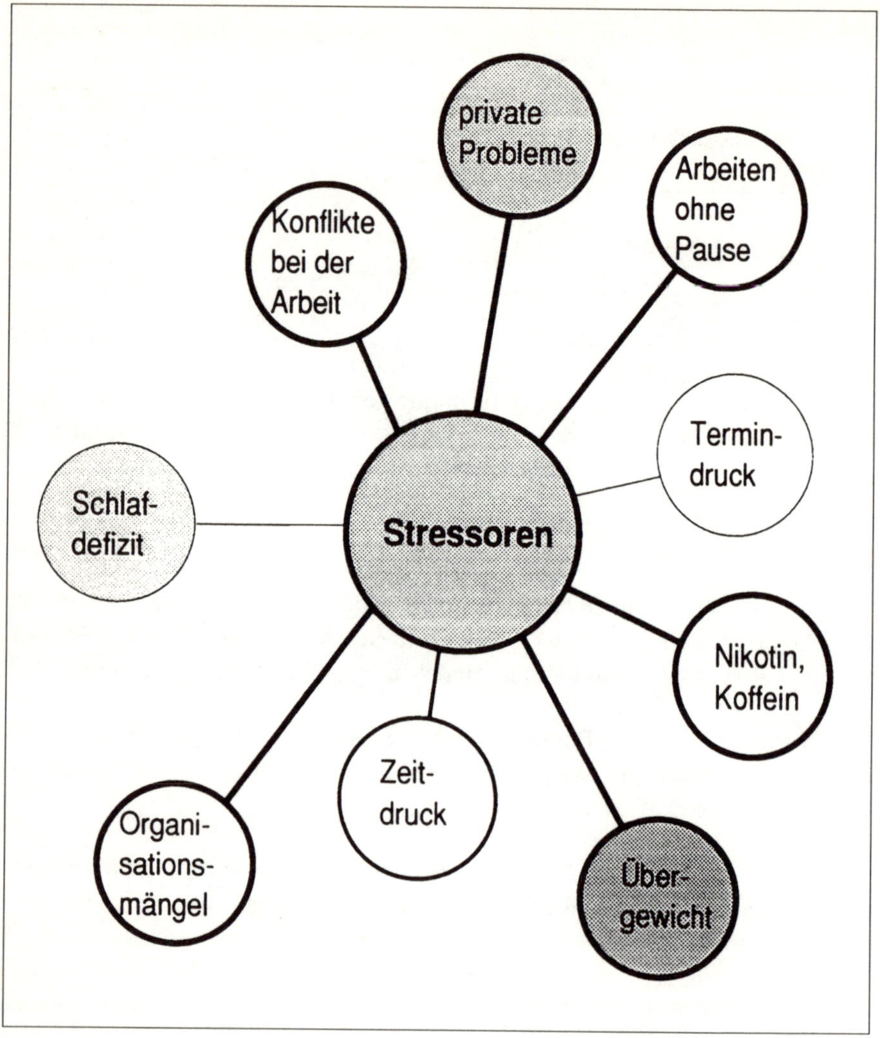

Abb. 2: Stressoren

Die zivilisationsbedingt dominierende Kombination aus Mangel an Bewegung, Fehlernährung und Streß hat zur Entstehung von typischen Krankheitsbildern geführt, die man Zivilisationskrankheiten nennt. Zu den verbreitetsten Zivilisationskrankheiten gehören:

Checkliste	trifft für mich zu	trifft für mich nicht zu
Bandscheibenvorfall		
bösartige Neubildungen		
Durchblutungsstörungen		
Erkrankung der Atemwege		
Gelenkverschleiß		
Herz- und Kreislaufbeschwerden		
Herzinfarkt		
Magengeschwür		
Schlaganfall		
Zuckerkrankheit		

Vielfach wird verkannt, daß die eigene Gesundheit als Grundlage des körperlichen, geistigen und seelischen Wohlbefindens ein wertvolles Kapital darstellt, das jeder einzelne verantwortungsvoll schützen muß.

Inzwischen hat in den Unternehmen, aber auch beim einzelnen Mitarbeiter, ein Umdenken eingesetzt, das die persönliche Gesunderhaltung als gesundes Firmenkapital begreift. Denn nur der vitale Mensch kann den beruflichen und privaten Anforderungen gerecht werden. Dies bedeutet zunächst, daß sich der einzelne der Eigenverantwortung seinem Körper gegenüber bewußt wird. Auch der Verkäufer kann erkennen, daß er selbst viel zur Erhaltung seiner Gesundheit und damit seiner Leistungsfähigkeit beitragen kann.

2. Drei Stützen der Fitneß für Verkäufer

2.1 Gesundheitsorientiertes Bewegungstraining

Der Mensch ist durch seine Anatomie und Physiologie für die Bewegung geschaffen. Moderne Arbeits- und Lebensbedingungen machen Bewegung zunehmend überflüssig. Testen Sie selbst ihren Bewegungsgrad.

1. Wie viele Treppen steigen Sie täglich (1 Treppe = 10–12 Stufen)?

a) 1–2	0 Punkte
b) 3–5	1 Punkt
c) 6 und mehr	2 Punkte

2. Wie viele Stunden am Tag bewegen Sie sich?

a) 1–3	0 Punkte
b) 3–5	1 Punkt
c) 6 und mehr	2 Punkte

3. Wie viele Kilometer legen Sie an einem Tag durchschnittlich zu Fuß zurück?

a) bis 1	0 Punkte
b) 2 bis 3	1 Punkt
c) 3 und mehr	2 Punkte

4. Wie oft verlassen Sie regelmäßig Ihren Schreibtisch oder Arbeitsplatz in einer Stunde?

a) 1–5x	0 Punkte
b) 5–9x	1 Punkt
c) 10x und mehr	2 Punkte

5. Wie viele Stunden sind Sie als Verkäufer auf den Beinen, bewegen sich aber nur wenig?

a) 1–3	0 Punkte
b) 4–6	1 Punkt
c) 7 und mehr	2 Punkte

6. Wie viele Stunden Haus- oder Gartenarbeit erledigen Sie durchschnittlich pro Woche?

a) keine	0 Punkte
b) 1–3	1 Punkt
c) 4 und mehr	2 Punkte

7. Wie oft treiben Sie durchschnittlich Sport in der Woche?

a) gar nicht	0 Punkte
b) 1x	1 Punkt
c) 2x und mehr	2 Punkte

8. Sind Sie sonst regelmäßig körperlich aktiv?

a) nein	0 Punkte
b) unregelmäßig	1 Punkt
c) regelmäßig 2 x pro Woche	2 Punkte

Auswertung:

0–6 Punkte:
Ihr Bewegungsmangel ist so bedenklich, daß Ihre Gesundheit darunter leiden könnte. Versuchen Sie, mehr Bewegung in Ihren Alltag zu integrieren.

7–12 Punkte:
Vermutlich tun Sie mehr für Ihre Bewegung als Sie glauben. Ein Anfang ist gemacht – tun Sie noch mehr in die bewußte Richtung.

13–16 Punkte:
Ihre körperlichen Aktivitäten sind ein guter Grundstock zu Ihrer Gesunderhaltung. Verstärken Sie diesen Vorteil, indem Sie schädlichen Disstreß vermeiden und auf eine ausgewogene Ernährung achten.

2.2 Gesundheitssport ja/Ausgleichssport nein

Fühlbare Wirkung am Körper spürt jeder schon nach einer sportlichen Betätigung und körperlichen Aktivität. Ein Gesetz nach SCHULTZ-ARNDT besagt, daß zu geringe Reize wirkungslos sind, zu hohe schaden und mittlere die erhoffte Anpassungswirkung erbringen. Entscheidende und richtige Beanspruchung erzielt der Verkäufer dann, wenn beim Sport

- die Belastungsdauer mehr als zwei Minuten beträgt,
- ausreichende Intensität vorliegt,
- über 1/7 der gesamten Körpermuskelmasse beansprucht wird.

Beim Gesundheitssport bleibt also der Leistungsgedanke im Hintergrund. Laufen und Radfahren, aber auch Schwimmen und Wandern sind in diesem Zusammenhang ideale Sportarten. Werden Sie zwei- bis dreimal pro Woche betrieben, dann arbeitet das Herz ökonomischer, und die Lungen können zusätzlich Sauerstoff aufnehmen. Die beanspruchten Muskeln werden straffer, und durch den erhöhten Energieverbrauch reduziert sich der Körperfettanteil.

Aber Vorsicht – der Leistungsgedanke macht jede sportliche Betätigung zur Streßsportart. Nicht jeder, der abends durch den Wald hetzt, will seinem Körper etwas Gutes tun. Erst wenn der Mitläufer oder die Uhr besiegt sind und er sich selbst so richtig erledigt fühlt, ist der Ausgleichssportler zufrieden. Glaubt er doch, etwas Wertvolles für seine Gesundheit getan zu haben und gleichzeitig den unbefriedigenden Arbeitstag kompensiert zu haben. Dies ist ein Irrtum!

Gesundheits- bzw. Ausgleichssport sind zwei verschiedene Ansätze: Der eine erfreut sich am Wohlgefühl körperlicher Aktivität, der andere sucht den Kollegen oder seinen Frust zu besiegen. Der Verkäufer, der sich entschließt, etwas für seine Gesundheit zu tun, der sollte den ersten Weg gehen.

2.3 Die sieben Säulen einer gesundheitsorientierten Ernährung

Sieben wichtige Nahrungsbestandteile sind es, die in einem harmonischen Einklang dem Menschen täglich zur Verfügung stehen müssen, um seinen Körper physisch und psychisch gesund zu erhalten:

1. Eiweiß
2. Fett
3. Kohlehydrate
4. Ballaststoffe
5. Vitamine
6. Mineralstoffe
7. Wasser

Die Nährstoffe sollten nach Möglichkeit auf fünf Mahlzeiten verteilt werden. Kleine Zwischenmahlzeiten sind für den Organismus nicht so belastend.

Die mengenmäßige Verteilung der Mahlzeiten	
Frühstück	25 %
1. Zwischenmahlzeit	10 %
Mittagessen	30 %
2. Zwischenmahlzeit	10 %
Abendbrot	25 %

Konkrete Ernährungsfehler dokumentieren sich im überhöhten Fett-, Zucker- und Alkoholkonsum. Der enorme Fleischkonsum von 68 kg pro Kopf und Jahr erhöht die Gefahr, an Gicht, Harnsteinen und arteriosklerotischen Gefäßveränderungen zu erkranken. Minimieren sollte der Verkäufer auch die Cholesterin- und Kochsalzzufuhr (nicht nachsalzen!) als bekannte Risikofaktoren für Gefäßveränderungen und Bluthochdruck. Meiden Sie Fast food!

Der Anteil der ernährungsbedingten Krankheiten an allen Krankheitsursachen beträgt fast 30 %. Zu den verbreitetsten Warnsignalen schlechter Ernährung zählen:

Checkliste	trifft für mich zu	trifft für mich nicht zu
Arteriosklerose		
Bluthochdruck		
Diabetes		
Gicht		
Leberzirrhose		
Karies		
Übergewicht		

Erfolgsversprechender ist das Konzept einer vollwertigen, ausgeglichenen Mischkost. Am wirkungsvollsten geschieht dies durch den bewußten Konsum frischer, ballaststoffreicher und fettarmer Lebensmittel. Tierische Proteinlieferanten wie Fleisch und Eier sind als fett-, cholesterin- und purinreich bekannt. Es empfiehlt sich für den Verkäufer deshalb, pflanzliches Protein in Form von Kartoffeln, Hülsenfrüchten und Getreide zu bevorzugen.

Der Einschub von Zwischenmahlzeiten mit Obst oder Joghurt reduziert den Umfang der Hauptmahlzeiten und entlastet damit auch die Verdauungsorgane.

Im Sinne einer ganzheitlichen Lebensführung sollten Verkäufer ganze Mahlzeiten nur auslassen, wenn es der Tagesablauf zwingend erfordert. Denn die Minderversorgung an lebensnotwendigen Nährstoffen führt zu physischen und mentalen Leistungseinbußen.

2.4 Ernährungstips für Verkäufer

1. Frühstück
- Frühstücken Sie ausgiebig und in Muße.
- Müsli mit Getreide und Obst hält Sie den ganzen Vormittag frisch und aktiv.

2. Zwischenmahlzeiten
- 1 Glas Milch
- Obst
- Joghurt
- Vollkornbrötchen

3. Mittagessen
- Essen Sie nicht jeden Tag ein Fleischgericht.
- Gönnen Sie sich einmal wöchentlich Fisch.
- Salzen Sie nicht nach.
- Essen Sie Ihren Salat zuerst.
- Trinken Sie Säfte oder Mineralwasser.
- Vermeiden Sie Alkohol.

4. Abendessen
- Bevorzugen Sie Frischkost.
- Essen Sie mäßig.
- Essen Sie nicht zu spät.

3. Streßmanagement

Wie beurteilen Sie selbst Ihre Streßbelastung? Bitte vergleichen Sie Ihre eigene Situation mit den folgenden Aussagen. Kreuzen Sie spontan, ohne lange nachzudenken, das Zutreffende an.

Symptome	oft/ meistens	zum Teil/ hie und da	selten/nie
Ich ärgere mich, wenn ich beim Kunden warten muß.			
Ich nehme oft Arbeit mit nach Hause.			
Ich rauche mehr als 10 Zigaretten pro Tag.			
Ich trinke täglich Alkohol.			
Ich habe mehr als 10 kg Übergewicht.			
Wenn ich Sport treibe, dann nur unregelmäßig.			
Ich werde von verschiedenen Seiten gefordert.			
Ich arbeite in den Pausen immer durch.			
Ich werde durch Lärm, Telefon, Besucher gestört.			
Wenn ich mich ärgere, bekomme ich Bauch schmerzen.			
Wenn ich etwas richtig erledigt haben will, dann muß ich es selbst tun.			
Meine Mitarbeiter sind zu wenig qualifiziert.			
Wenn ich mal mehrere Tage abwesend war, ist mein Schreibtisch überfüllt.			
Ich mache regelmäßig Überstunden.			
Bei Problemen wache ich nachts auf und kann nicht mehr einschlafen.			
Ich habe das Gefühl, meine Arbeit wächst mir über den Kopf.			

Auswertung:

Bei mehr als 5–6 „oft/meistens" sind Sie überlastet und gesundheitlich gefährdet!

Jeder Verkäufer verfügt über eine Fülle von Möglichkeiten und Techniken der Gesunderhaltung, die leider nicht konsequent eingesetzt werden.

Entspannungstraining

Entspannungsübungen zur Steigerung der mentalen Kräfte beruhen auf der Wechselwirkung von Körper und Geist.

Atemübung

Zur Atemübung nimmt der Verkäufer eine entspannte und aufrechte Sitzhaltung ein. Die Augen sind geschlossen, die Hände in den Schoß gelegt. Atmen Sie so, daß sich beim Einatmen die Bauchdecke vorwölbt, beim Ausatmen einsinkt. Mit dem Ausatmen verlassen Spannungen und Schwierigkeiten den Körper. Damit macht sich der Verkäufer die natürliche Funktion des Ausatmens zunutze. Der Atem ist der Freund des Menschen und vermittelt ihm die Verbindung zum Ganzen im Fluß der Ereignisse.

Zur Erhöhung der entspannenden Sammlung dient dem Verkäufer die Konzentration auf das Ein- und Ausströmen der Atemluft an den Nasenflügeln. Dabei ist zu beachten, daß Sie das Strömen der Luft an den Nasenflügeln wirklich spüren und es sich nicht nur vorstellen. Das schaltet für diesen Moment die Nöte, Ängste, Gedanken und Abschweifungen sowie offene Fragen ab. Der Verkäufer ist ganz bei sich. Und damit wieder frei für nächste Aktivitäten und Aufgaben.

Körperwahrnehmung

Auch hier ist es günstig, wenn der Verkäufer aufrecht und entspannt sitzt, um sich in seiner Haut zu spüren. Die Wahrnehmungsübung dient dazu, daß der Verkäufer die Signale seiner Haut wahrnimmt, wie er sitzt, wie die Beine und Füße den Boden berühren, wie der Kopf auf den Schultern ruht, die Arme und Hände zusammenhängen und letztendlich der Rücken an der Stuhllehne lehnt. All dies gilt es zu spüren, entsprechend den Hautsignalen mit warm oder kalt, fest oder sanft, rauh oder weich.

Das Prinzip dieser Übung besteht darin, sich in seiner Haut wieder wohlzufühlen und den gesamten Körper bewußt wahrzunehmen, um von dorther die eigene Persönlichkeit mit ihrem ganzen Wirkungsgrad zu spüren. Mit diesem Erleben der eigenen Präsenz und Ausstrahlung gelangt mehr Ruhe und Souveränität in den Alltag.

Tips für die Streßsituation

- Körperliche Bewegung –
  Treppen steigen, spazierengehen

- Bewußt ausatmen –
  löst die Anspannung

- Wasser trinken –
  Organismus wird parasympathisch gesteuert

- Sprechen/Schimpfen –
  sich etwas von der Seele reden

- Etwas Süßes essen –
  erhöht den Blutzuckerspiegel

- Bewußt die Situation analysieren –
  Was regt mich jetzt so auf?

Literatur

Gollner, E./Kreuzriegler, F./Eitzinger, F. (1992): Gesundheitstraining für Manager, München

Graf, J. (1991): Wenn Managern der Schweiß ausbricht, in: Manager Seminare 5/91

Höher, J. (1991): Gewohnheit, Leichtsinn, Herzinfarkt, in: Manager Seminare 5/91

Stamford, B. A./Shimer, P. (1991): Ganz einfach fit, Düsseldorf

Kapitel 5

Gebietsmanagement

Peter Stumber

6.4 Berechnung des Umsatzpotentials der Kunden
6.4.1 Ist-Umsatz des Kunden als Berechnungsbasis
6.4.2 Analyse unseres Umsatzes mit dem Kunden
6.4.3 Ermittlung des Gesamtumsatzes des Kunden
6.5 Berechnung einer Vergleichskennziffer
6.6 Einschätzung des Umsatzpotentials des Kunden

7. Bewertung des Potentials
   7.1 Berechnen der Ausschöpfungsquote
   7.2 Gebietsplanung
   7.3 Umsatzplanung für das Gebiet
   7.4 Anpassung der Umsatzplanung

8. Neukundenumsatzplanung
   8.1 Berechnung der notwendigen Anzahl der Neukunden
   8.2 Berechnung des Abnahmepotentials

9. Touren- und Terminplanung
   9.1 Zeitaufwand
   9.2 Zeitkapazität
   9.3 „Zeitfresser“
   9.4 Analysezahlen zur Tourenplanung

1. Grundlagen der Planung für den Verkäufer

1.1 Einführende Betrachtung

Im westlich wettbewerbsorientierten Wirtschaftssystem müssen Unternehmen Gewinne erwirtschaften. Deshalb ist das Ziel des Wirtschaftsunternehmens der Gewinn, die Rentabilität. Aus diesem Denkhintergrund leiten sich Unterziele oder Maßnahmen für Teilbereiche des Unternehmens ab, wie beispielsweise für den Vertrieb.

1.2 Unternehmensziele und deren Bedeutung und Auswirkung auf die Verkäufertätigkeit

Was das Unternehmen erreichen will, beschreiben die Unternehmensziele. Hierbei handelt es sich um in der Zukunft zu erreichende meßbare Ergebnisse, also etwas Gewolltes. Unternehmensziele können qualitativ (wie das Unternehmen wirken möchte, die Verwirklichung der Werte) und quantitativ (was das Unternehmen erreichen will, Ertrag) sein. In diesem Kapitel beschäftigen wir uns vorwiegend mit den quantitativen, den Mengenzielen. Ziele sind notwendig, um planen zu können und sie sind deshalb Hypothesen. Sie sagen, was das Unternehmen erreichen möchte. Sie sind keine Ergebnisse. Die Ergebnisse stellen sich erst am Ende der Zeitperiode heraus. Um das Ziel erreichbar zu machen, benötigt das Unternehmen Ressourcen.

In der klassischen Aufteilung der Betriebswirtschaftslehre sind das:

- Kapital
- Maschinen und Sachkapital
- Humankapital

Sie, der Verkäufer, realisieren die Unternehmensziele unter dem Vertriebsaspekt im Markt. Der Markt ist der „Ort“, wo das Angebot (die Anbieter) und die Nachfrage (der Konsument, der Handel oder der Direktkäufer) zusammentreffen. Ziel aller verkäuferischen Tätigkeiten ist es, für das Unternehmen „rentable“ Umsätze zu realisieren.

Damit die Ziele erreichbar sind, ist es notwendig, die Rentabilität zu planen.

Einflußfaktoren für die Rentabilität:

Die Rentabilität ist eine betriebswirtschaftliche Kennziffer. Sie definiert das Verhältnis des eingesetzten Kapitals zum Ertrag (Gewinn).

$$\text{Rentabilität} = \frac{\text{Gewinn}}{\text{Kapital}}$$

Das vom Unternehmen eingesetzte Kapital sollte so verwendet werden, daß dabei ein angemessener Gewinn entsteht. Damit Gewinn kein Zufallsergebnis wird, müssen die ihn beeinflussenden Größen bekannt sein und geplant werden. Faktoren, die zum Teil vom Verkäufer beeinflußt werden können, sind:

Umsatz – Absatz – Kosten

Die Planung des Umsatzes bzw. des Absatzes ist jedoch nur eine Seite der „Medaille". Jeder Umsatz ist daran zu messen, ob er dazu beiträgt, die Kosten zu decken – und ob ein angemessener Gewinn entsteht. Das Verhältnis zwischen dem Gewinn und dem dafür aufgewendeten Kapital nennt man Rentabilität.

2. Planungsaufgaben des Verkäufers

Um die Planungsschritte nicht nur theoretisch, sondern konkret darzustellen, werden sie von einer angenommenen, als Beispiel dienenden Ausgangssituation abgeleitet. Im folgenden werden zunächst die Bedingungen für ein Fallbeispiel definiert:

Das für das Fallbeispiel ausgewählte Unternehmen stellt unter anderem qualitativ hochwertige Elektrowerkzeuge her, die sowohl der Endverbraucher als auch der Handwerker nutzt. In diesem Beispiel handelt es sich um Elektrowerkzeuge und Zubehör, die in der „Produktgruppe A" zusammengefaßt sind.

(Das Unternehmen stellt noch weitere Produkte her, die aber für unser Fallbeispiel nicht von Bedeutung sein werden.)

Zur Vereinfachung und Darstellung des Planungsprinzips wird angenommen, daß jedes Verkaufsgebiet die gleiche Kaufkraft und Kundenanzahl hat.

In unserem Fallbeispiel werden 5000 Kunden in der gesamten Bundesrepublik betreut. Der bisher erzielte Marktanteil beträgt fünf Prozent. Der im vergangenen Jahr mit der Produktgruppe A erzielte Umsatz betrug 36 Millionen DM. Er wurde durch

- 10 Verkäufer in
- 20 Verkaufsbezirken

erzielt.

Dies entspricht durchschnittlich 250 Abnehmer pro Verkaufsbezirk und Verkäufer.

Für das Fallbeispiel wird angenommen, daß in den 20 Verkaufsgebieten jeweils gleich große Kaufkraft besteht. Die Praxis zeigt jedoch, daß diese Gleichverteilung selten gegeben ist und sich die Kaufkraft von Bundesland zu Bundesland unterschiedlich darstellt. Hinzu kommen noch unterschiedliche Anbieter- und Mitbewerbssituationen in den verschiedenen Verkaufsgebieten. Das macht es für die meisten Unternehmen notwendig, die Umsatzvorgaben für jedes Verkaufsgebiet einzeln zu berechnen. Für unser Fallbeispiel gehen wir aus Verständnisgründen von einer Gleichverteilung der Kundenanzahl und der Umsatzvorgabe aus.

2.1 Definition von Verkaufsgebieten

Wenn von Verkaufsgebieten gesprochen wird, so ist zu berücksichtigen, daß es von Unternehmen zu Unternehmen und von Branche zu Branche unterschiedliche Kriterien für die Verkaufs-Gebietsaufteilungen gibt, die wie folgt aussehen können:

- geographische Aufteilung nach Bundes-, Länder- oder Kreisgrenzen
- Aufteilung nach dem zur Verfügung stehenden statistischen Zahlenmaterial, siehe Nielsen, GfK und andere (Marktforschungsinstitute)
- Aufteilung nach Kundenschwerpunkten

In der Praxis gibt es häufig auch Kombinationen aus den unterschiedlichen Kriterien. Im folgenden Fallbeispiel ist eine Kombination von geographischen Grenzen und Nielsen-Daten vorgenommen worden.

2.2 Umsatzplanung

Unser Unternehmen plant, seinen Marktanteil in der Bundesrepublik auf 7% zu erhöhen (die Wachstumsmöglichkeiten hierzu wären für das Fallbeispiel vorhanden). Der Marktanteil soll durch alle Produkte der Produktgruppe A erreicht werden. Aufgrund dieser Gegebenheiten plant die Vertriebsleitung in unserem Fallbeispiel 10% Umsatzsteigerung. Ausgehend von diesen Vorgaben, die wir im folgenden Ziele nennen wollen, hat der Verkäufer folgende Planungs- bzw. Kontrollaufgaben zu leisten:

	bisher	Umsatzplanung für das nächste Jahr (+10%)	Planungszahl für das nächste Jahr
Stammkundengeschäft	36 Mio.	39,6 Mio.	~40 Mio.
Neukundengeschäft		3,96 Mio.	~ 4 Mio.
Gesamtumsatzplanung		43,560 Mio.	~44 Mio.

Dieses Unternehmensziel wird um strategische Ziele erweitert. Das Unternehmen plant strategisch, bei wem (Kunden) wieviel (Umsatzpotential) realisiert werden soll.

(Eine strategische Planung wird in vielen Fällen zusätzlich zur globalen Unternehmenszielsetzung erstellt.)

Das Unternehmen hat sich zwei strategische Ziele vorgenommen:

1. Durchdringung/Absicherung

Ausbau und Erhalt des Umsatzes/Absatzes der Produktgruppe A bei den bisherigen Kunden, das heißt

- überdurchschnittliche Umsätze/Absätze sichern,
- durchschnittliche Umsätze mindestens halten,
- durchschnittliche Umsätze möglichst steigern,
- unterdurchschnittliche Umsätze auf durchschnittliches Umsatzniveau anheben.

2. Gewinnung von Neukunden

bei denen mindestens das durchschnittliche Niveau der jeweiligen Kundengruppe erreicht werden soll.

2.3 Planungsbereiche des Verkäufers

- Umsatzplanung
  - für das Gebiet
  - für die Kunden (Stammkunden/Neukunden)

- Ressourcenplanung
  - Zeitplanung
  - Tourenplanung
  - Kostenplanung

3. Gebietsanalyse und Gebietsplanung

3.1 Gesamtumsatzplanung des Unternehmens als Planungsgrundlage

Das Unternehmen hat sich mit der Produktgruppe A für das kommende Jahr als Gesamtumsatz 44000000 DM (40000000 DM aus dem Stammkundengeschäft und 4000000 DM aus dem Neukundengeschäft) vorgenommen.

Dies betrifft den geplanten Umsatz in der gesamten Bundesrepublik. Oder anders ausgedrückt: In den 20 Verkaufsbezirken müssen insgesamt 44000000 DM Umsatz erzielt werden.

Pro Bezirk entspricht dies: $\frac{44000000 \text{ DM}}{20 \text{ Verkaufsbezirke}} = 2200000$ DM pro Verkaufsbezirk

Das Unternehmen hat zehn Verkäufer und 20 Bezirke, also betreut jeder Verkäufer zwei Bezirke.

Der Gesamtumsatz von 44000000 DM bedeutet als Ziel für jeden Verkäufer:

$$\frac{44000000 \text{ DM}}{10 \text{ Verkäufer}} = 4400000 \text{ DM Planungsvorgabe für jeden Verkäufer}$$

Dieses Ziel ist für den Verkäufer ein „Fixpunkt“ für seine weiteren Planungsaufgaben. Er analysiert und überprüft, bei welchen seiner Stammkunden und Neukunden diese Planzahlen realisiert werden können.

Wertvolle Planungshilfe können dabei Kundenstatistiken leisten, die per EDV umfangreiche Informationen liefern.

In diesem Planungsschritt stellt sich der Verkäufer folgende Fragen:

- Welche Abnehmer aus meinem Verkaufsgebiet können die 2000000 DM Umsatz aus dem Stammkundengeschäft realisieren?
- Mit welchen Neukunden in meinem Verkaufsbezirk können 200000 DM Umsatz realisiert werden?

Im Detail soll die Planung folgende Fragen beantworten:

- Welche Abnehmer werden bereits beliefert?
- Welche gegenwärtigen Abnehmer nehmen welche Mengen ab/erzielen welche Umsätze?
- Welche Abnehmer kaufen „im Durchschnitt“ zu wenig?
- Welche Abnehmer für unsere Produkte werden noch nicht beliefert?
- Welche Abnehmer könnten wieviel von unserem Produkt abnehmen (Potential)?

Wie bereits beschrieben, will das Unternehmen zwei Strategien in den jeweiligen Verkaufsgebieten realisieren:

1. Durchdringung: Erhalten des Umsatzes/Absatzes bzw. Ausbau des Umsatzes bei gegenwärtigen Kunden
2. Gewinnung von Neukunden

Um diese beiden Strategien realisieren zu können, ist es notwendig, das Gesamtpotential der Kunden im Verkaufsgebiet zu kennen, um daraus das regionale Abnahmepotential (Marktpotenz) zu errechnen.

3.2 Die einzelnen Planungsschritte in der Gebietsplanung

Um diese Berechnungen vornehmen zu können, empfiehlt es sich, folgende Schritte zu realisieren:

1. Schritt: Ermittlung der Anzahl der Bedarfsträger
2. Schritt: Ermittlung des Durchschnittsumsatzes pro Abnehmer
3. Schritt: Analyse des Umsatzpotentials
   (Man ermittelt, ob die gegenwärtigen Kunden mit ihrem Einkaufsvolumen dem Durchschnittswert entsprechen.)
4. Schritt: Berechnung des Umsatzpotentials
   (Man berechnet den möglichen Umsatz, den die Stammkunden bzw. die Neukunden erreichen könnten.)

Diese Planungsschritte werden in einzelnen Abschnitten erläutert, damit ein besserer Überblick gewährleistet wird.

4. Ermittlung der Anzahl der Bedarfsträger

In diesem ersten Schritt geht es darum, daß der Verkäufer die für die Produktgruppe A in seinem Verkaufsgebiet relevanten Abnehmer erfaßt. Hierfür steht ihm in den meisten Fällen gutes statistisches Sekundärmaterial zur Verfügung:

- Branchenverzeichnisse
- IHK-Mitteilungen
- Verbandsstatistiken
- Adreßverlage
- Gelbe Seiten
- weiteres statistisches Sekundärmaterial

Im zweiten Schritt muß die Anzahl der Abnehmer pro Gebiet erfaßt werden.

Um die Erhebung nicht zu verkomplizieren, bildet man meist homogene Abnehmergruppen. Diese können beispielsweise in folgende Gruppen gegliedert werden:

- Abnehmergruppen nach Umsätzen
- Abnehmergruppen nach Organisationsgrad
- Abnehmergruppen nach Potential usw.

Beispiel:

In unserem Fallbeispiel befinden sich im Verkaufsgebiet folgende Abnehmergruppen:

- Facheinzelhändler: 400 Abnehmer
- Fachmärkte: 80 Abnehmer
- Fachgeschäfte: 100 Abnehmer
- Direktabnehmer: 120 Abnehmer
- Verbände (insgesamt in der BRD): 5 (Diese Verbände werden im Fallbeispiel umsatzmäßig nicht geplant.)

Der aktuelle Kundenstamm (Stammkunden) für das Verkaufsgebiet beträgt 270 Kunden, die Zahl der potentiellen Abnehmer beträgt 700 (ohne Verbände).

Die Differenz von 430 Abnehmern sind die potentiellen Kunden, die die Produkte der Produktgruppe A noch nicht führen. Sie stellen für den Verkäufer ein Abnahmepotential dar, das es mittel- und langfristig für das Unternehmen zu gewinnen gilt.

Bei genauer Betrachtung liegt die Vermutung nahe, daß von den gegenwärtigen 270 Abnehmern nicht jeder Kunde gleichermaßen „gut“ oder „wichtig“ ist, daß es also einige gibt, die den Umsatz des zurückliegenden Jahres stark und einige, die ihn weniger stark beeinflußt haben. Wie groß ist der durchschnittliche Umsatz, den die bisherigen Abnehmer realisiert haben?

5. Ermittlung des Durchschnittsumsatzes pro Abnehmer

5.1 Klassifizierung der Kunden/Abnehmer

Sowohl für die spätere Kundenplanung als auch die Berechnung des Abnahmepotentials ist es hilfreich, eine Vergleichskennziffer zu erarbeiten, die es ermöglicht, die „Wertigkeit“/„Güte“ der einzelnen Abnehmer zu erkennen, ihre Förderungswürdigkeit zu analysieren und für die Kunden verschiedene Kundenstrategien zu entwickeln.

5.2 Ermittlung des durchschnittlichen Umsatzes

Diese Vergleichskennziffer gibt den Durchschnittsumsatz wieder, der sich als Quotient aus dem erzielten Gesamtumsatz eines Verkaufsbezirks zu der Anzahl der Kunden in diesem Bezirk ergibt.

$$\text{Bisheriger Durchschnittsumsatz der Kunden} = \frac{\text{Gesamtumsatz pro Verkaufsbezirk}}{\text{Aktuelle Kundenzahl (Stammkunden)}}$$

$$\frac{\text{Vorjahresumsatz in diesem Gebiet}}{\text{Anzahl der Kunden in diesem Bezirk}} = \frac{\text{1,8 Millionen DM}}{\text{270 Kunden}} = \text{6700 DM Durchschnittsumsatz pro Kunde (Vorjahr)}$$

Der Durchschnittsumsatz erfaßt sowohl die Kunden, die mit der Produktgruppe A nur einen geringen Umsatz erreicht haben, als auch die Kunden, die den höchstmöglichen Umsatz realisierten.

5.3 Umsatzverteilung der Kunden

Bei der näheren Analyse der Kundenumsätze erscheint für den Verkaufsbezirk das Bild der Tabelle 1.

Aus der Tabelle 1 ist deutlich der unterschiedliche Anteil der Kundengruppen an der Entstehung des Gesamtumsatzes zu erkennen. Es ist keine Gleichverteilung vorhanden:

10 Prozent der Kunden machen ca. 40 Prozent des Umsatzes,
70 Prozent der Kunden machen ca. 55 Prozent des Umsatzes,
20 Prozent der Kunden machen ca. 5 Prozent des Umsatzes.

Anteil an der Gesamtkundenzahl (in Prozent)	Anteil von Gesamtumsatz (in Prozent)	Anteil vom Gesamtumsatz (in DM)
6% (A) = 15 Kunden	33%	= 594000 DM
18% (B) = 50 Kunden	25%	= 450000 DM
30% (C) = 80 Kunden	15%	= 270000 DM
37% (D) = 100 Kunden	12%	= 216000 DM
9% Sonder-/ Direkt-abnehmer = 25 Kunden	15%	= 270000 DM
100% = 270 Kunden	100%	= 1800000 DM

Tabelle 1: Umsatzverteilung der Kunden

5.4 Vergleichskennziffern

Aufgrund der bisherigen Daten ist es möglich, Vergleichskennzahlen zu erstellen, die für die weiteren Schritte

- Ermittlung des Abnahmepotentials im Gebiet,
- Umsatzpotentialschätzung der Kunden,
- Umsatzplanung für Neukunden

die Berechnungsgrundlagen liefern.

Die Vergleichskennziffer „Durchschnittsumsatz pro Kunde“ innerhalb einer Kundengruppe wird wie folgt ermittelt:

$$\frac{\text{Durchschnittsumsatz/}}{\text{Kunden der Gruppe A}} = \frac{\text{Gesamtumsatz der Kundengruppe}}{\text{Anzahl der Kunden in der Kundengruppe A}}$$

Bezogen auf die Kundengruppe A ergibt sich folgender Durchschnittsumsatz:

$$\frac{594\,000 \text{ DM}}{15 \text{ Kunden}} = 39\,600 \text{ DM/A-Kunde}$$

Nach diesem Verfahren wurden die durchschnittlichen Umsätze für alle weiteren Kundengruppen ermittelt.

Beispiel: Durchschnittsumsatz für Kundengruppen

Kundengruppe	Anzahl Kunden	in Prozent von allen	Erzielter Gesamtumsatz in TDM	Durchschnittlicher Umsatz pro Kunde in DM
A	15	6	594	39600
B	50	18	450	9000
C	80	30	270	3375
D	100	37	216	2160
Direktabnehmer	25	9	270	10800
Summe	270	100	1800	64935

$$\text{Durchschnittsumsatz/ Kunden der Gruppe C} = \frac{270\,000 \text{ DM}}{80 \text{ Kunden}} = 3\,375 \text{ DM Umsatz pro Kunde}$$

Im Abschnitt „Touren- und Terminplanung" wird noch weiter ausgeführt, daß der Verkäufer mit seinen Ressourcen wie Zeit, Geld und Kilometerleistung haushalten muß. Das heißt, daß er sie sinnvoll, also zielorientiert im Sinne der Unternehmenszielerreichung einsetzen sollte. Das setzt allerdings voraus, daß die Abnehmergruppen nach einer Rangskala aufgeteilt werden, die beispielsweise nach der Umsatzhöhe gestaffelt ist.

5.5 Folgerungen

Bei dieser Betrachtung des Durchschnittsumsatzes fällt auf, daß die Kundengruppen C und D verhältnismäßig niedrige Umsatzquoten haben, gemessen an der Kundengruppe A oder der Direktabnehmergruppe.

Die Durchschnittszahlen liefern Plandaten für die Berechnung des Absatzpotentials, wenn beispielsweise für alle Kunden aus der jeweiligen Kundengruppe das durchschnittliche Umsatzniveau der Gruppe als Planziel vorgegeben wird.

Durchschnittszahlen sind lediglich der Mittelwert aller Umsatzzahlen. Es gibt auch innerhalb der einzelnen Kundengruppen Kunden, die weit über oder weit unter dem Umsatzdurchschnitt liegen.

Ein Beispiel unter dem Gesichtspunkt der strategischen Zielsetzung für den Verkäufer verdeutlicht den Sachverhalt.

Aus der Strategie 1, der Durchdringungsstrategie, resultiert als Teilaufgabe, die gegenwärtigen Abnehmer daraufhin zu analysieren, ob sie mit dem in der Vergangenheit erzielten Umsatz/Absatz mindestens dem „Durchschnittsumsatz“ entsprechen.

Sie wissen: Der Durchschnittsumsatz aller Kunden betrug 64935 DM. Das ist eine Rechengröße, die deshalb ungenau ist, weil sie alle Abnehmer erfaßte. Um diesen Nachteil der statistischen Durchschnittswerte zu verringern, wurden „Umsatzgruppen“ gebildet.

Im nächsten Schritt prüfen wir, ob sich der bisher erzielte Umsatz/Absatz bei diesen Kunden verbessern läßt oder ob er so gut ist, daß er gehalten werden soll.

Eine weitere interessante Betrachtungsweise ist: Wie würde sich der Gesamtumsatz im Verkaufsgebiet ändern, wenn beispielsweise

- alle A-Kunden auf das Durchschnittsniveau der A-Kunden gebracht werden könnten?
- alle B-Kunden auf das Durchschnittsniveau der B-Kunden gebracht werden könnten?
- manche B-Kunden auf das Niveau der A-Kunden gebracht werden könnten?

usw.

Wird zum Beispiel bei der Planung der Neukundengewinnung das Niveau der B-Kunden angestrebt, so wäre jeder Neukunde mit 9000 DM einzuplanen, bei zehn zu gewinnenden Neukunden resultieren also 90000 DM zusätzlicher Umsatz.

6. Umsatzpotentialanalyse

6.1 Schätzung des Umsatzpotentials des Kunden

Bei der Umsatzpotentialberechnung hat es sich als hilfreich erwiesen, eine Vergleichskennziffer zugrunde zu legen.

Eine Vergleichskennziffer wurde im vorherigen Abschnitt ermittelt: der Durchschnittsumsatz pro Kunde in den Kundenkategorien A, B, C, D und Direktabnehmer.

Zur Erinnerung:

A-Kunde:	Durchschnittsumsatz	=	39600 DM
B-Kunde:	Durchschnittsumsatz	=	9000 DM
C-Kunde:	Durchschnittsumsatz	=	3375 DM
D-Kunde:	Durchschnittsumsatz	=	2160 DM
Direktkunden:	Durchschnittsumsatz	=	10800 DM

Bisher wurde der vom Kunden erzielte Durchschnittsumsatz noch nicht bewertet. Ob Umsatzsteigerungen innerhalb der Produktgruppe A möglich sind, kann noch nicht beurteilt werden. Es ist nämlich lediglich der Durchschnittsumsatz bekannt.

6.2 Bewertungsmaßstab

Es wäre also für die Beurteilung des bisher erzielten Umsatzes hilfreich, wenn es hierfür einen „Bewertungsmaßstab“ gäbe. Dieser Bewertungsmaßstab sollte idealerweise darüber Auskunft geben können, ob der erreichte Umsatz „wirklich gut“ ist. Als Urteilsbasis werden hierfür Kriterien herangezogen, die eher „neutral“ sind und eine genügend genaue Beurteilung ermöglichen.

In unserem Fallbeispiel soll der Verkäufer die Planzahlen mit seinen Kunden erfüllen. Um dieses zu erreichen, analysiert und überprüft er das Umsatzpotential seiner Abnehmer daraufhin,

- ob sie den theoretisch denkbaren Umsatz auch tatsächlich realisieren,
- wo es noch Umsatzlücken gibt,
- wo der Umsatz dem entspricht, was als Abnahmepotential zur Verfügung steht.

Beispiel:

Ein Eisenwarenfachhändler der Kundenklassifizierung B hat mit den Produkten der Produktgruppe A insgesamt 15000 DM erzielt. Sie sind der Verkäufer und wollen analysieren, ob dieser Umsatz „gut", „schlecht" oder „mittelmäßig" ist.

Sie brauchen hierzu, wie gerade ausgeführt wurde, den Vergleichsmaßstab, den „Bewertungsmaßstab". Diesen finden Sie, wenn Sie wissen, ob diese 15000 DM am Gesamtumsatz des Kunden gemessen „im Schnitt" liegen.

6.3 Ermittlung von neutralen Vergleichskennzahlen

Es hat sich als hilfreich erwiesen, als Vergleichsmaßstab nicht die vom Kunden mit der Produktgruppe A erzielten Umsätze zu nehmen, sondern eher „neutrale" Zahlen, zum Beispiel:

- angestrebte Marktanteilszahlen im Gebiet
- durchschnittlicher Abverkauf der Produkte an Mitbewerber des Kunden

Durch Anlehnung an diese „von außen erhobenen" Zahlen hat man den Vorteil einer eher objektiven Vergleichsbasis.

6.4 Berechnung des Umsatzpotentials der Kunden

Das Umsatzpotential eines Kunden kann folgendermaßen schrittweise berechnet werden:

- Ermittlung des Ist-Umsatzes des Kunden anhand der Umsatzkundenstatistik
- Analyse der Aufteilung des Gesamtumsatzes des Kunden auf die einzelnen Produktbereiche

- Ermittlung des Gesamtumsatzes des Kunden
- Vergleichskennziffern von Marktforschungsinstituten
- Berechnung einer Vergleichskennziffer
- Einschätzung des Umsatzpotentials des Kunden

6.4.1 Ist-Umsatz des Kunden als Berechnungsbasis

Wir haben mit dem Kunden aus der Kundengruppe B im zurückliegenden Jahr einen Umsatz von 15000 DM für die Produktgruppe A erzielt.

6.4.2 Analyse unseres Umsatzes mit dem Kunden

Dieser Umsatz, den der Kunde mit unseren Produkten getätigt hat, läßt sich noch weiter differenzieren. So interessiert zum Beispiel den Verkäufer, wie sich der Gesamtumsatz auf die verschiedenen Einzelprodukte verteilt. Für dieses Fallbeispiel verzichten wir auf die weitere Aufsplittung des Gesamtumsatzes, obwohl dieses in der Praxis eine wichtige Aufgabe ist. Denn es kann sich beispielsweise durchaus der Gesamtumsatz für alle Produkte positiv entwikkelt haben – und dennoch für einzelne Produkte negativ.

6.4.3 Ermittlung des Gesamtumsatzes des Kunden

Ein erster wichtiger Planungsschritt ist es, aus dem Verhältnis des Kunden-Gesamtumsatzes den Stellenwert unseres Teilumsatzes von 15000 DM mit der Produktgruppe A zu ermitteln.

- Die Ermittlung kann mit statistischen Zahlen erfolgen (Verbandszahlen, Statistisches Jahrbuch).
- Oft sind diese Informationen auch durch Publikationen bekannt (Prospekte des Kunden).
- Erfragen des Umsatzes beim Ansprechpartner.

In vielen Fällen liefern Verbände oder zugängliche öffentliche Statistiken Informationen, welche Anteile bestimmte Warengruppen erzielen. Für unser Beispiel gehen wir davon aus, daß in dieser Kundengruppe 30 Prozent vom Gesamtumsatz auf das Teilsortiment Elektrowerkzeuge entfällt. Wir streben einen Umsatzanteil von sieben Prozent am Teilsortiment Elektrowerkzeuge an. Für die weiteren Berechnungen ist es wichtig, den Umsatz des Händlers zu kennen, den er mit diesem Teilsortiment Elektrowerkzeuge erzielt hat.

Berechnung des Kundengesamtumsatzes mit Hilfe statistischer Daten (Zahlen des ISB)

Ein Auszug aus der Statistik des Instituts für Selbstbedienung Köln (ISB) sagt aus, daß Eisenwaren- und Hausrat-Facheinzelhändler folgende Umsätze erzielen:

Eisenwaren-, Hausrathandel-Jahresumsatz je:

- beschäftigte Person = 140 300 DM
- qm Geschäftsfläche = 2 150 DM
- qm Verkaufsfläche = 4 380 DM

Beispiel:

Sie sehen, daß das Geschäft eines Ihrer potentiellen Kunden eine Verkaufsfläche von circa 300 qm hat. Daraus können Sie nach den genannten Zahlen folgendes Umsatzpotential schätzen:

300 qm × 4380 DM = 1,314 000 Millionen DM

Dieser potentielle Kunde (lt. Statistik erzielt jeder Beschäftigte im Eisenwarenhandel 140 300 DM Umsatz p.a.) beschäftigt elf Mitarbeiter. Es ergibt sich folgende weitere Umsatzschätzung:

11 Personen × 140 300 DM = 1,5433 Millionen

Daraus ergibt sich folgende Umsatzpotentialschätzung für dieses Geschäft:

300 qm × 4380 DM	= 1,314 Millionen DM
11 Personen × 140 300 DM	= 1,543 Millionen DM

Summe aus 2 Positionen	= 2,857 Millionen DM
Arithmetischer Mittelwert	2,857 Millionen DM : 2 = 1,428 Millionen DM
Umsatzschätzung für dieses Geschäft gerundet	= 1,5 Millionen DM

Um daraus unser Umsatzpotential für Elektrowerkzeuge errechnen zu können, ist es notwendig, das Einkaufsvolumen des Kunden zu ermitteln.

Geschätzter Umsatz des Kunden = Verkaufsumsatz	1 500 000 DM
Darin enthaltene MwSt. (15 %)	195 653 DM
Nettoeinkaufswert von	1 304 347 DM
./. durchschnittl. Einkaufsrabatt 20 %	260 869 DM
Netto-Netto = Einkaufswert	1 043 477 DM
Teilumsatz Elektrowerkzeuge (~ 30 Prozent vom Einkaufswert)*	313 043 DM (Rechnerisch ermittelter Einkaufswert des Kunden für Elektrowerkzeuge)

Davon haben wir mit der Produktgruppe A 15.000 DM erreicht, was einem Prozentanteil von 4,8 Prozent entspricht (15 000 von 313 043 DM).

6.5 Berechnung einer Vergleichskennziffer

Zur Beurteilung, ob der mit dem Kunden erzielte Umsatz (15 000 DM) eher schlecht oder gut ist, sollte eine Vergleichskennziffer zur Verfügung stehen, die über die „Güte“ des erzielten Umsatzes Auskunft gibt und einfach zu handhaben ist.

---

*Diese Zahl ist eine Durchschnittszahl, die uns ein Verband zur Verfügung gestellt hat.

Ein Maßstab hierfür kann der angestrebte Marktanteil des Unternehmens sein. Im folgenden gilt die Prämisse, daß dieser „Marktanteil" gleichbedeutend ist mit dem „Geschäftsanteil". (Dies ist zwar statistisch nicht hinreichend genau, aber für die Orientierung und Einschätzung der Kunden brauchbar.)

Es wird jetzt eine weitere Hilfsgröße benötigt. Denn die Markt- bzw. Geschäftsanteile beziehen sich in diesem Fall auf die Elektrowerkzeuge. Das heißt, daß sieben (angestrebter Marktanteil) von 100 auf dem Markt befindlicher Elektrowerkzeuge rechnerisch aus unserem Hause stammen.

Also gilt die Marktanteilsgröße nur und ausschließlich für dieses Segment. Soll unser Anteil am Gesamtumsatz des Kunden bestimmt werden, muß ermittelt werden, wieviel Prozent des Gesamtumsatzes des Kunden auf Elektrowerkzeuge und Zubehör entfallen.

Diese Zahlen sind in den meisten Fällen bekannt – sie können zumindest aus Verbandskennzahlen abgeleitet werden. Es ist verständlich, daß beispielsweise ein Eisenwarenfachhändler prozentual vom Gesamtumsatz mehr Elektrowerkzeuge verkauft als ein Verbrauchermarkt mit einer Baumarktabteilung oder ein C + C-Markt mit einem verhältnismäßig geringen Anteil an Elektrowerkzeugen.

Beispiel:

Verbrauchermarkt mit angeschlossenem Baumarkt:

100 % Gesamtumsatz, davon 40 % Non food
= 100 %, davon 40 % Heimwerkerbedarf
= 100 %, davon 10 % Elektrowerkzeuge
= 100 %, davon 7 % unser angestrebter Geschäftsanteil

Um die Vergleichskennziffer zu bestimmen, werden die Prozentzahlen in Dezimalzahlen umgewandelt und miteinander multipliziert. Das Ergebnis der Multiplikation ist die Vergleichskennziffer, die zur Berechnung des Absatzpotentials gebraucht wird.

40 % = 0,4   10 % = 0,1   7 % = 0,07

$0{,}4 \times 0{,}4 \times 0{,}1 \times 0{,}07 = 0{,}0112$

Diese Zahl sagt nun aus: Vom relevanten Gesamtumsatz des Verbrauchermarktes mit angeschlossenem Baumarkt streben wir ein Absatzpotential von 0,0112 an.

- *Anwendungsbeispiel 1:*

Verbrauchermarkt mit einem Gesamtumsatz von 10 Millionen DM (ohne MwSt.)
Unser angestrebtes Potential: 10000000 × 0,0112 = 11200 DM

- *Anwendungsbeispiel 2:*

Eisenwarenhändler mit einem Gesamtumsatz von 1600000 DM = 100 % Gesamtumsatz
davon 40 % Elektrowerkzeuge und Zubehör
davon 7 % unser angestrebter Anteil
Kennziffer = 0,4 × 0,07 = 0,028
Unser angestrebtes Potential: 1600000 DM × 0,028 = 44800 DM

- *Anwendungsbeispiel 3:*

Baumarkt mit einem Gesamtumsatz von 18000000 DM = 100 % Gesamtumsatz
davon 30 % Elektrowerkzeuge und Zubehör
davon 7 % unser angestrebter Anteil
Kennziffer = 0,3 × 0,07 = 0,021
Unser angestrebtes Potential: 18000000 DM × 0,021 = 378000 DM

Üblicherweise werden dem Verkäufer die für seine Branche und sein Produkt benötigten Vergleichskennziffern unternehmensseitig zur Verfügung gestellt. Falls nicht, sollte er diese für sein Produkt nun selbst errechnen können.

6.6 Einschätzung des Umsatzpotentials des Kunden

Die aus der Berechnung der Vergleichskennziffer gewonnen Erkenntnisse können für die „Einschätzung des Kunden" für seine jetzigen und künftigen Absatzpotentiale genutzt werden.

Für die Planungsaufgaben hat es sich als hilfreich erwiesen, von den wichtigsten Kunden ein Übersichtsblatt anzufertigen, das wie folgt aufgebaut werden könnte:

Lfd. Nr.	Kunden-Nr.	Facheinzel-händler 1,02	Verbraucher-märkte 0,0112	Fachhändler 0,028	Baumärkte 0,021	Bemerkungen
1	.	1,02	0,51		0,02	
2	.	0,87	0,22	0,022	0,01	
3	.	0,52	0,17	0,014	0,2	
4	.	0,65	0,38	0,225	0,3	
5	.	1,12	0,04	0,012	0,01	
6	.					
7	.					
8	.					
9	.					
10	.					
.	.					
.	.					
.	.					
.	.					

Tabelle 2: Umsatz-Ausschöpfungsquoten: Gesamtübersicht (fiktive Zahlen)

Aus der Übersicht ist zu erkennen, daß es einzelne Abnehmer gibt, die aufgrund ihres tatsächlichen Umsatzes (Ausschöpfungsgrad) nicht die durchschnittliche Vergleichskennziffer erreicht haben, die sie aufgrund ihres Umsatzpotentials hätten erreichen können.

Diese Vergleichskennziffer gibt dem Verkäufer die Möglichkeit, mit seinem Ansprechpartner aus dem Unternehmen zu untersuchen, worin das Defizit begründet ist, und welche Maßnahmen er speziell für den Kunden einleiten kann, um das Potential auf das durchschnittliche Niveau anzuheben.

7. Bewertung des Potentials

7.1 Berechnen der Ausschöpfungsquote

Bei den bisherigen Berechnungen lag das Absatzpotential für die Kundengruppen zwischen 0,0112 und 0,028 vom Gesamtumsatz, je nach Geschäftsart. Unser Unternehmensziel ist es, den Marktanteil für unsere Produkte im kommenden Jahr auf sieben Prozent in dem betreffenden Gebiet zu steigern.

Beispielsrechnung:

Umsatz des Kunden mit dem Teilsortiment Elektrowerkzeuge	325 000 DM
Umsatz bei diesem Kunden (B-Kunde):	15 000 DM

Berechnungsformel für die Ausschöpfungsquote:

$$\text{Ausschöpfungsquote des Kunden} = \frac{\text{Unser Umsatz beim Kunden}}{\text{EK-Volumen des Kunden im Teilsortiment Elektrowerkzeuge}} = \frac{15\,000 \times 100}{325\,000} = 4{,}6\,\%$$

Aus dieser Berechnung geht hervor, daß unser Umsatz beim Kunden vergleichsweise „schlecht abschneidet" gegenüber den angestrebten sieben Prozent. Mit Hilfe dieser Zahlen kann berechnet werden, um wieviel der Umsatz gesteigert werden müßte, um auf den für das Folgejahr angestrebten Umsatzanteil (Geschäftsanteil) von sieben Prozent zu kommen.

Hierzu kann folgende Formel benutzt werden:

$$\text{Steigerungsfaktor} = \frac{\text{Angestrebter Marktanteil im gesamten Gebiet (in Prozent)}}{\text{Ausschöpfungsquote in Prozent}} = \frac{7}{4{,}6} = 1{,}52$$

Der Umsatz müßte um das 1,52fache gesteigert werden, damit der Kunde das angestrebte Potential (Geschäftsanteil) von sieben Prozent erreicht.

Hochgerechneter Umsatz für diesen Kunden:

= 1,52 × 15000 DM = 22826 DM

Dieser hochgerechnete Umsatz dient als weitere Grundlage für die Planungen.

7.2 Gebietsplanung

Für die Umsatz-Gebietsplanung ist wichtig, daß vorher die Kategorisierung/ Klassifizierung stattgefunden hat – also die Kunden (potentielle und aktuelle) in

- A-, B-, C-, D- ... Kunden
- oder Kundengruppen: Filialisten, Fachhändler, C+C-Märkte etc.

aufgeteilt wurden.

Dieser Schritt ist wichtig, weil mit Hilfe der Vergleichskennziffern eine Hochrechnung des Ausschöpfungspotentials für das Gebiet erfolgen kann. Im folgenden Beispiel ist die Durchdringung des aktuellen Kundenstamms das strategische Ziel.

Ziel: Alle aktuellen Kunden auf mindestens folgendes Durchschnittsniveau (Durchschnittsumsatz) bringen:

alle A-Kunden auf mindestens 39000 DM
B-Kunden auf mindestens 9000 DM
C-Kunden auf mindestens 3375 DM
D-Kunden auf mindestens 2160 DM

7.3 Umsatzplanung für das Gebiet

Eine genaue Umsatzplanung für das Verkaufsgebiet bedeutet demnach mehr als nur pauschal eine Steigerungszahl für alle Kunden zugrunde zu legen. Die genaue Umsatz- und Gebietsplanung berücksichtigt die Gegebenheiten jedes einzelnen Kunden gesondert – zumindest die der A-, B- und C-Kunden oder die der spezifischen Kundengruppen.

Der Verkäufer hat die Aufgabe, anhand seiner Kundenliste und aufgrund der ermittelten Vergleichskennzahlen genau zu analysieren, bei welchen seiner Kunden die Steigerung von insgesamt 200000 DM = 11,1 Prozent (von 1800000 DM auf 2000000 DM) zu realisieren ist.

Wenn die ABC-Analyse zugrunde gelegt wird, ergibt sich folgende Rechnung:

200000 DM Umsatzsteigerung für das folgende Jahr bei linearer Verteilung gemäß Umsatzaufteilung vom Vorjahr bedeutet nach Tabelle 3:

	Bisheriger Umsatz (in DM)	Soll-Umsatz-steigerung (in Prozent)	Soll-Umsatz-steigerung (in DM)	Gesamtumsatz (in DM)
A-Kunden	594000	11,1	66000	660000
B-Kunden	450000	11,1	50000	500000
C-Kunden	270000	11,1	30000	300000
D-Kunden	216000	11,1	24000	240000
Direktabnehmer	270000	11,1	30000	300000
	1800000		200000	2000000

Tabelle 3: Verteilung der Umsatzsteigerung

Bei dieser linearen Planung wurden den Kundengruppen entsprechend den Umsatzverteilungen der vergangenen Jahre linear die Steigerungszahlen vorgegeben. Es kann aber sein, daß wir erkannt haben, daß bei einer bestimmten Kundengruppe keine Steigerungen mehr möglich sind, dafür bei einer anderen Gruppe mehr. Entsprechend verändern sich Planungswerte.

7.4 Anpassung der Umsatzplanung

Beispiel:

Marktuntersuchungen haben ergeben, daß Fachhändler keine großen Umsatzsteigerungen mehr ermöglichen können, Bau- und Heimwerkermärkte dagegen hohe Zuwächse haben werden. Aufgrund der Marktforschungsergebnisse ist für die einzelnen Abnehmergruppen mit folgender Entwicklung zu rechnen (siehe Tabelle 4):

	Baumärkte	Verbrauchermärkte	Eisenwarenfachgeschäfte	Facheinzelhändler	Direktabnehmer
Anzahl	15	50	80	100	25
Vergleichskennziffer	0,021	0,0112	0,028	1,8	
Steigerung (in Prozent)	+18	+13	+11,1	–	+3,7
Bisheriger Umsatz	594000	450000	270000	216000	270000
Planumsätze (gerundet)	700000	510000	300000	216000	280000

Tabelle 4: Individuelle Verteilung des Umsatzzuwachses

Ausgehend von diesen Prognosen kann der Verkäufer seine Planungen den unterschiedlichen zu erwartenden Entwicklungen der Kundengruppen anpassen. Es entstehen keine pauschalen Steigerungsraten, sondern individuelle Anpassungen entsprechend den Entwicklungsmöglichkeiten.

Bei der Gebietsanalyse und Planung werden die Planzahlen für das kommende Jahr den unterschiedlichen Wachstumsentwicklungen der Kundengruppen angepaßt. Das stärkste Wachstum wird in diesem Beispiel bei Baumärkten erwartet. Deshalb ist bei diesen 18 Prozent mehr Umsatz eingeplant worden. Insgesamt ergibt sich aus dieser Planung auch der für das kommende Jahr geplante Mehrumsatz für das Verkaufsgebiet von 200000 DM auf insgesamt 2000000 DM.

8. Neukundenumsatzplanung

Der Umsatz aus der Neukundengewinnung sieht vor, daß zehn Prozent des geplanten Jahresumsatzes pro Verkaufsgebiet (200000 DM) mit Neukunden erreicht werden sollen. Für den Verkäufer gilt also herauszufinden, welche Kunden den geplanten Umsatz erbringen.

8.1 Berechnung der notwendigen Anzahl der Neukunden

Ein einfacher, aber auch ungenauer Rechenweg besteht darin, aus dem Durchschnittsumsatz aller Kunden von 6700 DM und dem angestrebten Zusatzumsatz von 200000 DM die Zahl der notwendigen Neukunden zu ermitteln.

$$\frac{200\,000 \text{ DM Umsatz durch Neukunden}}{6700 \text{ DM Durchschnittsumsatz/Kunde}} = 30 \text{ Kunden}$$

Diese Durchschnittszahl berücksichtigt allerdings nicht die Wertigkeit (A-, B-, C...) der Kunden. In den meisten Fällen kennt der Verkäufer aus der Ermittlung der Anzahl der Bedarfsträger die Anzahl der Kunden in seinem Verkaufsgebiet. Entsprechend den Informationen aus seinen Unterlagen plant er die Gewinnung von Neukunden nach ihrer Wertigkeit.

Kundengruppen	Anzahl der Stammkunden im Gebiet	Anteil in Prozent	Kunden-potential	Differenz aus Stammkunden zum Kunden-potential	Mögliche Neukunden
A-Kunden	15	6	42	27	2
B-Kunden	50	18	126	76	14*
C-Kunden	80	30	210	130	39
D-Kunden	100	37	259	159	59
Direktabnehmer	25	9	63	38	4
	270	100	700	430	118

Tabelle 5: Verteilung des Umsatzzuwachses auf Alt- und Neukunden

* 76 Kunden × 18 Prozent = 13,7 Kunden (aufgerundet auf 14 Kunden)

Es ist natürlich unrealistisch, die Gewinnung von 118 Neukunden innerhalb eines Jahres zu planen.

Im nächsten Abschnitt wird daher eine Planung vorgestellt, die sowohl das Soll (Neukundengewinnung) ermöglicht als auch den Faktor Zeitressourcen berücksichtigt.

8.2 Berechnung des Abnahmepotentials

Das Abnahmepotential, das heißt die im Verkaufsgebiet befindlichen, aber noch nicht von uns belieferten Abnehmer, beträgt laut Marktforschung insgesamt 700. Von diesen 700 Abnehmern haben wir als Stammkunden lediglich 270!

Die Verhältniszahl

$$\frac{270}{700} \times 100 = 38{,}6$$

sagt aus, daß nur 38 von 100 möglichen Abnehmern unsere Produkte verkaufen, oder sechs von zehn kaufen noch nicht!

Wieviele Kunden sind nötig, um das geplante Soll zu erreichen? Als Berechnungsgrundlage gelten die Durchschnittsumsätze aus den verschiedenen Kundengruppen.

Dabei konzentriert sich der Verkäufer auf die Kundengruppen, die bisher am stärksten am Gesamtumsatz beteiligt waren und bei denen gute Erfolgsaussichten bestehen, diese als Neukunden auf dem Durchschnittsumsatzniveau zu gewinnen.

Die Neukundenplanung kann dann wie in Tabelle 6 aussehen.

Der Verkäufer plant vorsorglich mehr Umsatz ein, um mit 60 Prozent Wahrscheinlichkeit die Soll-Zahl zu erreichen. Bei einem geplanten Umsatz von 378375 DM bedeutet das den tatsächlichen Umsatz von 227000 DM aus dem Neukundengeschäft.

Kundengruppe	Durchschnittsumsatz bisher (in DM)	Neukundenplanung	Planumsatz (in DM)
A-Kunden	39600	5	195000
B-Kunden	9000	5	45000
C-Kunden	3375	5	84375
D-Kunden	2160	0	0
Direktabnehmer	10800	5	54000
20 Neukunden		20	378375

Tabelle 6: Neukundenplanung

Mit der Neukundenplanung schließt sich der Kreis der Umsatzplanung. Der Verkäufer kennt die Zielsetzung des Unternehmens: Steigerung des Marktanteils von gegenwärtig fünf Prozent auf sieben Prozent im nächsten Jahr.

Die Marktanteilssteigerung hat auch Auswirkungen auf die Umsatzplanung des Verkäufers. Die Umsatzvorgaben zur Erreichung der Marktanteilssteigerung sind

- 10 Prozent Steigerung des Stammkundengeschäfts,
- 10 Prozent Neukundengewinnung.

9. Touren- und Terminplanung

Aktive Terminplanung ist eine weitere wesentliche Voraussetzung für die erfolgreiche Realisierung der Ziele für das Gebiet. Im vorliegenden Fallbeispiel hat der Verkäufer 270 Stammkunden zu betreuen und soll 20 Neukunden gewinnen. Bei diesen Vorgaben muß er seine begrenzte Arbeitszeit optimal planen.

Dem Verkäufer ist aufgrund der Planung und Analyse das Absatzgebietspotential bekannt, bei welchen Abnehmergruppen welcher Umsatz geplant ist. Zwischen Planung und Realisierung ist jedoch eine Lücke. Denn Umsätze gerade bei Neukunden werden erfahrungsgemäß nicht sofort erzielt. Es ist vielmehr eine gewisse Vorlaufzeit erforderlich, bis sich Umsätze realisieren lassen. Bis dahin sind unter anderem folgende Aktivitäten erforderlich:

- Kontaktbesuche
- Beziehungspflege
- Beratungsaufwand
- Präsentationen
- Verkaufsgespräche
- Bedarfsermittlung u. a.

Zu den wichtigen Planungsaufgaben gehört es, daß der Verkäufer seinen Zeitaufwand zur Zielerreichung plant.

9.1 Zeitaufwand

Der Zeitaufwand zur Zielerreichung errechnet sich als eine Funktion aus

- Kundenzahl,
- Besuchsturnus,
- Besuchsdauer,
- jährliche Arbeitszeit.

Je nach der Unternehmensphilosophie und den -zielen ergeben sich auch für die Firmen gleicher Branchen und Größenordnung sehr unterschiedliche zeitliche Aufwendungen.

Steht beispielsweise in der Firmenphilosophie der Grundsatz: „Wir streben eine Partnerschaft an, die von beiderseitigem Nutzen geprägt ist", dann ist sicherlich ein relativ großer Zeitaufwand für die Gespräche, zur Pflege der Geschäftsbeziehung einzuplanen.

Im Beispiel soll die Planung des Zeitaufwands für den Verkäufer dargestellt werden, der in seinem Gebiet folgende Umsatzzahlen erreichen will:

	2,0 Millionen DM aus dem Stammkundengeschäft
+	0,2 Millionen DM aus der Neukundengewinnung
=	2,2 Millionen DM

Als Berechnungsbasis für den Zeitaufwand gelten

- der gegenwärtige Kundenstamm (aus dem die zwei Millionen DM Umsatz geschöpft werden sollen),
- die Neukunden.

Welche Kunden vorrangig besucht werden müssen, die Besuchsdauer und der Besuchsturnus ergeben sich aus den übergeordneten Zielen des Unternehmens bzw. des Verkäufers.

Damit der Verkäufer seinen Zeitaufwand realistisch berechnen kann, muß er von seinen bedeutenden Kunden (A, B und C) vorher eine genaue Kundenanalyse vorgenommen haben, aus der sich ergibt, welche Kunden etwa welchen Zeitaufwand (respektive Besuchsturnus) erforderlich machen.

Aus den Rahmenvorgaben

- Umsatz bei bestehenden Kunden,
- Umsatz aus Neukunden,
- Anzahl der zu betreuenden Kunden,
- jährliche Arbeitszeit

errechnet sich der notwendige Zeitaufwand.

Der Besuchsrhythmus ist dem Verkäufer häufig von der Vertriebsleitung vorgegeben. Er ergibt sich aber auch aus der Notwendigkeit, den Kunden seiner Bedeutung dem Absatzpotential entsprechend zu betreuen.

9.2 Zeitkapazität

Die reine „Nettoarbeitszeit" des Verkäufers errechnet sich wie folgt:

Kunden-kategorie	Zahl der zu besuchenden Kunden	Besuchs-rhythmus	Pflegeaufwand in Std.	Besuche pro Jahr	Jährlicher Besuchsaufwand (in Stunden)
A-Stammkunden* Neukunden	15 5	monatlich monatlich	0,75 0,75	180 60	135 45
B-Stammkunden Neukunden	50 5	zweimonatlich zweimonatlich	0,75 0,75	300 60	225 45
C-Stammkunden Neukunden	80 5	viermonatlich viermonatlich	0,5 1,0	240 60	120 60
D-Stammkunden Neukunden	100 –	viermonatlich (per Telefon)	0,5	300 –	150
Direkt-abnehmer Neukunden	25 5	zweimonatlich monatlich	0,75 0,5	150 30	112,5 22,5
Gesamt Neukunden	270 20			1380 Besuche pro Jahr	915

Tabelle 7: Besuchsrhythmus nach Kundenkategorien

	220 Arbeitstage pro Jahr
davon	32 Tage Urlaub/Krankheit
und	24 Tage Büro/Seminar/Meeting
bleiben	164 Nettoarbeitstage

Die jährliche Zeitkapazität für Besuche ergibt sich aus 6,5 Stunden täglicher Arbeitszeit an 164 Arbeitstagen (Arbeitszeit ./. Reisezeit etc.):

---

* Beispiel zur Berechnung der Besuche pro Jahr:
Anzahl der Kunden × Besuchsrhythmus = Anzahl der Besuche pro Jahr, in unserem Fall für die Stammkunden der Gruppe A: 15 × 12 = 180 Besuche pro Jahr;
1380 Besuche p.a.: 164 Tage p.a. = circa neun Besuche pro Tag.

$$6{,}5\text{ h (pro Tag)} \times 164\text{ Tage} = 1066\text{ Besuchsstunden (pro Jahr)}$$

$$\text{Verfügbare Zeit pro Kunde} = \frac{\text{Anzahl der Besuchsstunden pro Jahr}}{\text{Anzahl der Besuche pro Jahr}}$$

$$\text{in unserem Beispiel:} = \frac{1066\text{ (Stunden pro Jahr)}}{1380\text{ (Besuche)}} = 0{,}77\text{ Stunden pro Besuch}$$

Die Zeit, die der Verkäufer für den einzelnen Kunden einplant, hängt natürlich von der Wertigkeit des Kunden und damit vom Besuchsrhythmus ab.

Zur Erreichung der Ziele

- Umsatz von 2,2 Millionen DM und
- Neukundengewinnung

steht also eine Zeit von circa 1066 Stunden zur Verfügung. Um diese effektiv zu nutzen, lohnt sich ein Blick auf die sogenannten „Zeitfresser“, auf die Zeitabschnitte im Tagesablauf, die nicht aktiv für die Verkaufsgespräche zu nutzen sind.

9.3 „Zeitfresser“

Die in Abbildung 1 dargestellte Zeitaufteilung verdeutlicht die Notwendigkeit, die verkaufsaktive Zeit zu optimieren.

Optimieren kann der Verkäufer seine Zeitplanung durch

- Effizienzsteigerung:
  kürzere Gespräche durch gute Vorbereitung;
- Voranmeldung, um Wartezeiten zu reduzieren;
- Einsatz rationeller Arbeitstechniken bei administrativen Aufgaben;
- Optimierung der Routen- und Tourenplanung.

Ein weiterer Schwerpunkt der Optimierung liegt für den Verkäufer darin, daß er sehr genau überlegen und planen muß, welche Kunden er wie häufig – intensiv – besuchen sollte.

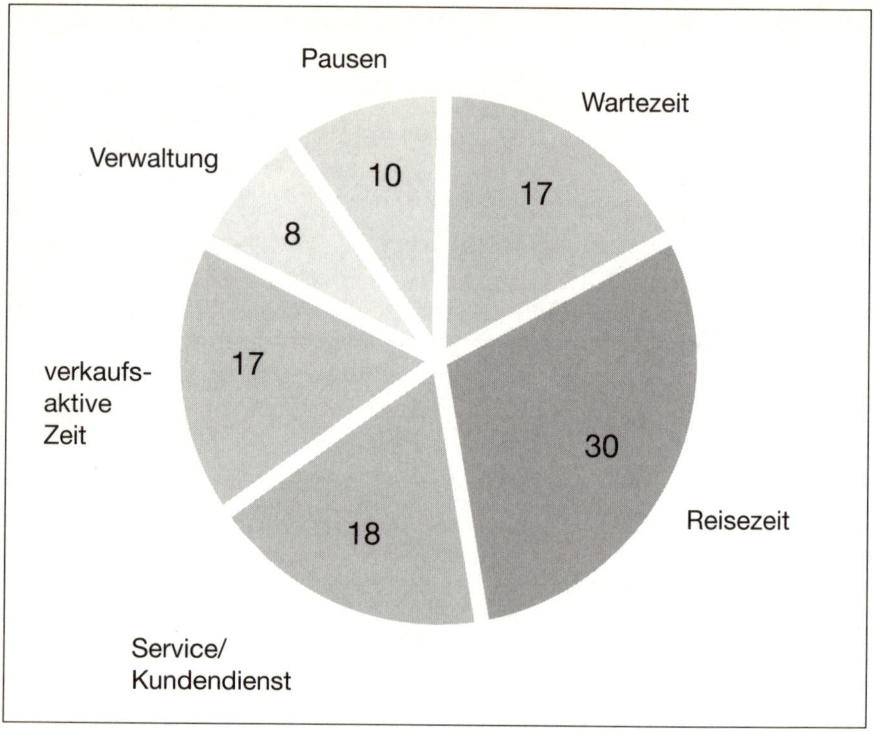

Abb. 1: Zeitaufteilung eines Verkäufers im Investitionsgüterbereich (in Prozent)

Ein Blick auf die Kundenumsatzverteilung liefert hier die Kriterien.

Circa ein Viertel der Kunden erzielen circa 60 Prozent des Umsatzes in diesem Gebiet.

Im Interesse des Unternehmens effektiv zu arbeiten heißt für den Verkäufer, mit möglichst geringem Aufwand den größtmöglichen Nutzen zu erzielen. Demnach sollte er den größten Anteil seiner verkaufsaktiven Zeit für die Kunden aufwenden, von denen der meiste Nutzen für das Unternehmen zu erwarten ist.

Je bedeutender der Kunde, desto mehr Zeit (im Sinne von Besuchshäufigkeit) ist einzuplanen.

9.4 Analysezahlen zur Tourenplanung

Im angenommenen Beispiel hat der Verkäufer insgesamt 270 Kunden und 20 Neukunden zu betreuen. In einem Zeitraum von vier Monaten sind die Kunden aus den Kundengruppen A bis D in folgender Weise zu besuchen:

A-Kunden = 12x pro Jahr (monatlich)
B-Kunden = 6x pro Jahr (zweimonatlich)
C-Kunden = 3x pro Jahr (viermonatlich plus Telefondienst)
D-Kunden = 3x pro Jahr (viermonatlich)
E-Kunden = 6x pro Jahr (zweimonatlich)

	Kunden Gruppe A 12 ×	Kunden Gruppe B 6 ×	Kunden Gruppe C 3 ×	Kunden Gruppe D 3 ×	Kunden Gruppe E 6 ×	Anzahl Besuche in Monaten
Tour 1 Stammkunden Neukunden	1–15 1– 5	1–25 1– 5	1–20 1– 5	1–25	1–12 1– 3	97 18
Tour 2 Stammkunden Neukunden	1–15 1– 5	26–50 1– 5	21–40 1– 5	26–50	13–25 4– 6	97 18
Tour 3 Stammkunden Neukunden	1–15 1– 5	1–25 1– 5	41–60 1– 5	51–75	1–12 1– 3	97 18
Tour 4 Stammkunden Neukunden	1–15 1– 5	26–50 1– 5	61–80 1– 5	76–100	13–25 4– 6	97 18
Stammkunden + Neukunden	60 20	100 20	80 20	100	50 12	388 72
Gesamtanzahl Besuche	80	120	100	100	60	60

Tabelle 8: Viermonatlicher Tourenplan

Die zur Zielerreichung errechneten 1380 Besuche pro Jahr müssen unter möglichst wenig Weg- und Zeitaufwand geplant werden.

Literatur

Kopp, Michael (1982): Umsatzplanung, Verkaufsbudgets, Absatzprognosen, Landsberg/Lech

Wolter, Friedrich H. (1982): Verkaufsleiterhandbuch, Landsberg/Lech

Kapitel 6

Das Verkaufsgespräch

Peter Stumber

1. Verkaufen im Wandel

„Hätten wir die Preise der Konkurrenzprodukte, deren kürzere Lieferzeiten und deren Bekanntheitsgrad, dann könnten wir mehr verkaufen.“ Solche oder ähnliche Aussagen werden manchmal von Verkäufern geäußert – wenn sie erfolglos versucht haben, ihre Produkte zu verkaufen.

Selbst wenn diese Aussagen vom Verkäufer nicht ernst gemeint sind, so beinhalten sie doch manches, was die gegenwärtige Situation kennzeichnet. Etwas, was das Verkaufen in der heutigen Situation kennzeichnet.

Heute ist Verkaufen meist durch folgende Gegebenheiten gekennzeichnet:

- Die Produkte und/oder Dienstleistungen gleichen sich immer mehr. Unterschiede sind nur noch marginal – und schnell von der Konkurrenz eingeholt.
- Die Abgrenzung zu den Mitbewerbern muß mit Wettbewerbsvorteilen erzielt werden, die für die Abnehmerzielgruppen wichtig sind.
- Diese Wettbewerbsvorteile müssen von den Abnehmerzielgruppen auch wahrgenommen werden (nur wahrgenommene Wettbewerbsvorteile zählen).
- Die Abgrenzung zu Mitbewerbern kann überdauernd über Strategien und einer durchgängig gelebten Unternehmensphilosophie erreicht werden.

Hierin spielt der Verkäufer als „Transporteur“ der Unternehmensphilosophie eine bedeutende Rolle. Mit seinen Verhaltensweisen sorgt er dafür, daß die Gestaltung der Beziehung zu den Kunden und potentiellen Abnehmern so erfolgt, daß damit die Vertriebsziele und die strategischen Zielsetzungen erreicht werden können – und die Unternehmensphilosophie realisiert werden kann.

Waren früher die Verkaufsaktivitäten noch leichter planbar, so ist dies heute immer schwerer. Dies ist u. a. darin begründet, daß sich das Einkaufsverhalten der Abnehmer nicht mehr prognostizieren läßt. Dies hängt u. a. damit zusammen, daß die Einflüsse auf die Entscheidung von vielen Faktoren beeinflußt werden, die zeitlich parallel verlaufen und sich wechselseitig bedingen.

Beispielhaft steht hierfür

- das veränderte Nachfrageverhalten, das wiederum durch die Kaufkraft, das aktuelle Angebot beeinflußt wird,
- der Bedarf, der sich dem Zeitpunkt, den Anlässen etc. entsprechend verändert,
- der Wertewandel bei den Käufern (Präferenzen oder Abneigung für ein bestimmtes Produkt, z.B. durch bestimmte chemische Stoffe und Bestandteile eines Produkts: Asbest – Formaldehyd),
- der Markteintritt eines neuen Anbieters mit veränderten Produkt-, Dienstleistungs- oder Ausstattungsmerkmalen.

Dieser eher kleine Ausschnitt verdeutlicht die Vielschichtigkeit der Einflußfaktoren. Sie können nur beobachtet, aber nicht einseitig durch den Verkäufer beeinflußt werden.

Altbewährte (?) Muster und Vorgehensweisen stehen auf dem Prüfstand. Jede Verkaufssituation bedeutet eine neue Herausforderung. Sie soll vom Verkäufer gelöst werden. Je vielfältiger/vielschichtiger die Situationen, desto vielfältiger und kreativer müssen die Lösungen sein. Mechanistische, immer gleiche Lösungswege (Verhaltens- und/oder Vorgehensweisen) sind nicht mehr geeignet – was bietet sich alternativ an?

2. Das Verkaufsgespräch als Problemlösungsprozeß

Der Verkäufer hat mit seinen Verkaufsaufgaben Vertriebsziele zu erreichen. Weiß der Verkäufer, wie diese Ziele erreicht werden können, dann löst er Aufgaben. Kennt er im Einzelfall noch nicht die Lösungswege oder die Lösung, steht er vor einem Problem. Deshalb kann der Verkaufsvorgang auch vereinfacht als Problemlösungsprozeß bezeichnet werden. Diesen Prozeß erläutert folgendes allgemeine Beispiel:

Stellen Sie sich vor, Sie wären praktischer Arzt und haben einen Patienten, der über Rückenschmerzen klagt.

Zur Lösung des „Problems" Rückenschmerz sehen Sie als Arzt verschiedene Wege:

- Verordnen eines Medikaments, das in früheren Fällen gut wirkte
- Beratungsgespräch über wirbelsäulengerechtes Verhalten

- Aushändigen der Broschüre „Die Rückenschule"
- chiropraktische Anwendungen
- Reizstrombehandlungen
- Verordnen eines Kuraufenthaltes
- eingehende Untersuchung
- Befragung des Patienten und anschließende Entscheidung über Maßnahmen
- Rat an den Patienten, sich zu schonen und in einigen Tagen wiederzukommen

Nehmen wir an, Sie empfehlen dem Patienten, sich zu schonen. Einen Tag später erfahren Sie, daß Ihr Patient vom Notarzt mit akuter Nierenkolik in eine Klinik eingewiesen werden mußte. Offensichtlich war also die gewählte Vorgehensweise in diesem Fall nicht günstig. Idealerweise wären Sie so vorgegangen:

Anamnese	Klärung der Vorgeschichte des Erkrankten einschließlich seiner Beschreibung der aktuellen Situation durch Befragung und Studium der Akte
Diagnose	Erkennung eines bestimmten Krankheitsbildes
Zielüberprüfung	Klärung, ob an einen Spezialisten überwiesen werden muß oder ob die Krankheit mit der passenden Therapie geheilt werden kann
Therapiemöglichkeiten	Medikamente, Anwendungen, Operation
Indikation	Auswahl der geeigneten Therapie unter Berücksichtigung der Wirkungen und Nebenwirkungen
Therapie	Einleitung und Durchführung der geeigneten Maßnahmen
Katamnese	Kontrolle, ob die Therapie den gewollten Erfolg brachte; im negativen Fall erneute Untersuchung und Durchlaufen der weiteren Schritte des Problemlösungsprozesses

Die genannten Schritte des obigen Beispiels sind ein prinzipielles Vorgehen, das auf Probleme in jedem Bereich übertragen werden kann.

Wie oft und wie gut es gelingt, die „richtige Therapie" zu finden, hängt leider nicht nur davon ab, ob die Therapie objektiv richtig ist, sondern ob der Patient dem Arzt und seinen Therapievorschlägen Vertrauen schenkt und an die Heilung glaubt. Sie selbst kennen den sogenannten Placebo-Effekt. Er beschreibt das Phänomen, daß nicht das Medikament selbst, sondern die erhoffte Wirkung den eigentlichen Heilungserfolg einleitet.

Ähnlich verhält es sich auch bei Verkaufsvorgängen. Die Sache, d.h. das Produkt, die Dienstleistung allein wird ja nicht gekauft, sondern das Vertrauen in die Leistung, die das Produkt bzw. die Dienstleistung erbringen soll. Demzufolge ist fast jedes Verkaufsgespräch mit einer „Kreditverhandlung" vergleichbar, wobei der Verhandlungsgegenstand nicht das Geld, sondern das Vertrauen ist. Ob dem Verkäufer das Vertrauen geschenkt wird, ist davon abhängig, ob

- der erhoffte Nutzen erfüllt werden kann,
- der Verkäufer Glaubwürdigkeit ausstrahlt,
- das Image, welches das Unternehmen beim Kunden hat, positiv ist.

Die Verkaufsgespräche verlaufen demnach auf mindestens drei Ebenen gleichzeitig, nämlich

- auf der Sachebene,
- auf der Beziehungsebene,
- auf der „Werte"-Ebene (Philosophie des Unternehmens).

Alle drei Ebenen müssen vom Verkäufer aktiv gestaltet werden, will er für sein Unternehmen erfolgreich tätig sein.

Widmen wir uns zunächst der Sachebene.

2.1 Zielsetzung für das Gespräch

Kernstück darin ist die Zielerreichung auf der Sachebene. Jeder Verkäufer sollte sich vor Beginn des Gesprächs ein Ziel vornehmen.

Zwischen dem Maximal- und dem Minimalziel wird sich das durch das Gespräch erzielte Ergebnis einpendeln. Bei einem Gespräch ohne Ziel ist jedes Ergebnis gut.

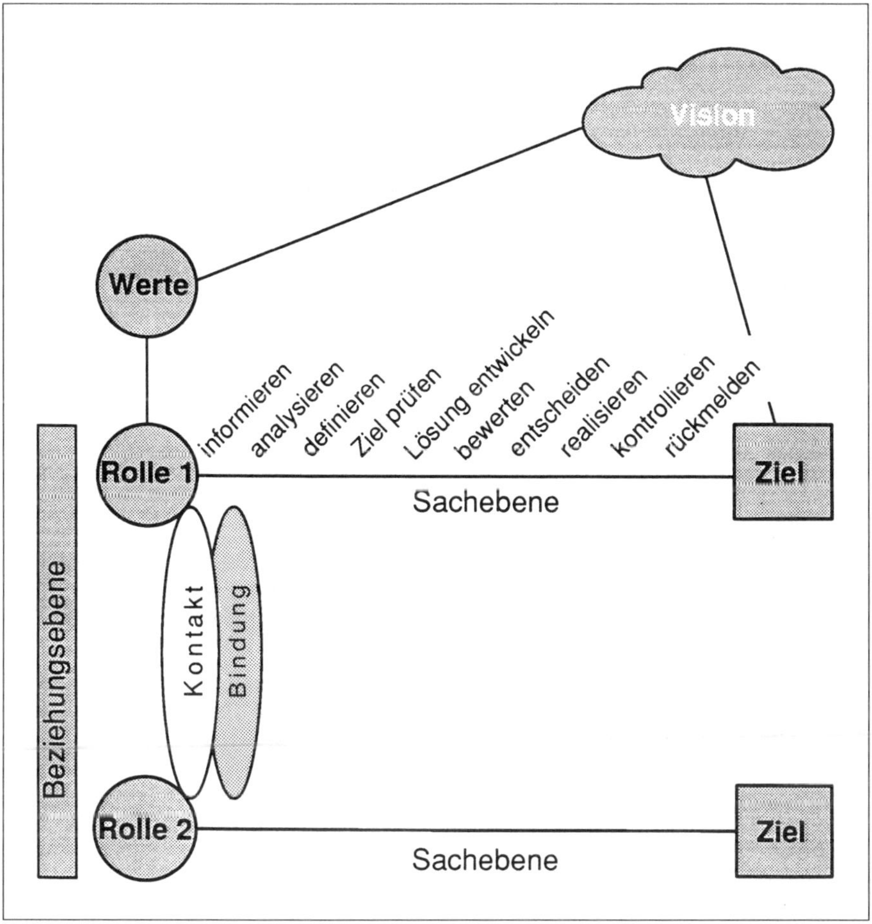

Abb. 1: Beziehungs- und Sachebene

2.2 Adressenbeschaffung

Bevor Sie als Verkäufer Umsätze tätigen, brauchen Sie Kunden. Bevor Sie Kunden haben, brauchen Sie deren Adressen. Adressenverlage verkaufen Adressen von nahezu jeder Verbrauchergruppe. Es ist denkbar, daß Sie bei einem guten Adreßverlag auch Anschriften für Ihre Zielgruppe bekommen. Außerdem haben Sie folgende Möglichkeiten:

2.2.1 Beziehungsadressen

Das sind Adressen von Freunden, Kollegen, Bekannten, Geschäftspartnern u. a. Beziehungen und lassen sich in Clubs, Vereinen, überall also, wo Menschen sich treffen, pflegen. Jeder neu gewonnene Kunde hat wieder Beziehungen. Sie können auf sich aufmerksam machen durch Überreichen von Checklisten u. a. Zum Thema Beziehungen sagte Benjamin Franklin einmal: „Geben Sie zuerst etwas Wasser in die Pumpe, dann können Sie nachher herauspumpen soviel Sie wollen." Er sprach über die früher gebräuchliche Kolbenpumpe, bei der ein wenig Wasser nötig war, um den Ansaugvorgang zu ermöglichen. Das gleiche Prinzip wirkt bei Beziehungen. Umsätze und Erfolg hat nur der, der Nutzen bringt, nicht der, der ausnutzt. Geben Sie zuerst Nutzen, dann kommt der Erfolg von selbst.

2.2.2 Anlaßadressen

Diese Adressen können Sie bei Hochzeit, Hausbau, Geschäftseröffnung, Umbau u. a. erfahren. Wer heiratet, braucht eine Wohnung und hat eventuell vor zu bauen. Wer ein Haus baut, wird sicherlich auch diesbezügliche Versicherungen abschließen wollen. Die Anbahnung des Gesprächs können Sie sich erleichtern, indem Sie das „Ereignis" als Aufhänger verwenden.

2.2.3 Empfehlungsadressen

Diese Adressen bekommen Sie, wenn Sie nach jedem erfolgreichen Verkaufsgespräch nach weiteren Interessenten im Bekanntenkreis Ihres Gesprächspartners fragen. Erkundigen Sie sich, ob Sie sich bei Ihrem späteren Gesprächspartner auf Ihren jetzigen Kunden beziehen dürfen. Erbitten Sie weitere Informationen über ihn.

Der folgende Katalog für die Adressenbeschaffung kann Ihnen helfen, Kunden zu suchen. Es gibt viele Situationen, aus denen man Menschen kennt:

- von früheren Arbeitsplätzen: Kollegen, Mitarbeiter, Lieferanten, Kunden, Berufsvereinigungen, Steuer- und Rechtsberater u. a.
- durch gemeinsame Hobbys: Fußball, Tennis, Schwimmen, Volkshochschulveranstaltungen, Schach, Foto, Camping, Yoga, Skifahren u. a.
- weil Sie ein Auto besitzen: ADAC, Ortsverein, Motorclub, Tankstelle, Händler für Reifen oder Ersatzteile u. a.

- weil Sie Hausbesitzer sind: Nachbarn, Kaminkehrer, Heizungswartung, Handwerker, Architekten, Bauunternehmer, Baustoffhändler u. a.
- weil Sie Kinder haben: Lehrer, Kindergärten, Arzt, Hebamme, Eltern von Schul- und Spielkameraden u. a.
- durch Eltern, Geschwister, Verwandte, Freunde, Vereine, Firmen, Organisationen u. a.
- von der Schulzeit her: Schulfirmen, Lehrer, Eltern von Klassenkameraden u. a.
- aus der jetzigen oder früheren Nachbarschaft: Betriebe, Werkstätten, Privatpersonen, Veranstaltungsstätten u. a.
- von täglichen Besorgungen: Friseur, Zeitungsgeschäft, Lebensmittelgeschäft u. a.
- aus dem örtlichen Adreß- oder Telefonbuch: ansässige Unternehmen, Vereine, Verbände u. a.

Wer einen für die Volkswirtschaft so wichtigen Beruf wie den des Verkäufers ausübt, kann dies anderen Menschen ruhigen Gewissens mitteilen. Sehen Sie in jedem neuen Kontakt nicht sofort den möglichen Abschluß, sondern eine Chance für den Aufbau einer „Geschäftsverbindung". Auch wenn dieser eine Kontakt nicht zum gewünschten Erfolg führt, wird sich Ihre Leistung herumsprechen, und plötzlich kommen manchmal Interessenten von selbst auf Sie zu.

2.2.4 Fremdadressen

Wer weniger Beziehungsadressen nutzen kann, muß Fremdadressen nutzen. Dafür gibt es folgende Adressenquellen:

- Regionalzeitungen
- Fachzeitungen
- Wirtschaftszeitungen
- Verbandsmitteilungen
- Einwohner- oder Branchenadreßbuch
- Telefonbuch
- Vereinsverzeichnisse
- Mitgliederverzeichnisse von Verbänden
- Handelsregister
- Aufgebotslisten im Rathaus
- Neubaunachweis

- Berufsstandsverzeichnisse, z. B. Architekten u. a.
- aktuelle Presseberichte
- u. a.

Auch aus bestimmten Anlässen heraus lassen sich Adressen sammeln und Anlässe für die Ansprache nutzen, z. B. Werbe- und Public-Relations-Anzeigen, Berichte über Veranstaltungen, Zeitungsberichte über Unternehmen und deren Mitarbeiter, Beginn und Ende von Ausbildungszeiten, Hochzeiten, Geburten, Tarifänderungen und -einführungen, Empfehlungen, Neueröffnungen, Umzüge, Jubiläen, Gesetzesänderungen, politische Ereignisse, Umfrageergebnisse u. a.

Diese Anlässe lassen sich neben der Adreßgewinnung insbesondere auch als Aufhänger für die Erstansprache des potentiellen Kunden nutzen.

Um diese Anschriften zu sammeln, legen Sie sich am besten eine Liste von Adressen an. Sie können dazu folgendes Formular benutzen:

Mögliche Interessenten				
Lfd. Nummer	Firma/Anschrift	bekannt durch	anzusprechen für	Bearbeitungsvermerk

Denken Sie daran, je mehr Adressen, desto mehr Kontaktmöglichkeiten, je mehr Kontaktmöglichkeiten, desto mehr Kontakte, je mehr Kontakte, desto mehr Gespräche, je mehr Gespräche, desto mehr Erfolg.

Ein Großteil der Erfolge erfolgreicher Berater und Verkäufer ist der Fleiß. Kontaktvorbereitung und Kontaktanbahnung ist „Knochenarbeit". Es ist die Arbeit, vor der sich erfolglose Berater und Verkäufer drücken.

2.3 Gestaltung der Sachebene

Die Gestaltung des Gesprächs auf der Sachebene ist durch folgende Schritte gekennzeichnet.

Schritte im allgemeinen Problemlösungsprozeß	Beschreibung der Schritte
Information (Vorbereitung)	über den Kunden, das Unternehmen, den Partner, bisherige Gespräche
Analyse	Untersuchung des Problems durch Ordnen und Gewichtung der verfügbaren Informationen
Definition	Genaue Beschreibung der Situation
Zielüberprüfung	Bestimmung, ob das ursprüngliche Ziel erreichbar ist, ggf. Neuformulierung des Ziels
Lösungsmöglichkeiten	Suche nach Vorgehensweisen oder Maßnahmen, die das Ziel erreichen lassen
Bewertung der Lösungsmöglichkeiten	Einschätzung der verschiedenen Lösungsmöglichkeiten im Hinblick auf deren Wahrscheinlichkeit, das Problem optimal zu lösen
Entscheidung	Auswahl der am besten geeigneten Lösungsmöglichkeit
Durchführung	Realisierung der gewählten Lösungsmöglichkeit
Kontrolle	Vergleich des erreichten Zustands mit dem angestrebten Soll-Zustand
Rückmeldung	Dokumentation des Ergebnisses

Daran orientierte Verkaufsgespräche ermöglichen einen logischen Aufbau, der schrittweise zum Erfolg führt.

Die Gesprächsvorbereitung

Die Vorbereitung eines Besuchs bei einem bestehenden Kunden unterscheidet sich von einem Erstgespräch bei der Akquisition eines potentiellen Neukunden. Allen Verkaufsgesprächen ist gemeinsam, daß die Vorbereitung jeweils individuell erfolgen muß. Sie hat einen erheblichen Einfluß auf die Erfolgsaussichten für das Gespräch. Erst die Kenntnisse über den potentiellen Kunden, seine Unternehmensstruktur, seine Organisation, seine Situation im Markt und Wettbewerb, seine Produkte und Dienstleistungen geben dem Verkäufer die Kompetenz und Sicherheit. Sie ermöglichen es ihm, den möglichen Bedarf kennenzulernen. Sicherheit im Auftreten und Wissen (Be-how und Know-how) sind Schlüsselfaktoren zum Erfolg beim Kunden. Die Chancen für den Verkaufserfolg steigen mit der Sorgfalt der Gesprächsvorbereitung.

Die Vorbereitung auf das Gespräch beinhaltet auch die Auswahl und Erstellung der für die Gesprächsführung erforderlichen Unterstützungsmittel. Hierunter verstehen wir alle zusätzlichen „ausführlicheren“ Informationen und optische Hilfsmittel (Tabellen, Zeichnungen, Fotos, Modelle etc.). Sie verbleiben idealerweise beim Kunden und können von ihm für Gespräche auf nachgelagerten Hierarchieebenen genutzt werden. Zur Ansprache des haptischen Wahrnehmungskanals sind Muster, Teile, Modelle geeignet (dies gilt für jedes Produkt), die der Kunde anfassen kann und die es ihm ermöglichen, die Qualität selbst nachzuprüfen. Zu den Unterlagen zählen auch die Hilfsmittel, die bei allen oder vielen Kunden einheitlich verwendet werden können. Dies sind beispielsweise Prospekte, Broschüren, Lagerlisten, Preislisten, Referenzlisten, Presseveröffentlichungen oder neutrale Studien, aber auch Formulare und Verträge. Ergänzt werden sie durch individuelle Unterlagen wie Korrespondenzkopien, Angebotsunterlagen, Gesprächsnotizen und andere Informationen aus der Kundenakte. Der Gesprächspartner sollte erleben können, daß die Unterlagen nur für IHN zusammengestellt wurden. Eine für den Kunden speziell angefertigte Skizze vermag einen Sachverhalt oft besser darzustellen als viele Seiten einer Hochglanzbroschüre. Bedenken Sie dabei auch, daß Sie jede von Ihnen vorgelegte Unterlage im Detail kennen müssen. Viele Verkäufer verlassen sich manchmal auf die Wirksamkeit der Prospekte und laufen Gefahr, bei Nachfragen nach Details ihre Kompetenz einzubüßen. Die in den Unterlagen verwendeten Zahlen, Werte und Begriffe müssen vom Verkäufer exakt erklärt werden können. Beispiel: Ein Autohersteller bietet als Sonderausstattung eine „Lordosenstütze“ an. Wenn Sie als Leser mit diesem Begriff nichts verbinden können, ist dies keine gravierende Lücke in Ihrer Allgemeinbildung. Sollte jedoch der Verkaufsberater auf Nachfrage nicht erklären können, daß mit diesem im Fahrersitz integrierten Luftpolster die Wirbelsäule individuell unterstützt wird, disqualifiziert sich der Verkäufer nicht nur, sondern er verliert möglicherweise ein Zusatzgeschäft. Unter Umständen geht es dabei um den Auftrag für ein komplettes Auto für einige zehntausend Mark und nicht nur um einige hundert Mark.

Die folgenden Checklisten geben Antwort auf die Fragen:

- Welche Unterlagen und Hilfsmittel brauche ich für diesen Kundenbesuch?
- Auf welche Bedingungen muß ich mich bei diesem Kunden einstellen?
- Worauf will ich mich bei diesem Kunden einstellen, auf seine Rolle als „Privatperson“ (Hobbys, Gewohnheiten etc.) oder nur auf die Rolle „Einkäufer“?

Persönliche Vorbereitung

Ziel:
Nur wenn ich weiß, was ich in dem Gespräch erreichen will, kann nach dem Gespräch analysiert werden, was im nächsten Gespräch besser sein sollte.

Gesprächskonzept:
Informationsbedarf vordenken, um in den einzelnen Phasen aktiv zu wirken, das Gespräch steuern zu können.

Kundenakte:
Die jeweils notwendigen, aktuellen Daten aus der Akte heraussuchen und zum Gespräch mitnehmen.

Muster, Modelle, Abbildungen:
Eine gut durchgeführte Demonstration erspart langwierige Erklärungen und Diskussionen.

Referenzen:
Sach- oder Personenreferenzen geben dem Kunden Entscheidungshilfen.

Presseberichte:
Aus der Tages- oder Fachpresse gesammelte Veröffentlichungen über das eigene Unternehmen und Produkt; aber auch die Firma und Produkte des Kunden geben Aufhänger und Argumente.

Testergebnisse:
Alle aus Ihrer Sicht wertvollen Testergebnisse verstärken die Entscheidung, bei Ihnen zu kaufen.

Werbeunterlagen:
Stellen Sie diejenigen Prospekte und Broschüren zusammen, die für dieses Gespräch wichtig sind.

Datenblätter:
Für den technisch versierten Gesprächspartner oder entsprechende Fachabteilungen sind übersichtliche Datenblätter nützlich. Studien, Marktberichte, Analysen und Studien von neutralen Dritten unterstützen die Argumentation als neutrale Quellen.

Verkaufshilfen:
Aktionsmaterial wie Plakate, Poster, Displays usw. erleichtern dem Kunden den Abverkauf.

Finanzierungsunterlagen:
Stellen Sie vor dem Gespräch sicher, daß die aktuellen Finanzierungsmöglichkeiten (z. B. Leasingkonditionen) aussagekräftig sind.

Fotos:
Zur visuellen Unterstützung komplexer Produkte oder Systeme oder auch für Referenzen eignen sich Fotos.

Wettbewerb:
Versuchen Sie im Vorfeld herauszufinden, bei wem der Kunde noch einkauft oder eingekauft hat und legen Sie sich eine Strategie zurecht.

Angebotsunterlagen:
Prüfen Sie, ob Sie die erforderlichen Angebotsunterlagen für diese Kundensituation komplett haben.

Einstellung auf das Unternehmen

Was hat der Kunde bisher bezogen, wieviel, zu welchen Konditionen? Diese Informationen sind notwendig, um ein gezieltes Angebot unterbreiten zu können.

Wettbewerbssituation:
Informieren Sie sich über den Wettbewerb des Kunden, um im Gespräch als gleichberechtigter Partner anerkannt zu werden.

Unternehmensdaten:
Tragen Sie hier alle Zahlen zusammen, die Ihnen helfen, Rückschlüsse auf den möglichen Bedarf des Kunden vorzunehmen.

Produkt- oder Dienstleistungspalette:
Kenntnisse über die Produkte und Dienstleistungen des Kunden sind für das zu führende Gespräch von Vorteil.

Organisationsstruktur:
Ein Organigramm mit den Namen der Funktionsträger erleichtert das Ansprechen und die Einordnung von Gesprächspartnern.

Unternehmensprobleme:
Diese Punkte können Sie aus dem Gespräch herauslassen, wenn Sie nicht der Zielerreichung dienen. Bei Ansprache durch den Kunden können Sie als informierter Partner mitreden.

Schriftverkehr:
Arbeiten Sie den Schriftverkehr (Anfragen, Korrespondenz, Reklamationen) vor dem Gespräch noch einmal durch, um auf mögliche Fragen oder Konflikte vorbereitet zu sein.

Inhalt und Ergebnis des letzten Gesprächs:
Diese Informationen sind Ausgangspunkt für ein weiteres Gespräch und die Zielsetzung.

Einstellung auf den Gesprächspartner

Stellung:
Wie ist seine Stellung in der Organisationsstruktur des Unternehmens?

Kompetenz:
Wie sind seine Kompetenzen und was muß ich dabei beachten?

Kontaktperson:
Mit wem habe ich außer meinem Gesprächspartner noch zu tun und was weiß ich über sie?

Sekretariat:
Das Sekretariat kann zum Stolperstein werden, wenn es nicht in die Gesprächskonzeption eingebunden ist.

Besuchszeiten:
Legen Sie Ihre Termine möglichst in die für den Gesprächspartner günstigen Zeiträume.

2.4 Die innere Einstellung zum anderen und die „Haltung" zum Gesprächspartner

Genau wie wir eine Einstellung (also ein Selbstbild) zu uns selbst besitzen, haben wir auch eine Einstellung zur Außenwelt, zu Situationen, Objekten und

Menschen. In diesem Fall sprechen wir von Einstellung zu anderen oder auch vom Fremdbild.

Vergangene Erfahrungen, Wahrnehmungen, Einstellungen anderer beeinflussen unsere eigene Bewertung der Außenwelt. Die eigene Einstellung (Bewertung) zu anderen beeinflußt unser eigenes Denken und Tun (Wahrnehmung, Sprache, Körpersprache, Stimmung u.a.). Dieses hat letztlich auch Auswirkungen auf das Denken und Tun anderer (Wahrnehmung, Sprache, Körpersprache, Stimmung u.a.).

So werden unsere Gespräche durch unsere Einstellung zum Gesprächspartner bestimmt. Selbst bei positiver Selbsteinschätzung, jedoch negativer Einstellung zum Gesprächspartner, vermitteln wir diese negative Werthaltung dem anderen „automatisch“ durch Sprache und Körpersprache.

Wenn z.B. ein Verkäufer einen Kunden besucht, den er bisher noch nicht kennt, über den Kollegen aber negative Äußerungen machten, unterliegt er der Gefahr, mit einer negativen Einstellung dem Gesprächspartner gegenüberzutreten.

Im Gespräch findet dann der Verkäufer die negativen Vorurteile seiner Kollegen bestätigt, und er kommt vielleicht nicht auf die Idee, daß der unbefriedigende Gesprächsausgang auch möglicherweise an seiner „falschen“ Einstellung gelegen haben könnte. Es erweist sich im Gespräch als sehr hilfreich, den Partner zunächst so, wie er ist, zu akzeptieren und Toleranz gegenüber seinen „Schwächen“ zu üben (jede Veränderung beginnt mit Akzeptanz). Wird dieser Hinweis beherzigt, bleibt es meist nicht aus, daß ein Gespräch harmonisch und erfolgreich verläuft.

Gedanken und Einstellungen wirken nicht nur in uns, sondern auch nach außen. Ein Mensch, der depressiv und pessimistisch gestimmt ist, kann andere unwillentlich „herunterziehen“. Ebenso kann „Lachen anstecken“. In der Physik nennt man einen entsprechenden akustischen Vorgang „Resonanz“. Eine einzige schwingende Stimmgabel kann viele andere gleiche Stimmgabeln im selben Raum zum Klingen bringen.

Wenn zwei Menschen eine Situation unterschiedlich erleben, dann liegt es an ihrer unterschiedlichen Einstellung zu dieser Situation. So kann es sein, daß Sie sich über einen Vorgang sehr ärgern, Ihr Begleiter dagegen ganz ruhig und völlig gelassen bleibt. Er kann so auf die Situation reagieren, weil sie ihn nicht betrifft, ja völlig unbeteiligt läßt.

Die meisten Menschen werden entsprechend dem Dualitätsprinzip zwischen zwei Polen hin- und hergerissen. So z. B. zwischen Gut und Böse, Freude und Leid u. a. Je mehr es einem Menschen gelingt, eine Position anzunehmen, die über diesen Polen liegt, in dem Maße ist er nicht mehr zwischen diesen Polen hin- und hergerissen. Er steht gewissermaßen über den Polen (Dingen) und empfindet diese aus einer höheren Warte und in einer höheren Qualität. Diese höhere Qualität läßt ihn Freude und Leid mehr verinnerlicht empfinden (und somit weniger äußerlich).

Sobald es gelingt, diese Erkenntnisse auf den Kommunikationsprozeß anzuwenden, verändert sich allmählich die Einstellung und damit auch das Kommunikationsverhalten.

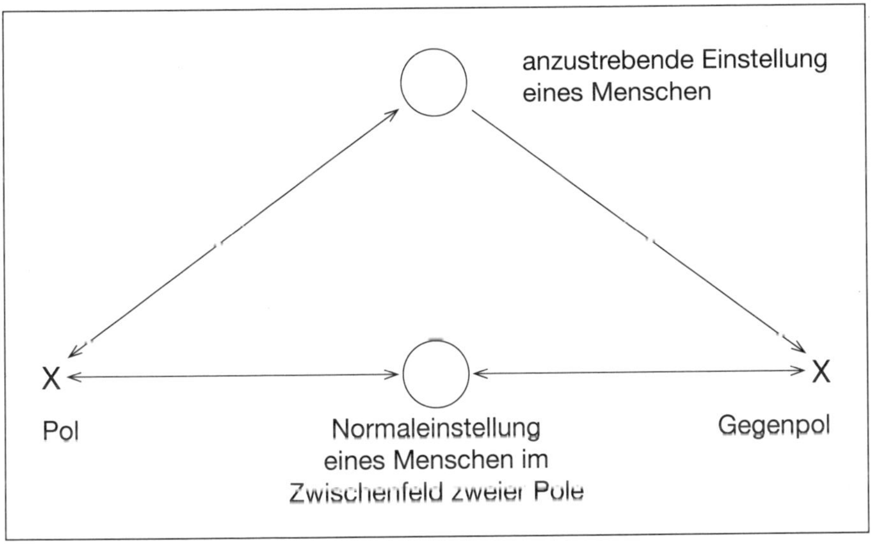

Abb. 2: Einstellung

Genau wie unsere Einstellung unsere Wahrnehmung anderer beeinflußt, beeinflußt auch unsere Wahrnehmung anderer unsere Einstellung.

Die Fremdbilder, die wir aufgrund unserer Wahrnehmung bilden, entstehen zu sieben Prozent aus der Wortwahl, zu 38 Prozent aus der Modulation und zu 55 Prozent aus der Körpersprache.

Kontaktvorbereitung

Je besser die Vorbereitung (Informationssammlung und Einstellung), desto größer ist die Sicherheit bei der Kontaktaufnahme. Vor allem Wissen über Situation und Partner erhöht die Sicherheit und erleichtert die Kontaktaufnahme. Kurzfristig können Sie folgendermaßen Sicherheit für den Erstkontakt gewinnen:

- Überlegen Sie sich im voraus, welche Situation Sie erwartet. Stimmen Sie sich positiv ein – gehen Sie offen und interessiert auf die Menschen zu.

Als Möglichkeiten, um langfristig Sicherheit zu gewinnen, bieten sich an:

- Fachwissen erwerben
- Sachwissen erwerben
- Sprachkenntnisse erwerben
- Sprachtechniken erwerben
- Allgemeinbildung erwerben
- Umgangsformen kennen
- Umgebung kennen
- Partner kennen
- Berufserfahrung vergrößern

2.5 Gestaltung der Beziehungsebene

2.5.1 Was sind Kontakt, Beziehung und Vertrauen?

Kontakt meint im Grunde nur Berührung und Kennenlernen. Dies kann geschehen: mündlich, schriftlich oder telefonisch. Kontakt ist wie eine Brücke, die nur auf einer Seite befestigt ist. Sie verbindet zwei einander fremde Bereiche.

Der Kontaktsuchende strebt nach Vielfalt, Abwechslung, Unterhaltung, Ablenkung. Verpflichtet zu sein, widerstrebt dem Kontaktbegriff.

Jeder Mensch wäre überfordert, müßte er zu allem und jedem, zu dem er Kontakt aufnimmt, gleichzeitig eine Beziehung aufbauen. Die dem Kontakt möglicherweise folgende Beziehung entwickelt sich aus einem gegenseitigen positiven Gefühl, dem Vertrauen zueinander.

Entscheidend für den Ablauf von Kontakten bzw. die Entstehung von Vertrauen und nachfolgenden Beziehungen ist der erste Eindruck, den Menschen voneinander gewinnen.

Oft sind es Kleinigkeiten, die den ersten Eindruck positiv oder negativ werden lassen. Ein falsches Wort, eine linkische Bewegung oder vielleicht sogar nur die falsche Krawatte können das bewirken.

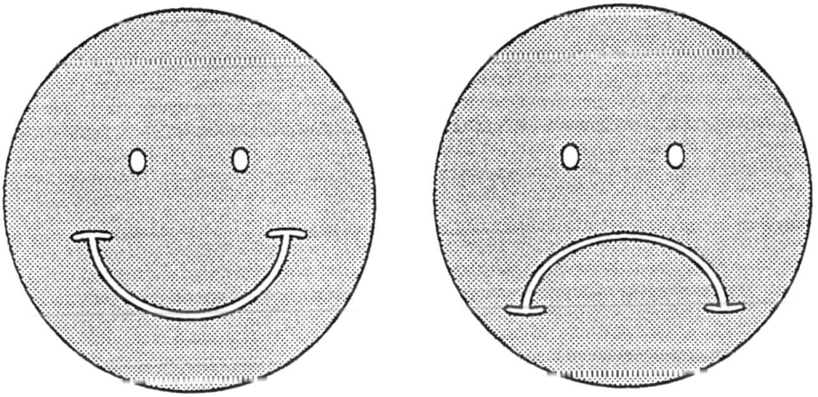

Der Vergleich beider Gesichter zeigt in überraschender Weise, wie ein Detail den Gesamteindruck verändern kann.

Kontakt und eventuell folgende Beziehungen werden erleichtert, wenn der Kontaktsuchende dem Partner gleicht, z.B. in Anschauung, Kleidung u.a.

2.5.2 Vertrauensaufbau und Gestaltung der Beziehung

Wichtig für das Zustandekommen von belastbaren Beziehungen ist Vertrauen.

Alle unsere äußeren Merkmale, Verhaltensweisen und Aussagen werden vom Gegenüber automatisch registriert und bewertet. Entsteht das Gefühl der positiven Gesamtheit, des Vertrauens beim Partner, sucht er Beziehung. Entsteht ein negatives Gefühl, trennen sich die Wege. Vertrauen ist die Basis, auf der funktionierende Kommunikation aufbaut. Vertrauen hilft, Gesprächsziele leichter zu erreichen.

Fehlt die Grundlage, mißlingt das ganze Gebäude!

Vertrauen läßt sich nicht erzwingen, sondern nur erwerben und schenken. Vertrauen wird dem geschenkt, der es verdient hat. Wie aber läßt sich das Vertrauen des Gesprächspartners verdienen?

Nutzen Sie Vertrauensauslöser. Darunter verstehen wir alle die vom Partner als positiv empfundenen Merkmale einer Person oder eines Unternehmens, wie z. B. ansprechendes äußeres Erscheinungsbild, Echtheit, Stimmigkeit, glaubwürdige Aussagen, freundliches Verhalten u. a.

Das Wort „Vertrauensauslöser" wurde im Unterschied zu „Produktmerkmal" geprägt, um aufzuzeigen, daß Merkmale von Personen und Unternehmen mehr das Vertrauen (Gefühlsebene), Merkmale von Produkten dagegen mehr die Überzeugung (Verstandesebene) des Partners ansprechen.

Allerdings ist es nicht der jeweilige Vertrauensauslöser, sondern dessen Bewertung durch den Partner, die Vertrauen entstehen läßt. Ein Partner, der eine Aversion gegen „Studierte" hat, wird bei einem Doktortitel eher kein Vertrauen entwickeln.

Auch mit Formulierungen, mit denen der Verkäufer indirekt etwas über sich selbst offenbart, baut er das Vertrauen des Partners zu seiner Person auf. Z. B.: „Schon während meines Studiums ..." (ich habe studiert), „Während der letzten Fortbildungsveranstaltung ..." (ich bilde mich weiter), „Schon mein Vater hat in seinem Unternehmen ..." (mein Vater war Unternehmer) u. a.

Auch anerkannte Formulierungen wie „Die Idee gefällt mir", „Ich bin froh, daß ich mitgekommen bin", „Ihre Erklärung leuchtet mir ein" u. a. bringen eine positive, vertrauensfördernde Atmosphäre zustande.

Vertrauen läßt sich aber weniger aufbauen durch den Inhalt unserer Aussagen als durch die Art und Weise, wie wir uns verhalten und wie wir auftreten.

Folgende Anregungen können dazu beitragen, das Vertrauen Ihres Partners zu gewinnen:

- Seien Sie pünktlich und zuverlässig.
- Gehen Sie auf die Probleme des Partners ein.
- Äußern Sie sich sachlich und präzise.
- Zeigen Sie eine positive Einstellung gegenüber sich selbst, dem Partner, der Sache und der Umgebung.
- Zeigen Sie eine gewisse Großzügigkeit beim Denken.
- Decken Sie falsche Aussagen auf.
- Wenn Ihnen ein Fehler unterlaufen ist, stehen Sie dazu und verbessern Sie ihn.
- Verfolgen Sie eine gerade Linie; verstricken Sie sich nicht in Widersprüche.
- Ziehen Sie Fachleute, die Literatur und bewährte Lehren zur Bestätigung Ihrer eigenen Ansicht bei.
- Engagieren Sie sich in der Sache; stehen Sie über Kleinigkeiten.
- Sprechen und verhalten Sie sich ruhig.
- Führen Sie angemessene Bewegungen aus.
- Bleiben Sie ausgeglichen, auch wenn Sie provoziert werden.
- Unterstreichen Sie Gemeinsames mit dem Partner.
- Bieten Sie Beweise an.
- Erwähnen Sie eigene Erfolge, ohne wichtig zu tun.
- Heben Sie das Selbstgefühl des Partners so weit, daß er Sie als Partner (Freund) erleben kann.
- Sprechen Sie sorgfältig, in der Weise, daß der Partner Sie versteht.
- Stellen Sie Probleme in einen größeren Rahmen.
- Schimpfen Sie nicht über die Konkurrenz oder über andere Ansichten. Zeigen Sie, weshalb Ihre Lösung (Ihr Produkt, Ihre Firma) Vertrauen verdient.
- Hüten Sie sich vor übermäßigen Versprechungen.
- Beantworten Sie alle Fragen des Partners.
- Gewähren Sie dem Partner Bedenkzeit zum Antworten.
- Seien Sie lernbereit, wenn Sie sich geirrt haben.
- Bereiten Sie Fragen an den Partner vor, so daß er das Gefühl hat, Sie befassen sich mit seiner Angelegenheit und kennen seine Probleme.
- Unterbreiten Sie dem Partner klare Dokumentationen.
- Hören Sie dem Partner aufmerksam zu.

2.6 Gesprächseröffnung

2.6.1 Sich vor dem Gespräch entspannen

Ein entspannter Gesprächspartner reagiert freundlicher, schneller und partnerbezogener. Deshalb ist es wichtig, sich vor dem Gespräch zu entspannen. Durch Entspannung vor dem Gespräch erweitern Sie Ihr Bewußtsein. Es schwindet die Furcht vor der neuen Situation und es kann Freude darauf entstehen.

Körperliche Entspannung kann durch Lockerungs-, Atemübungen oder autogenes Training erreicht werden. Seelische Entspannung entsteht entweder aus der körperlichen Entspannung oder kann durch Freude auf das Gespräch erreicht werden. Wer weiß, daß er dem Gesprächspartner Nutzen bringen, ihm eine Freude machen kann, entspannt sich schon durch dieses Wissen.

2.6.2 Bewußte Situationserfassung

Betreten wir eine für uns neue Umgebung, ist es sinnvoll, diese Umgebung zunächst bewußt wahrzunehmen. Der Raum, vorhandene Einrichtungsgegenstände, Unterlagen, anwesende Personen u.a. geben uns einen ersten Eindruck. Sensible Menschen nehmen auch die vorhandene Atmosphäre wahr.

Bei der Erfassung der Situation sollten Sie bewußt auf folgende Punkte achten:

- die Umgebung des Gesprächspartners
- die Atmosphäre
- das Verhalten des Gesprächspartners
- die vom Gesprächspartner signalisierte Erwartungshaltung

Nach dem bewußten „Erfassen" der Situation gilt es, den Partner genau zu beobachten: Wie ist sein Verhalten? Zeigt er Ruhe oder Hektik, Konzentration, Freundlichkeit oder Ablehnung? Beachten wir auch die Erwartungshaltung des Gesprächspartners. Seien wir nicht beleidigt, wenn wir ungelegen kommen, versuchen wir mit den Mitteln der „Werbung" den Partner für uns zu gewinnen. Vor allem Höflichkeit und Freundlichkeit überwinden Hemmnisse.

2.6.3 Kontakte knüpfen und Gesprächsbeginn

Oft liegt es am falschen Gesprächsaufhänger, wenn ein Erstgespräch nicht erfolgsversprechend und zielorientiert verläuft. Ein erneutes Versuchen in einer anderen Situation mit einem anderen Aufhänger kann häufig den gewünschten Kontakt/das gewünschte Gespräch zustande bringen.

Beispiel:
Ein Gesprächspartner, der sich gerade intensiv im Gespräch mit einer anderen Person befindet, wird kaum interessiert sein, sofort auf die Frage des Verkäufers zu antworten, was er vom neuen Produkt hält. Wartet der Verkäufer hingegen, bis das Gespräch mit dem anderen beendet ist, hat er größere Chancen, ins Gespräch zu kommen.

2.6.4 Gesprächslenkung

Mit der Hilfe von Aufhängern ist es dem Verkäufer möglich, das Gespräch in eine bestimmte (für ihn positive) Richtung zu lenken. Formuliert er ziel- und konsensorientiert, wird sein Partner eher positiv reagieren; formuliert er konfliktorientiert, ist mit einer eher negativen Antwort zu rechnen.

Gelingt es dem, der das Gespräch beginnt, nicht, bei einer zunächst negativen Reaktion die Einstellung des Partners zu positivieren, läuft das Gespräch weiter nach unten (siehe Abb. 3) und weg vom Ziel.

Aufhänger für die Lenkung von Gesprächen sind dann ideal ausgewählt, wenn sie eine unmittelbare Verbindung zum Gesprächsziel aufweisen, eine Belohnung des Gesprächspartners zulassen und Konfrontation verhindern.

Beispiel:
Sie wählen als Aufhänger das mit Ihrem Gesprächspartner geführte Telefongespräch und formulieren: „In unserem gestrigen Telefongespräch gaben Sie mir diesen Termin, damit ich Ihnen Möglichkeiten einer Zusammenarbeit vorstellen kann."

Ihr Partner reagiert: „Wenn ich gestern schon gewußt hätte, was ich heute weiß, hätten Sie den Termin nicht bekommen. Ich habe mich erkundigt. Ihr seid zwar ein gutes Unternehmen und sollt auch gute Qualität liefern, aber zu weit überhöhten Preisen."

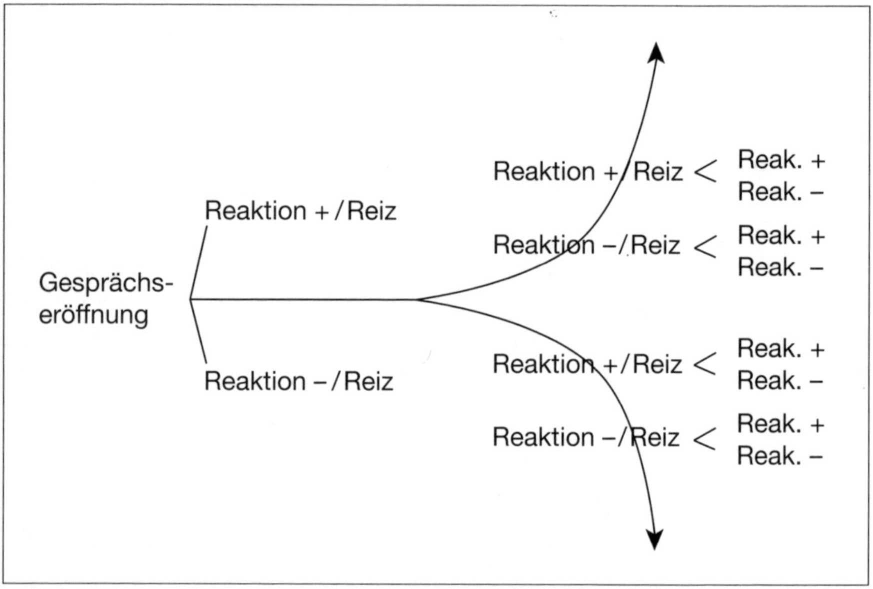

Abb. 3: Gesprächslenkung

Sie haben nun eine Vielzahl von Aufhängern. Jedes Wort Ihres Gesprächspartners kann ein Aufhänger für Ihre Weiterführung sein.

Konfliktorientierte Verkäufer mit falscher Einstellung neigen zum Aufgreifen vom „Fehdehandschuh". Sie nehmen negative Wörter des Gesprächspartners (unbewußt) als Aufhänger, um Irrtümer nachzuweisen u. a. Für so Eingestellte wäre der Aufhänger „weit überhöhte Preise" ein gefundenes Fressen. Ein Gespräch mit diesem Aufhänger führt jedoch meist zwangsläufig in Richtung Konfrontation und Konflikt und endet im Preisgespräch.

Konsensorientierte Verkäufer suchen den „gemeinsamen Bezugspunkt", den Aufhänger, der am leichtesten eine konsensorientierte Gesprächsführung zuläßt. Dafür bieten sich zwei Aufhänger an: „gutes Unternehmen" und „gute Qualität". Die Antwort könnte lauten: „Ihr Gesprächspartner äußerte sich positiv über unser Unternehmen und unsere Qualität. Kennen Sie seine Erfahrungen mit unserem Produkt?"

Die Entscheidung, welcher Aufhänger gewählt wird, liegt beim Verkäufer!

Beispiele für Gesprächsaufhänger

Aufhänger können aus den folgenden vier Bereichen stammen:

- Allgemeine Situation:
  Wetter, Jahreszeit, Pressebericht, lokale/politische/wirtschaftliche Ereignisse u. a.
- Partnersituation:
  Verhalten, momentane Tätigkeit, das Äußere, neues Auto, Erbschaft, Hochzeit, Werbung seiner Firma u. a.
- Eigener Bereich:
  aus der eigenen Firma, aus eigenem Interessenkreis, eigene Erfahrungen u. a.
- Gesprächsinhalt:
  vom Thema, über das Sie mit Ihrem Partner sprechen wollen; von einem konkreten Detail, aus dem von Ihnen angestrebten Gesprächsinhalt

Je besser der Aufhänger auf die konkrete Situation und die Bedürfnisse des Partners abgestimmt ist, desto eher findet der formulierte Satz das Interesse des Partners.

Aufhänger aus den Bereichen Politik, Sport, Religion und von eigenen Problemen sind nur mit Vorsicht einzusetzen.

2.7 Analyse

Die Analyse dient dem Kennenlernen von Details. Ihre Ergebnisse vervollständigen die Vorinformation. In dieser Phase wird das Problem bzw. die Aufgabenstellung beim Kunden unter die Lupe genommen.

Wenn Sie als Verkäufer Probleme lösen und Angebote für neue Lösungen unterbreiten wollen, müssen Sie analysieren und sich dadurch umfassend über die Kriterien informieren, nach denen der Kunde entscheiden wird.

Das Ziel der Analyse innerhalb des Verkaufsvorgangs ist es, im Gespräch mit dem Kunden möglichst viele relevante Informationen zu bekommen und Merkmale für die spätere Argumentation auszuwählen.

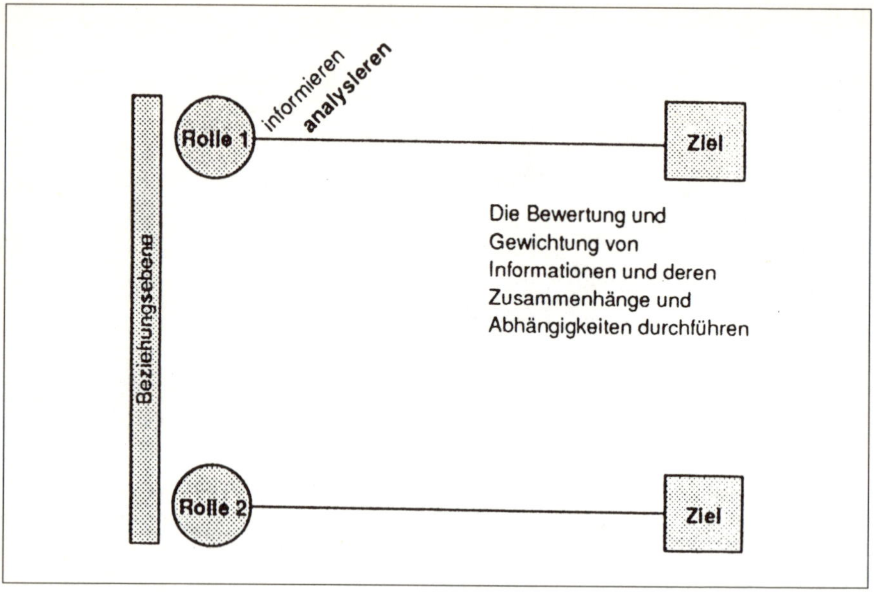

Abb. 4: Analysieren der Daten und Fakten

Durch sorgfältiges Vorgehen in dieser Phase sorgt der Verkäufer dafür, daß seine Argumentation dem tatsächlichen Bedarf und den Motiven des Partners entspricht. Dies verhindert Verärgerung beim Kunden und das Gefühl, daß ihm etwas „aufgeredet" wird.

Der Verkäufer muß in der Analyse deutlich erkennen, welchen Nutzen der Kunde erwartet. Der für das Gesamtunternehmen relevante Nutzen wird meist vom Entscheider formuliert. Ausgehend von dieser Ursprungsidee werden die nachgeordneten Personen, ihren unterschiedlichen Funktionen entsprechend, aufgabenbezogen den erwarteten Nutzen formulieren.

Detailliert sollte der Verkäufer über folgende Aspekte Informationen erhalten:

Nutzenvorstellungen: Motivationen entsprechend den rollenbezogenen Erwartungen

- Techniker
- Einkäufer
- Verwender (Nutzer)

Anforderung:	Was muß aus Sicht des Partners erreicht sein (Ziel)? ● technisch ● wirtschaftlich ● zeitlich ● Anforderungskriterien
Entscheidungsträger und Beeinflusser:	Wer sind die Entscheider und Beeinflusser? ● Ansprechpartner ● Entscheider ● Nutzer (siehe auch Kapitel „Strategisches Verkaufen“)

Beim Gesprächspartner können folgende Motive mehr oder weniger stark bei Bereitschaft zum Gespräch und der späteren Kaufentscheidung beteiligt sein:

Gewinn	Ertrag erhöhen, Kostensteigerung verhindern
Ansehen	Imagezuwachs erreichen, Prestigesteigerung erzielen
Sicherheit	Risiken vermeiden, mehr Sicherheit erhalten
Bequemlichkeit	Arbeit erleichtern, Annehmlichkeiten erhalten
Gesundheit	Umweltschutz, Wohlbefinden erzeugen, Ärger vermeiden
Soziales Mitgefühl	anderen Menschen Freude bringen, Negatives abwenden
Entdeckung	Neuheiten zuerst erhalten, Erlebnisse vermehren

Auf welche Motive jeweils eingegangen werden soll, hängt von der Motivstruktur des Gesprächspartners ab, d. h. welche Motive bei ihm besonders stark sind.

Eine wirkungsvolle Argumentation für die Annahme einer Lösung läßt sich erst dann durchführen, wenn die wesentlichen Motive des Empfängers bekannt sind.

Werkzeuge zum Analysieren

Fragen, Zuhören, Interventionstechniken sind jene „Werkzeuge“, die für die Analyse besondere Bedeutung haben. Ohne Fragen erhält keiner der Partner alle für ihn wichtigen Informationen. Ohne Zuhören wäre jegliches Fragen und Reden sinnlos, denn beide redeten aneinander vorbei. Fragen und Zuhören geben Informationen über die Anforderungen, eventuelle Probleme, Ziele und Bedürfnisse des Kunden.

Wer ein Problem, eine für ihn wichtige Information, Meinung oder Ansicht hat und jemanden findet, der zuhört, wird gerne hierüber sprechen. Zuhören ist ein wirksames Werkzeug, Interesse und Anteilnahme zu zeigen. Es bringt Menschen dazu, über das zu sprechen, was sie berührt. Der Verkäufer erhält also sehr viel mehr Informationen, als er erfragt hat.

Die Verkäufer im Außendienst werden oft so dargestellt: Erst kannten sie immer den neuesten Witz, dann hatten sie für jedes Argument eine standardisierte Antwort parat. Jetzt sind sie betriebswirtschaftlich beschlagen und jonglieren mit Zahlen und Fakten. Dialogfähigkeit und konzentriertes Zuhören sind dabei auf der Strecke geblieben. Diese zugegebenerweise überspitzte Darstellung trifft nicht nur für Verkäufer zu.

Zur erfolgreichen Gesprächsführung gehört das Zuhören.

Bereits in den zwanziger Jahren fand der Detroiter Schulrat Paul Ramkin heraus, daß 80 Prozent der Wachzeit des Menschen mit Kommunikation „gefüllt" sind. 46 Prozent davon entfallen auf das Zuhören. 50 Jahre später stellt Dr. Igmar Steil, Leiter der Fakultät für Rhetorik der Universität Minnesota, fest: „Die Menschen haben nicht erkannt, daß Zuhörfähigkeiten entwicklungsbedürftig sind. Die meisten sind der Ansicht, daß sie das Zuhören nicht erlernen müssen."

Der amerikanische Psychologe, Ordinarius Dr. Carl R. Rogers, hat aus protokollierten Gesprächen herausgearbeitet, was später unter dem Begriff „nichtdirekte Beratung" in die Psychotherapie eingegangen ist. Seine Erkenntnisse für das aktive Zuhören:

- dem Sprechenden geduldig und freundlich, aber auch in verständnisvoll kritischer Weise zuhören
- keinerlei Autorität demonstrieren
- weder Ratschläge noch moralische Verweise erteilen
- nicht mit dem Sprechenden diskutieren
- nur unter bestimmten Voraussetzungen reden oder Fragen stellen

um

- dem Partner das Reden zu erleichtern
- beim Partner Befürchtungen oder Ängste zu zerstreuen
- den Partner für genaue Darstellung zu loben
- das Gespräch auf ein Thema zu bringen, das vernachlässigt oder übergangen wurde

Thomas Gordon, Schüler von Rogers, hat das Thema aufgegriffen und weitergeführt. Gordon unterscheidet vier Zuhörformen:

1. Türöffnen = Eröffnungsbotschaft als Frage oder Feststellung: „Kann ich Ihnen bei diesem Problem helfen?", „Ich würde gerne Ihre Meinung hierzu hören."
2. Passives Zuhören: Bereitschaft des Hörers, sich ruhig zu verhalten als Zeichen von Interesse und Anteilnahme
3. Aufmerksamkeitsreaktionen: Blickkontakt, körpersprachliche Reaktionen (Nicken, Distanzverkürzung etc.), kurze Bemerkungen wie: „Ich verstehe", „aha" etc.
4. Aktives Zuhören: Rückmeldung (Feedback) des psychosomatischen Inhalts der Information. Der Zuhörer zeigt, daß er seine Partner versteht: „Sie sind ärgerlich.", „Sie haben ein großes Problem.", „Sie halten diese Maßnahme für nutzlos."

Bei Rogers und Gordon geht es beim Zuhören also nicht nur um die Aufnahme sachlicher Informationen, sondern um das „Verstehen" des Partners. Verstehen im Sinne von „Du kannst mir ruhig alles sagen.", „Ich fälle kein Urteil über Dich.", „Ich erkenne Dein Problem."

Es wird erreicht, daß sich der Partner im Dialog öffnet und den Kernpunkt seines Problems ausspricht.

Eine weitere Möglichkeit, die Erkenntnis „Der versteht mich" beim Partner zu bilden, besteht in der Technik des Verbalisierens. Verbalisieren heißt, den psychologischen Inhalt einer Aussage erkennen und formulieren. Der psychologische Inhalt, die „gemeinte Ebene" einer Aussage, wird oft versteckt formuliert. Er ist an einzelnen Worten erkennbar, Zwischensätzen, Betonungen, Versprechern und körpersprachlichem Verhalten. Wie beim aktiven Zuhören erfolgt auch beim Verbalisieren eine Trennung des sachlichen Inhalts vom psychologischen Inhalt einer Aussage. Die Verbalisierung hat aber einen weiterführenden Charakter, sie ist zielgerichtet. Ihre Stilmittel sind die Frage und die Feststellung.

Einige Verbalisierungsbeispiele aus der Verkaufspraxis

- *Beispiel 1:*

Partneraussage:
Sicher, Sie haben mich mit Ihrem Angebot überzeugt. Ich würde auch gerne mit Ihnen zusammenarbeiten, aber mein Chef ist aus irgendeinem Grund dagegen.

Verkäufer:
(Verbalisierung mit Einsatz einer Frage – Der Verkäufer erkennt, daß sein Gesprächspartner es nicht allein schafft, seinen Chef zu überzeugen.) Meinen Sie, wir sollten gemeinsam darüber nachdenken, wie wir Ihren Chef vom Nutzen unserer guten Zusammenarbeit überzeugen können?

Partner:
Ja, das wäre sicher gut, und damit würden Sie mir und sich helfen.

- *Beispiel 2:*

Partner:
Ihr Angebot interessiert mich sehr. Ich hätte mich ja auch schon entschieden, wenn mich nicht ein Bekannter unsicher gemacht hätte. Er meinte, es gäbe da noch etwas Preiswerteres.

Verkäufer:
(Verbalisierung mit Einsatz einer Frage – Der Verkäufer erkennt, daß der Partner wieder sicher gemacht werden will, sich dem immer noch starken Wunsch entsprechend zu entscheiden.) Herr Max, war das nur eine Vermutung Ihres Bekannten oder gab er Ihnen konkrete Unterlagen, deren Beweischarakter Sie unsicher machten?

Partner:
Ja, nur so ganz genau wußte er es auch nicht, aber er nannte den Namen Soprex.

Verkäufer:
(Weiterführender Lösungsansatz) Was Soprex kann, weiß ich auch nicht genau. Der Marktanteil dieses Unternehmens liegt unter einem Prozent. Für unser Angebot, unser günstiges Preis-Leistungs-Verhältnis kann ich die Hand ins Feuer legen. Außerdem garantiere ich Ihnen, daß unser Service Sie nicht im Stich läßt. (Unternehmensgrundsätze) Das „Danach" ist ein wichtiger Faktor für die Bestätigung Ihrer Wahl durch andere. Bei uns wird das Preis-Leistungs-Verhältnis durch später auftretende Kosten nicht negativ beeinflußt.

● *Beispiel 3:*

Partner:
Und Ihr Unternehmen gibt auch solche Listen raus, die bei den Zylindern mit Hub und Durchmesser sofort den Preis ermitteln lassen? Ich meine, das ist jetzt nicht das Primäre, aber ich bin halt schon so ein bissl darauf eingefahren.

Verkäufer:
(Verbalisierung mit Feststellung – Der Verkäufer erkennt subjektive Entscheidungsgründe.) Sie wollen beim bewährten Verfahren der Preisermittlung bleiben und erwarten, daß sich Ihr Partner darauf einstellt.

Partner:
Ja, so sehe ich das.

Das bessere Verständnis des Partners hängt also von der Erreichung der gemeinten Ebene ab, so werden Sie aufgeschlossen sein für die Argumente des Partners. Fragen – zuhören – verbalisieren ist somit eine Notwendigkeit im Dialog, um vom Partner die Erlaubnis zu erhalten, in weiteren Gesprächsphasen selbst mehr sprechen (argumentieren) zu dürfen.

Fragen

Die Frage erschließt oder verschließt die Gedanken eines Menschen. Im Dialog findet Gedankenaustausch statt. Dieser wird durch Fragen gefördert.

Gemessen an ihrem Zweck unterscheidet man Informationsfragen und taktische Fragen. Während Informationsfragen der Beschaffung und Ergänzung von Informationen dienen, wird mit taktischen Fragen der Verlauf des Gesprächs gesteuert oder sie werden als rhetorische Stilmittel verwendet.

Hier eine Übersicht über die wichtigsten Fragearten:

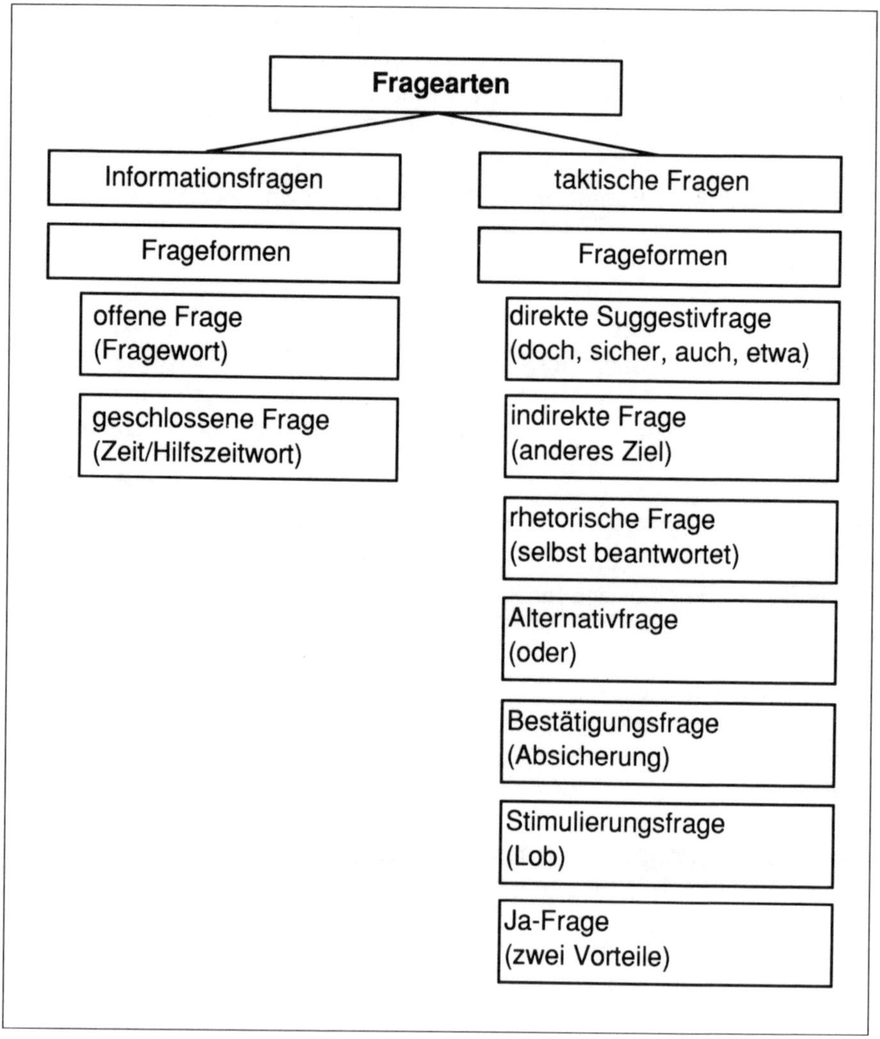

Abb. 5: Übersicht über die Fragearten

Offene Fragen beginnen mit einem Fragewort und werden deshalb auch häufig „W-Fragen" genannt. Sie lassen sich nicht einfach mit „ja" oder „nein" beantworten; sie erfordern als Antwort einen Satz oder zumindest ein Wort.

Fragewörter: wie, wo, wer, was, warum, wann, weshalb, wozu u. a.

Vom Satzbau her beginnen geschlossene Fragen mit einem Zeitwort oder Hilfszeitwort. Als Antwort ergibt sich in den meisten Fällen nur „ja" oder „nein" oder eine abgeschwächte oder versteckte Form der Bestätigung oder Verneinung.

Wortlose Frage: Durch körpersprachliche Signale, z. B. das Heben der Augenbrauen oder das Abwenden des Kopfes lassen sich Fragen wortlos ausdrücken. Je nach Absicht und Situation können sie zum Zweck der Informationsbeschaffung oder aus taktischen Gründen eingesetzt werden.

Alternativfragen zwingen den Zuhörer, eine klare Stellung zu beziehen; er muß sich für eine von zwei vorgegebenen Möglichkeiten entscheiden.

Stimulierungsfragen sollen anregen. Durch das deutlich herauszuhörende Lob oder die Anerkennung fühlt sich der Partner positiv bewertet und belohnt. Durch diese Fragen wird die Beziehungsebene günstig beeinflußt. Der Zuhörer wird dazu angeregt, sich zu öffnen.

Ja-Fragen wollen nur eine Antwort provozieren und haben stark lenkende Absicht. Wenn sie überzogen werden und die taktische Absicht zu deutlich wird, besteht die Gefahr, daß der Zuhörer sich zu sehr gegängelt fühlt und sich verärgert verschließt.

Bei *indirekten Fragen* verbirgt der Fragesteller sein Informationsziel hinter einem anderslautenden Frageziel. Zu den Gemeinplätzen zählt inzwischen die Frage: „Wievielmal soll ich die Angebotsofferte für Ihr Unternehmen kopieren?"

Die Anzahl der Kopien gibt dem Verkäufer einen Hinweis, wie viele Personen am Entscheidungsprozeß beteiligt sind.

Auf *rhetorische Fragen* erwartet der Sprechende eigentlich keine Antwort. Der Zuhörer wird zum Mitdenken angeregt.

Zur Verstärkung und Sicherung gemeinsam erreichter Gesprächsergebnisse vergewissert sich der Fragende durch *Bestätigungsfragen*, ob seine Meinung oder seine Ansicht vom Zuhörer akzeptiert wird.

Bei der Anwendung von *Suggestivfragen* unterstellt der Fragende dem Gegenüber eine Meinung. Er soll in einer bestimmten Richtung manipuliert werden.

Fragen mit Aufforderungscharakter sind anders formulierte Befehle, die den Zuhörer dazu veranlassen sollen, eine Handlung durchzuführen oder zu unterlassen.

Einsatz einzelner Fragearten

Bei der Darstellung der einzelnen Fragearten wurde bereits angedeutet, daß nicht jede Frageart zu jeder Gesprächssituation paßt. Welche Frageart die geeignete ist, hängt von vielen Faktoren ab, wie z. B.:

- Gesprächsziel
- Informationsstand und -bedürfnis des Fragenden
- Beziehung zwischen Fragendem und Gefragtem
- Umfeld (z. B. privat, geschäftlich, öffentlich)

Will der Fragende neue Informationen erfragen, setzt er hauptsächlich folgende Fragen ein:

- offene Fragen
- geschlossene Fragen
- Alternativfragen
- indirekte Fragen
- Stimulierungsfragen

Will der Fragende den Dialog fördern und die Gesprächsanteile des Partners erhöhen, verwendet er die

- offene Frage,
- indirekte Frage,
- Stimulierungsfrage.

Mit folgenden Fragen können Vielredner gebremst werden:

- geschlossene Frage
- Bestätigungsfrage

Entscheidungen werden gefördert durch die

- geschlossene Frage,
- Alternativfrage,
- Bestätigungsfrage.

Nur wer alle wichtigen Arten zu fragen kennt und beherrscht, besitzt auch die Möglichkeit, in jeder Situation die passende Frage stellen zu können.

Grundregeln der Fragetechnik

- Präzise und kurz fragen – „weitschweifige“ Fragen bringen unbefriedigende Antworten.
- Keine Doppel- oder Mehrfachfrage stellen.
- Verständlich fragen – Begriffe vermeiden, die der Gesprächspartner nicht kennt.
- Richtig und zielstrebig fragen – die Palette der Fragearten nutzen.
- Nicht vorher um Erlaubnis bitten, fragen zu dürfen, sich nicht für eine Frage entschuldigen.
- Die Worte der Frage richtig betonen. Den Gesprächspartner anschauen. Demonstrieren, daß einem die Frage wichtig ist.
- Dem anderen Zeit zum Antworten lassen. Die Antwort nicht selbst geben aus Furcht vor einer unerwünschten Antwort oder einer Gesprächspause.
- Nicht abfragen oder verhören.

In der Analysephase kann der Verkäufer den Kunden für Aspekte sensibilisieren, die ihm vorher noch nicht bekannt waren oder für ihn noch keine Bedeutung hatten.

Beim Fragen und Zuhören ist es hilfreich, daß sich der Verkäufer an dem Ziel orientiert, den Kunden für eine neue verbesserte Lösung neugierig zu machen. Was nützt es denn, wenn am Ende der Analysephase zwar die Probleme strukturiert und transparent geworden sind, aber keine Lösung in Aussicht ist.

Ein weiteres, ebenfalls wichtiges Stilmittel der Analyse ist das Verbalisieren. Verbalisieren heißt in Worte fassen, welche Gefühle und Empfindungen der Partner ausgedrückt hat. Da es mit den eigenen Worten geschehen und nicht nur eine Wiederholung der Ausführungen des anderen sein soll, wird auch gleichzeitig der Sinn des Gesagten erfaßt.

Verbalisieren und aktives Zuhören

Mit dieser Technik stellen Sie sicher, daß Sie die Empfindung des Partners verstanden haben. Wenn Sie durch das Verbalisieren dem anderen mitteilen, daß Sie seine Empfindungen und Gefühle kennen, kann sich das Gespräch in einer Atmosphäre entwickeln, die von der Gewißheit lebt, daß Übereinstimmungen erzielt werden können.

Verbalisierungen können zum Beispiel mit folgenden Formulierungen beginnen:

„Sie haben das Gefühl ..."
„Sie empfinden damit ..."
„Ihren Worten entnehme ich ..."
„Sie wollen damit ausdrücken ..."
„... und das ärgerte Sie ..."

2.8 Definition und Zielüberprüfung

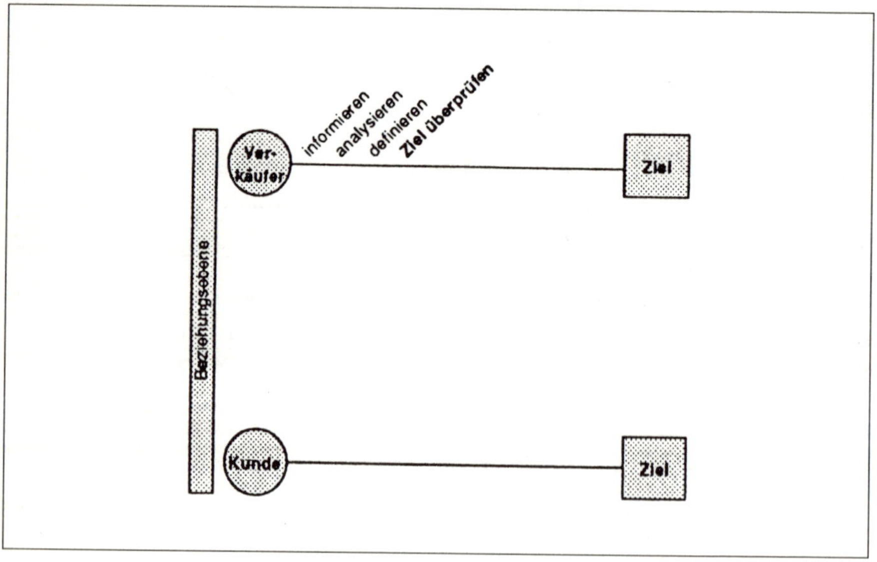

Abb. 6: Überprüfen bzw. Festlegen des Ziels

Die Definition des Problems ist die Grundlage für die Lösung. Sie kann aber eine „kritische Phase" sein, da sie die Brücke zwischen Kundenbedarf und dem Angebot des Verkäufers darstellt.

In dieser Phase werden mit dem Kunden und dem Verkäufer die Ergebnisse aus Vorinformation und Analyse abgestimmt und abgeglichen. Der Verkäufer läßt sich von ihm die bisher verstandenen Probleme und Aufgaben bestätigen.

Es hat sich bewährt, daß der Verkäufer und sein Kunde die „gleiche Sprache" sprechen, d.h. daß beide auf dem gleichen Sprach- und Verständnisniveau sprechen. Dabei ist es hilfreich, wenn der Verkäufer Bestätigungsfragen formuliert:

- „Verstehe ich es richtig, daß Sie besonderen Wert auf schnellen Abverkauf der neuen Produkte legen?"
- „Darf ich Ihre Aussage so verstehen, daß Sie zusätzlichen Platz nur für zukunftsträchtige Produkte einräumen?"
- „Ihre Wunschvorstellung verstehe ich so, daß Sie einen bekannten Markenartikel haben wollen."

2.9 Lösungsmöglichkeiten darstellen

In dieser Phase geht es darum, Vorschläge, Lösungsmöglichkeiten und Angebote zu erarbeiten und so klar und partnerbezogen darzustellen, daß größtmogliche Deckungsgleichheit zwischen den Vorstellungen des Kunden und den eigenen erreicht wird.

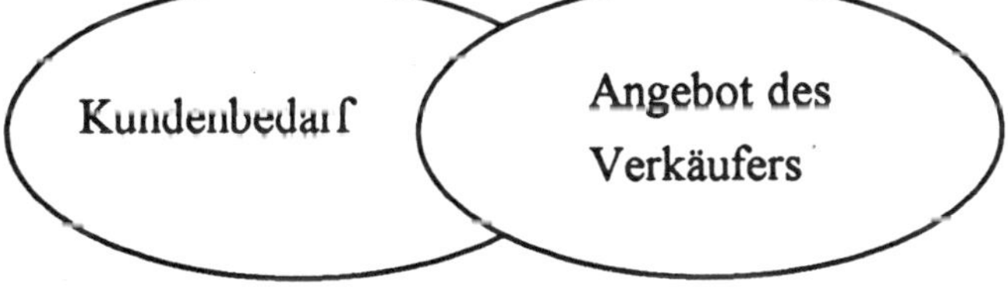

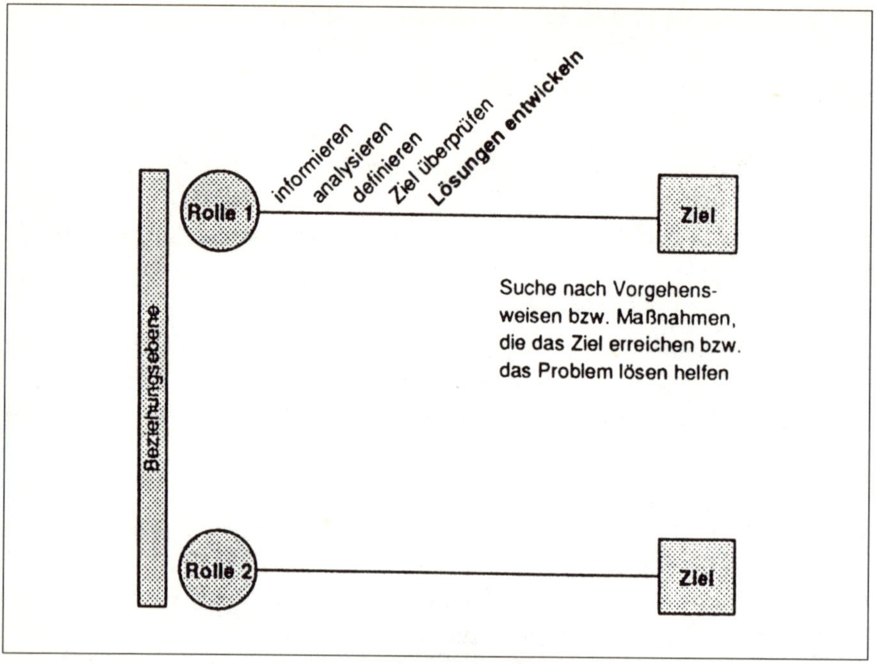

Abb. 7: Entwickeln von Lösungsmöglichkeiten

Mit der Vielzahl der aus der Analyse und der Definition gewonnenen Informationen werden Angebotsmöglichkeiten erarbeitet.

Die Definition des Problems ist die Basis für die Lösung und bildet die Brücke zwischen erkanntem Bedarf und Angebot. Die Ergebnisse aus Information und Analyse werden durch den Verkäufer mit dem Partner abgestimmt und bestätigt. Der Verkäufer verwertet die Information und formuliert sein Angebot, bewertet mögliche Alternativen mit dem Gesprächspartner und entscheidet mit ihm zusammen. Dabei benutzt der Verkäufer das Prinzip der Nutzenargumentation, um den Kaufwunsch beim Kunden zu wecken. Die in der Analyse erkannten Motive werden gezielt mit der Nutzenargumentation angesprochen. Steht der Verkäufer in einer Wettbewerbssituation mit anderen Anbietern, spricht er bewußt Alleinstellungsmerkmale (unique selling points) vom Wettbewerber an, die sein Unternehmen oder sein Produkt/seine Dienstleistung abgrenzen. Das Wissen um die Wettbewerbssituation muß genutzt werden, um das Preis-Leistungs-Verhältnis zugunsten des Verkäufers darzustellen.

Wettbewerbsvorteile darstellen

Vorteile sind subjektive Bewertungen und entstehen aus dem Vergleich verschiedener Verfahren oder Produkte oder Leistungen. Um die Vorteile herauszustellen, ist es hilfreich, den Bezugsrahmen zu definieren.

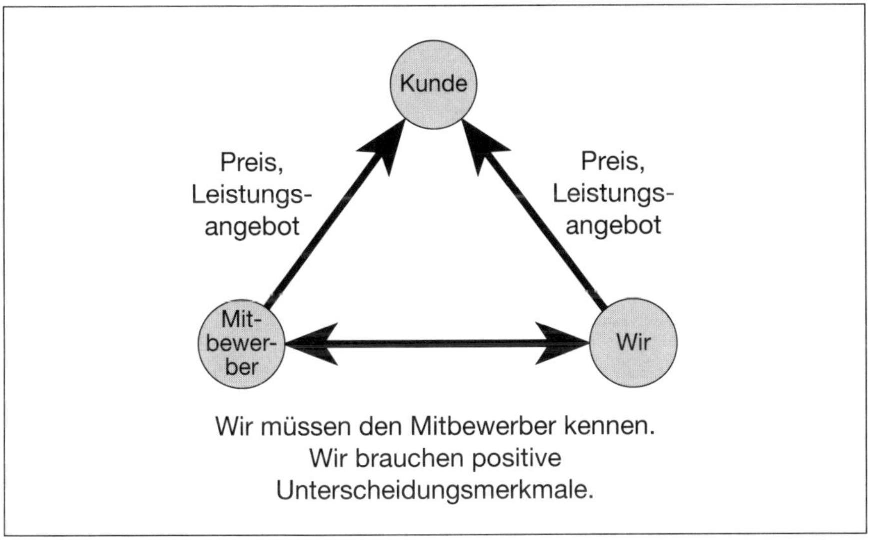

Abb. 8: Strategisches Dreieck

Welche(n) Wettbewerbsvorteil(e) haben wir gegenüber unseren Mitbewerbern? Beispiele für Wettbewerbsvorteile sind z. B.:

- geprüfte Qualität
- Preis-Leistungs-Verhältnis
- vielfältige Einsatzmöglichkeiten
- gesicherte Spanne durch Preispflege
- Nachkaufsicherheit (10 Jahre)
- Ersatzteilsicherheit
- Kundennähe

2.10 Lösungsmöglichkeiten

Aus welchen Bereichen kann der Verkäufer seine Lösungsmöglichkeiten für die Zielerreichung entwickeln?

Hat der Verkäufer durch die Analyse die Wünsche des Kunden geklärt, so ist es seine Aufgabe, nach Lösungsmöglichkeiten zu suchen. Beim Erarbeiten von Lösungsmöglichkeiten sind besonders folgende Werkzeuge hilfreich:

- Fragen
- Nutzenargumentation
- Demonstration
- Eingehen auf die erkannten Motive

Als Basis zur Darstellung der Lösungskompetenz dienen Argumente aus folgenden Bereichen:

Unternehmen

- F + E
- Kundennähe
- geprüfte Qualität
- Finanzkraft
- Strategie
- Werbung
- Image
- Mitarbeiterqualifikation
- Referenzen
- Ökologiesystem

Produkt

- Leistungsdaten
- Kompatibilität
- Qualität
- Preis
- Verpackung
- vielseitige Einsatzmöglichkeiten
- Produktfamilie
- Material

Unternehmensleistungen

- Service
- Schulung
- Montage
- Ausbildung
- Zahlungserleichterungen
- Zustellservice
- Telefonservice
- Hotline
- Umtauschservice

Je ähnlicher die Produktleistungen, desto bedeutsamer werden die Unternehmensleistungen. Diese müssen durch den Verkäufer deutlich in der Argumentation und Lösungsdarstellung herausgestellt werden:

- Präsentieren Sie Ihre Vorschläge mit Nutzen für den Partner.
- Stellen Sie die Alternativen mit verschiedenen Gewichtungen dar:
  - Vorteile
  - Risikofaktoren
  - Probleme
  - Ursachen
  - Abhilfe/Lösungen
  - Langfristigkeit/Zeitaspekt
- Achten Sie darauf, daß Sie Ihre Vorschläge, die Ihr Partner nicht annehmen kann, (emotional, sachlich) neu ausrichten.
  - Fragen Sie nach Hintergründen für die Ablehnung.
  - Suchen Sie nach einer neuen Argumentationsplattform.
  - Suchen Sie nach einer „Tür", die Ihnen Ihr Gesprächspartner öffnet.

Damit Sie sich im Rahmen des Angebots als kompetenter Partner gegenüber dem Kunden beweisen können, bedarf es einer sorgfältigen Abstimmung der Argumente mit den analysierten Daten und Fakten.

Die Argumentation sollte folgende inhaltliche Elemente beinhalten:

- genaue Beschreibung der Ausgangslage
  - Ziele, Vorstellungen, Bedürfnisse des Kunden
  - momentane Situation/Gegebenheiten des Kunden
  - Probleme und Chancen in der Zusammenarbeit

Nutzen hervorheben

Motive ansprechen

Verschiedene „Wahrnehmungskanäle“ integrieren
- Sehen
- Hören
- Fühlen

Wesentliche Aussagen/Argumente (Allein- bzw. Besserstellungsmerkmale) visualisieren

Wesentliche Aussagen/Argumente verstärken

Teilergebnisse zusammenfassen

Abb. 9: Argumentation

- Aufgabenstellung des Kunden
  - Art der Veränderung
  - Grund für die Veränderung
  - Erwartungshaltung der Partner
- Abstimmung mit dem Kunden und Bestätigung der Problemdefinition zur Sicherstellung, daß der Verkäufer die Problemsituation richtig verstanden hat
- Lösung mit erkennbarem Nutzen für Entscheider und Beeinflussungspersonen; konkrete anschauliche Demonstration der Lösung durch Anwendungsbeispiele aus der Welt des Kunden
- Vorschlag für das weitere Vorgehen
- Bestätigung einholen, daß die Lösung dem Bedarf der Aufgabenstellung und seinen Wünschen entspricht

2.11 Bewertung

Bei der Bewertung ist es Aufgabe des Verkäufers, den Nutzen der Leistungen und Produkte herauszustellen, der den Kunden zu einer positiven Entscheidung veranlassen soll. Dazu stellt der Verkäufer die Verbindung zwischen den

„an sich" neutralen, objektiv vorhandenen, mit den Sinnen wahrnehmbaren Produktmerkmalen und den subjektiven Bedürfnissen und Motiven des Kunden her.

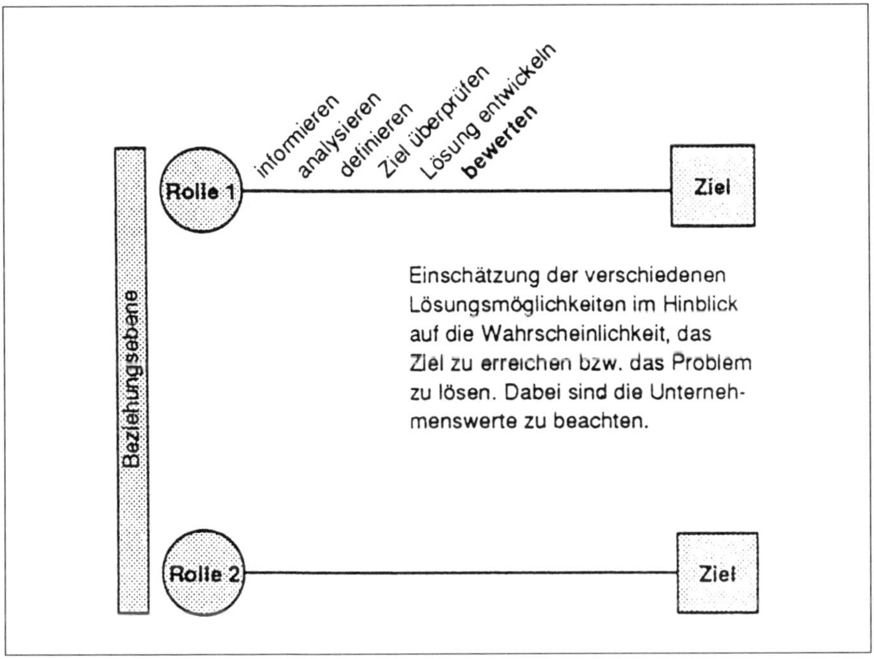

Abb. 10: Bewerten

2.11.1 Nutzenargumentation

Die für die Bewertung wichtige Kommunikationstechnik ist die Nutzenargumentation. Hier ist für den Verkaufserfolg von Bedeutung, inwieweit es dem Verkäufer gelingt, den Nutzen für den Kunden herauszuarbeiten. Niemand kauft ein Produkt um seiner selbst willen, sondern immer nur den damit verbundenen Nutzen.

Nicht, was die Dinge an sich sind, sondern das, was sie für uns sind, macht uns glücklich oder unglücklich. Der Wert – die Bedeutung eines Gutes für die Bedürfnisbefriedigung – ist abhängig von den jeweiligen Motiven.

Nutzenargumentation heißt: aus Merkmalen und Eigenschaften eines Lösungsvorschlags beziehungsweise des Angebots den Nutzen für den Gesprächspartner abzuleiten und somit seine Kaufmotive zu aktivieren. Dabei geht es dem Verkäufer nicht darum, den Kunden mit Argumenten zu besiegen oder ihn gar „gekonnt" zu überreden.

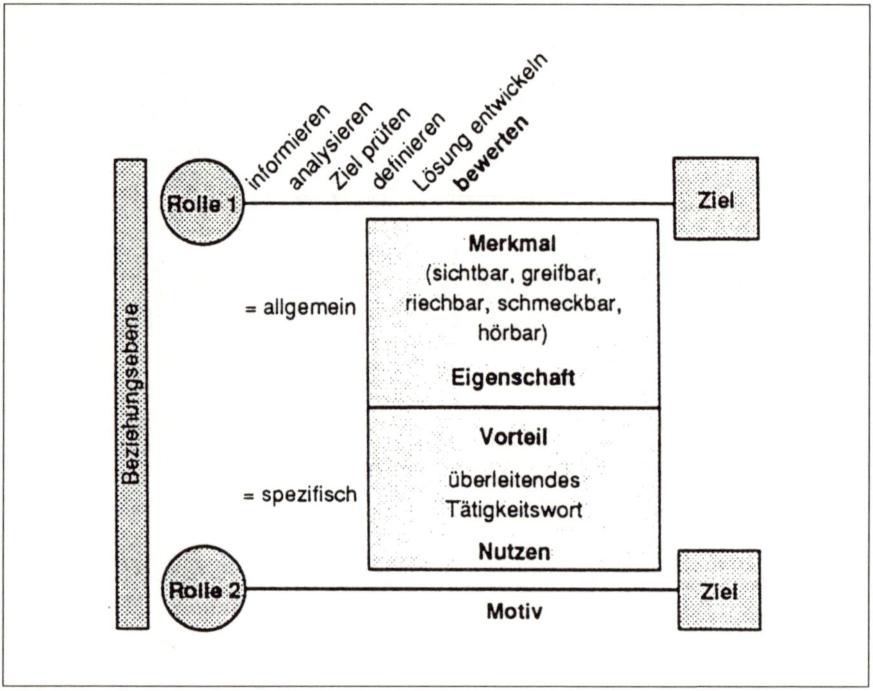

Abb. 11: Nutzenargumentation

Welchen Nutzen jemand hat, ist von Mensch zu Mensch und auch bei einem Menschen von Situation zu Situation unterschiedlich. Allerdings lassen sich immer wiederkehrende Hauptmotive bei einer Person feststellen. Das erleichtert die Argumentation.

Im zielorientierten Gespräch erhält der Gesprächsführer zum Beispiel in den Antworten des Partners auf seine Fragen in den Zieldefinitionen (Bedarfsanalyse) Hinweise auf die den Partner momentan steuernden Motive.

Je genauer der Verkäufer seine Argumentationskette auf die individuellen Motive des Gesprächspartners abstellt, desto mehr wird dieser durch die Argumentation positiv beeinflußt.

Ist die Motivstruktur des Partners nicht bekannt, sollten zunächst solche Motive argumentiert werden, die von allgemeiner Bedeutung sind (wie Gewinn), und dann genau darauf geachtet werden, wie der Partner während und nach der Argumentation reagiert. Hier ist es besonders wichtig zu deuten, wie der Gesprächspartner über den argumentierten Nutzen denkt. Gerade bei der Nutzenargumentation zeigt sich, inwieweit ein Gesprächspartner in der Lage ist, tatsächlich auf seinen Partner einzugehen.

Will der Gesprächspartner den Partner zur Zustimmung für seinen eigenen Lösungsvorschlag bewegen, so muß er ihn bisweilen erst unzufrieden mit der derzeitigen Lösung machen. Das kann er erreichen, indem er ihm das Fehlen eines bestimmten Nutzens, ein unbefriedigtes Motiv vor Augen führt.

Beispiel:

„Der jetzige Wagen hat kein ABS, das überlebenswichtig sein kann.“ Hier wird das unbefriedigte Motiv „Sicherheit“ angesprochen.

Je mehr aktivierte Motive der Gesprächsführer mit seiner Lösungsmöglichkeit gleichzeitig befriedigt, desto eher wird sich der Gesprächspartner für diese Möglichkeit entscheiden bzw. desto mehr Personen werden dies tun.

Manche Antworten werden lediglich mit einem Motiv assoziiert, andere mit mehreren Motiven. Es ist kein Zufall, wenn es z. B. einzelnen Autoherstellern gelingt, ihre Produkte besser zu verkaufen. Sie lösen dadurch, daß sie viele Kaufmotive ansprechen, bei einer größeren Zielgruppe Kaufimpulse aus.

Was passiert aber, wenn unser Autoverkäufer ein Geländefahrzeug mit Vierradantrieb als besonders geländegängig anpreist und der Kaufinteressent ein Fahrzeug haben möchte, welches bei großem Komfort möglichst geringe Kosten verursacht?

Dann wurde zwar Nutzen aufgezeigt. Nur entsprach dieser Nutzen nicht der Nutzenvorstellung des Interessenten.

Wichtig ist für den Gesprächspartner nur sein eigener Nutzen. „Der Köder muß dem Fisch schmecken, nicht dem Angler" heißt, daß die Vorteile und Nutzen des jeweiligen Merkmals dem Partner gefallen sollen und nicht dem Verkäufer. Nutzenargumentation bedeutet: Aus der Nennung eines Merkmals wird durch die Beschreibung der Eigenschaften ein Vorteil, der dem Gesprächspartner in seiner subjektiven, motivbezogenen Wertung Nutzen verspricht.

Wenn der Gesprächspartner nur ein Merkmal nennt, kann dieser das Merkmal selbst interpretieren. So kann ihm z. B. zum Merkmal „140 PS starker Motor" sowohl Schnelligkeit und Zeitersparnis als auch hoher Verschleiß und teuer einfallen. Je nach Beziehung zum jeweiligen Produkt assoziiert der Mensch Positives (weil er haben will) oder Negatives (weil er nicht haben will). Die Merkmal-Vorteils-Übersetzung verhindert negative Assoziationen beim Partner, da sie den partnerbezogenen Vorteil unmittelbar folgern hilft.

Ein Merkmal – viele Nutzen

Aus jeweils einem Merkmal können mindestens sieben Nutzen, bezogen auf jedes der sieben Entscheidungsmotive, gefolgert werden. Bei nur zehn Merkmalen wären das bereits 70 (!) Nutzen!

Beispiel:

Merkmale:	**Nutzen:**	**Motiv:**
Abgewogene Mengen	– sparen Zeit	Gewinn
	– zeigen Modernität	Ansehen
	– verhindern Wiegefehler	Sicherheit
	– mindern Arbeit	Bequemlichkeit
	– reduzieren Streß	Gesundheit
	– erleichtern Verarbeitung	soziales Mitgefühl
	– verbreitern Verwendung	Neugier

2.11.2 Wie verkauft man den eigenen Preis am besten?

Einen Preis verkauft man dann am besten, wenn die Vorteile größer sind als der Preis oder die auf Zeit gesehene Investition einen selbsttragenden Charakter hat. Etwa durch eingesparte Betriebskosten, durch geringeren Materialverbrauch oder Umstellung auf kostengünstigere Lösungen.

Der Preis läßt sich dann sehr gut verkaufen, wenn man systematisch jeden Vorteil, der sich in Zahlen ausdrücken läßt, dem Kunden vorrechnet. In vielen Fällen sagt man nur: „Sie sparen Zeit und Personal". Das reicht heute nicht mehr. Jeder geldwerte Vorteil sollte in Zahlen ausgerechnet und dem Kunden aufgezeigt werden.

Alle Ersparnismöglichkeiten für den Kunden sind systematisch zu erfassen und bei Preisverhandlungen einzusetzen. Erhalten Kunden Zuschüsse vom Staat oder Land, sind diese Beträge von Ihrem Preis abzuziehen. Häufig kennen Kunden nicht einmal die Möglichkeiten, Gelder aus diesen Quellen zu erhalten. Steuerersparnisse sind ebenfalls zu berücksichtigen.

Richtigerweise muß bestätigt werden, daß der Wettbewerber die gleichen Rechnungen für sich in Anspruch nehmen kann, allerdings siegt derjenige, der sie konsequent in die Tat umsetzt.

Zusammengefaßt ist eine der besten Möglichkeiten, den Preis als Zahl zu verkaufen, diesem Zahlen entgegenzusetzen.

2.11.3 Was sagen Sie, wenn der Kunde sagt: „Zu teuer"?

Bevor Sie antworten, ist es sinnvoller, in Erfahrung zu bringen, warum der Kunde das Argument anbringt. Mehrere Gründe sind möglich. Der Kunde hat kein Budget, will beim Wettbewerb kaufen und braucht ein Informationsangebot oder sieht keine Vorteile, die den Preis rechtfertigen.

Mögliche Antworten auf „zu teuer":

- Warum?
- Im Verhältnis wozu sind wir zu teuer?
- Womit vergleichen Sie den Preis?
- Lassen Sie uns einmal das Preis-Leistungs-Verhältnis näher anschauen.
- Angenommen, wir finden beim Preis eine Lösung, würden Sie dann kaufen?

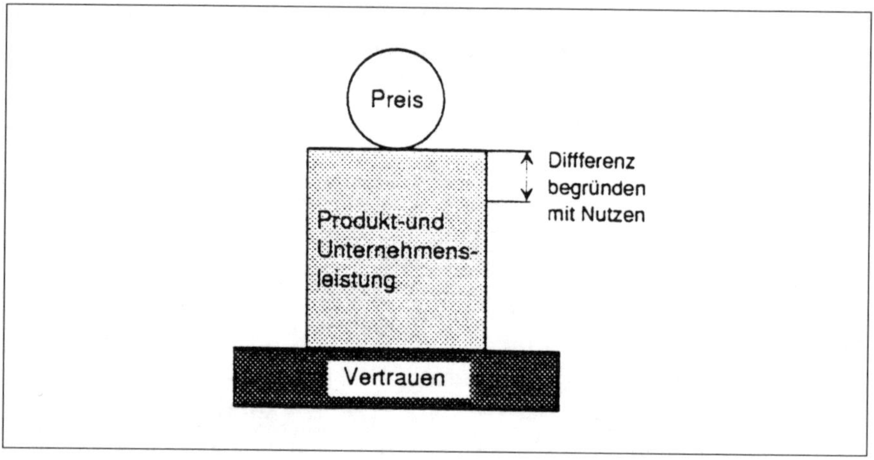

Abb. 12: Wertbewußtsein aufbauen

- Worauf sollten wir bei unseren Dienstleistungen verzichten?
- Zu teuer, nein. Teuer, ja. Darf ich Ihnen den Grund erläutern?
- Womit vergleichen Sie uns?
- Können wir uns das Angebot des Wettbewerbers einmal gemeinsam anschauen?
- Nehmen wir einmal an, wir finden eine Lösung. Was ist neben dem Preis wichtig für Sie?

- Wettbewerbsvorteile deutlich herausstellen
- Nutzen für die verschiedenen Partner verdeutlichen
- Motive ansprechen
- Mehrwert quantifizieren
- Aus eigener Stärke argumentieren (nicht den Mitbewerber schlechtmachen)
- Konfliktpotentiale klären – anstelle „überreden" oder „überzeugen"

Abb. 13: Einige Tips für Preisgespräche

2.11.4 Umgang mit Konflikten (Einwänden) im Gespräch

Die Ursachen für Konflikte sind vielfältig. Sie werden deutlich an

- verneinenden Aussagen des Partners,
- der Ablehnung des Angebots,
- Nichtgewähren von Besprechungsterminen,
- sogenannten „Killerphrasen“,
- ablehnender Körpersprache,
- häufigen Negativaussagen u. a.

Oft sind dies „Symptome“ dafür, daß etwas nicht stimmt. Möglicherweise hat der Verkäufer nicht wirklich den Bedarf und die Motive seines Gesprächspartners erkannt und vorschnell bzw. falsch argumentiert. Die Ablehnung aus dem Gefühl heraus, nicht wirklich verstanden worden zu sein, ist die mögliche Folge. Möglicherweise sind Aussagen des Gesprächspartners gar nicht ablehnend gemeint, sondern werden vom Vertriebsmitarbeiter entsprechend seiner eigenen Einstellung negativ umgedeutet.

Häufig handelt es sich bei vermeintlich kritischen Aussagen auch lediglich um Fragen, die möglicherweise vom Gesprächspartner unglücklich formuliert wurden.

Oft sind entsprechende ablehnende Aussagen bezüglich der Sache ein Anzeichen dafür, daß die Beziehung nicht stimmt und das notwendige Vertrauen fehlt. Weil sich viele Menschen davor scheuen, dies direkt anzusprechen, muß dann die Sachebene dafür herhalten.

Häufig sind sogenannte „Killerphrasen“ ein Zeichen für eine gestörte Beziehung:

- „So geht das nicht – völlig unmöglich!“
- „Bei uns läßt sich das nicht machen!“
- „In der Praxis sieht das doch ganz anders aus!“
- „Das nimmt Ihnen doch keiner ab!“
- „Das sehen Sie vollig falsch!“

Dieser Konflikt muß gelöst oder zumindest verstanden werden, wenn der Verkäufer seine Lösung realisieren will.

Im folgenden werden Vorgehensweisen bei der Konfliktlösung vorgestellt.

2.11.5 Interventionstechniken zur Problem- und Konfliktverarbeitung

Es ist schwierig, an Konfliktpotentiale heranzukommen. Da diese dem Gesprächspartner meist selbst nicht bekannt sind, muß der Gesprächsführer Werkzeuge einsetzen, welche geeignet sind, Konfliktpotentiale ins Bewußtsein zu heben. Derartige Werkzeuge heißen „Interventionstechniken".

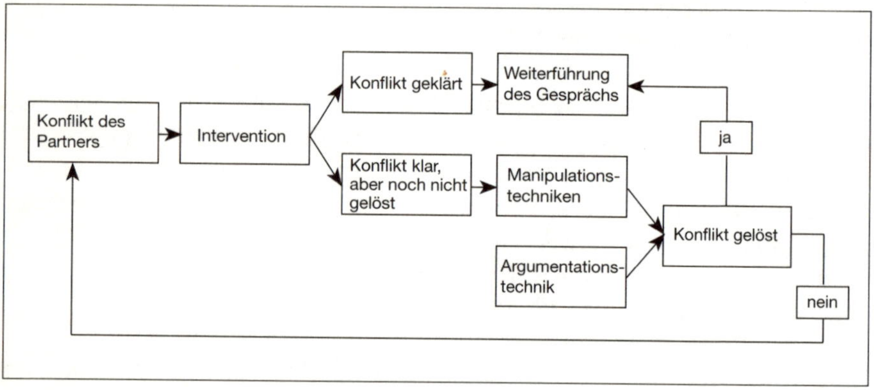

Abb. 14: Konfliktbearbeitung

Von der direkten Wortbedeutung her heißt Intervention: Unterbrechung, Störung, Behinderung und erst in zweiter Linie auch Vermittlung. Im Zusammenhang mit der Kommunikation hat die letztgenannte Bedeutung mehr Gültigkeit.

Für die Kommunikation meint Intervention die Möglichkeit der Reaktion auf Partneraussagen und die Aktivierung von Gesprächen. Weitere Bedeutung haben Interventionstechniken als Mittel der Informationsbeschaffung über die Einstellung, Probleme, Vorlieben des Zuhörers.

Der Gesprächsführer erhält durch Interventionstechniken über sein Gegenüber Informationen, die zwischenmenschliches Verständnis ermöglichen und Ansatzpunkte für einen direkten Zugang zur Beziehungsebene bieten.

Dem Zuhörer wird signalisiert, daß seine Meinung wichtig genommen wird. Das beeinflußt die Gesprächsatmosphäre positiv und fördert die Bereitschaft, den Standpunkt des anderen zu verstehen.

Besonders in Verkaufsgesprächen sind Interventionstechniken nützlich. Dem Partner können auf diese Weise, insbesondere in einer konfliktreichen Diskussion, noch verborgene Konfliktpotentiale bewußt gemacht werden. Er kann so in die Lage versetzt werden, seine Konflikte selbst zu definieren und eine Lösung zu ermöglichen.

Abgesehen davon, daß je nach Situation einzelne Techniken mehr oder weniger gut passen, lassen sich in der Gesprächs- und Diskussionssituation Interventionstechniken universell einsetzen.

Der Einsatz von Interventionstechniken

Interventionstechniken sind Möglichkeiten, auf Konflikte zu reagieren. Sie dienen sowohl der Aktivierung von Gesprächen als auch der Konfliktlösung. Sie verbessern das Gesprächsklima und fördern die Bereitschaft zur vertrauensvollen Zusammenarbeit.

Die wichtigsten Interventionstechniken sind:

- Fragen
- Körpersprache
- nondirektive Technik
- Interpretation
- Lösungsangebot
- Verbalisieren
- Metakommunikation

Fragen

Bitte vergleichen Sie Seite 134 ff.

Körpersprache

Körpersprache ist insofern dann eine Interventionstechnik, wenn sie bewußt, z. B. zur Gesprächsaktivierung, eingesetzt wird. Zum Weitersprechen auffordernde körpersprachliche Ausdrucksverhaltensweisen sind z. B.: hochgezogene Augenbrauen, leicht geöffneter Mund, Heben des Kopfes, Nicken u. a. Derartige, nichtsprachliche Hilfsmittel tragen dazu bei, daß der Gesprächspartner an interessant werdenden Stellen weiterspricht, weil er merkt, daß er auf Interesse stößt. Körpersprachliche Reaktionen (z. B. Stirnrunzeln) können den Partner auch veranlassen, eigene Aussagen zu konkretisieren bzw. zu erläutern.

Nondirektive Technik

Bei der nondirektiven Technik wird ein Wort bzw. ein Teil der Aussage des Partners fragend wiederholt. Die nondirektive Technik veranlaßt den Partner, noch weitere Informationen über den Sachverhalt zu liefern, und es können auch unbewußt formulierte Aussagen oder gezeigte Verhaltensweisen zum bewußten Formulieren oder Gestalten gebracht werden.

Interpretation

Interpretation ist die verstehende Auslegung von sprachlichen und körpersprachlichen Aussagen. Die Interpretation geht über das vom Partner Gesagte hinaus. Erfaßt die Interpretation das Gemeinte, so fühlt sich der Partner verstanden. Trifft die Interpretation nicht die gemeinte Ebene, wird sie meist durch eine Neudarstellung korrigiert. Eine Gefahr beim Interpretieren besteht darin, daß durch eine willkürliche Interpretation eine Aussage so verzerrt wiedergegeben wird, daß sich der Partner mißverstanden fühlt und weitere Versuche, sich mitzuteilen, aufgibt.

Lösungsangebot

Lösungsangebote zeigen dem Partner einen Weg zur Behebung seines Problems/Konflikts. Lösungsangebote können auch als direkte Aufforderung formuliert sein. Lösungsangebote sind eines der am häufigsten eingesetzten Werkzeuge, um anderen Menschen in Problem- und Konfliktsituationen zu helfen. Bevor ein Lösungsangebot formuliert wird, muß das Problem analysiert und klar definiert sein. Sonst besteht die Gefahr, daß die Lösung am Problem vorbeigeht, es möglicherweise sogar weiter verschärft. Aus der Reaktion des Partners auf das Lösungsangebot wird erfahrbar, inwieweit sich die Lösungen mit seinen Vorstellungen decken. Wehrt sich der Partner gegen eine bestimmte Lösungsidee, ist es wichtig, die Hintergründe für die Ablehnung durch den Einsatz weiterer Interventionstechniken zu klären. Nur so kann eine geeignete Lösung entwickelt werden.

Verbalisieren

Beim Verbalisieren wird der Sinn einer Aussage in eigenen Worten wiederholt. Verbalisieren besteht nicht lediglich darin, die Ausführungen des anderen zu wiederholen. Es geht darum, den Sinn der Aussage (das, was zwischen den Zeilen steht) zu erfassen und auszusprechen. Mit dem Verbalisieren kann sichergestellt werden, daß das Gesagte genau so verstanden wird, wie es tatsächlich gemeint war. Ist die Verbalisierung gelungen, so fühlt sich der Partner verstanden, er bestätigt die Richtigkeit der Verbalisierung oder fährt mit seiner Darstellung fort. Beim Mißlingen reformuliert er das Gemeinte. Verbalisierungen lassen dem anderen Raum, sind nachvollziehbar, greifen nicht an und fördern einen offenen Gesprächsverlauf.

Verbalisierungen können beginnen mit Bemerkungen wie:

- „Ich glaube, Sie meinen ..."
- „Wenn ich Sie richtig verstehe, ..."
- „Ihren Worten entnehme ich, daß ..."

Metakommunikation

Metakommunikation ist „das Gespräch über das Gespräch". Die Metakommunikation ermöglicht es, verfahrene Gespräche zum Gegenstand der gemeinsamen Betrachtung zu machen. Aus der Vogelperspektive, d. h. mit Distanz und Überblick, wird bei der Metakommunikation über die verfahrene Sachebene bzw. die gestörte Beziehung gesprochen. Sobald die Hemmnisse durch Metakommunikation bewältigt worden sind, können die Gesprächspartner wieder zu ihrem eigentlichen Thema zurückkehren.

Welcher Fehler wird manchmal bei der Konfliktbearbeitung gemacht?

Der Vorteil der meisten Verkäufer, die Erfahrung, kann sich bei der Konfliktbearbeitung häufig als Nachteil erweisen. Warum? Bei vielen Konfliktaussagen glaubt man, den „Einwand" richtig definiert zu haben und gibt sofort die Antwort.

Die Gefahr dabei? Möglicherweise geht der Verkäufer auf eine Aussage ein, die nicht den eigentlichen Grund darstellt, sondern ganz andere Ursachen hat.

Fragen Sie nach, z. B.:

- „Wie meinen Sie das genau?"
- „Woher haben Sie diese Information?"
- „Wenn Sie mir das noch einmal etwas näher erläutern würden?"
- „Interessant, erzählen Sie das bitte etwas genauer ..."

Sprechen Sie den Kunden offen an: „Was sollte man dann tun, Herr Kunde?" oder: „Wie würden Sie sich eine Lösung vorstellen?" Vermeiden Sie durch vorschnelle Argumente, daß sich der Kunde falsch verstanden fühlt und Sie damit den Kern des Einwands nicht treffen.

Bedenken Sie auch, daß manches Argument vom Kunden geäußert wird, weil er Sicherheit und Unterstützung haben will.

Mit welcher Methodik beantwortet man Partneraussagen?

Sicher begegnen Sie einer ganzen Zahl von Argumenten mit erprobten Antworten. Allerdings gibt es immer wieder neue Aussagen, auf die der Kunde eine Antwort erwartet. Wichtig sind dabei zwei Punkte. Erstens sollten Aussagen niemals sofort mit einer „Gegen"-Argumentation beantwortet werden, weil daraus sehr schnell eine Streitdiskussion entstehen kann. Der Kunde erwartet eine Ablehnung seiner Meinung und ist deshalb besonders kritisch eingestellt. Zweitens sollten Sie sicherstellen, daß Sie die Aussage ernst nehmen.

ANALYSE

↓

Bevor Sie die Aussage beantworten, müssen Sie sicherstellen, daß Sie die Bedenken des Kunden richtig verstanden haben. Beispiel: Auf „zu teuer" gibt es mindestens zehn Gründe, die dahinterstehen. Erfahren Sie durch Nachfragen und Zuhören die Hintergründe.

BEANTWORTEN

↓

Die Konfliktbearbeitung fällt Ihnen leichter, wenn Sie die Kundenaussage ausräumen können, weil der Kunde nicht alle Informationen hatte oder Ihre Argumente den Kunden überzeugten. Doch es gilt: zuerst analysieren und dann entweder akzeptieren oder beantworten.

AKZEPTIEREN / BEANTWORTEN

Nachdem Sie die Hintergründe der Aussage analysiert haben, entscheiden Sie. Entweder akzeptieren Sie die Aussage, weil man sie objektiv bestätigen muß. Dann sollten Sie für dieses Manko aber Pluspunkte auf anderen Gebieten aufzeigen, die den Nachteil ausgleichen.

Wie bringt der Verkäufer neue Aspekte in das Gespräch, wenn seine Argumentation nicht angenommen wird?

Manchmal haben Kunden Aussagen, Argumente, von denen sie überzeugt sind, obwohl sie nach Ihrem Kenntnisstand eindeutig falsch oder unzutreffend sind. Man könnte diese Aussagen gut widerlegen. Die Gefahr besteht nur darin, daß man die Diskussion gewinnt, aber die Chance für den Auftrag reduziert. Denn nur sehr wenige Menschen akzeptieren es, wenn man ihnen schonungslos die Wahrheit ins Gesicht sagt.

Sollte die Argumentation des Kunden einmal nicht stimmen, so ist es manchmal sinnvoller, diese Aussage zurückzustellen oder gar nicht näher darauf einzugehen. Ist das Beantworten dieser Aussage aber erforderlich zum Auftragserhalt, sollte man zuerst einige positive Bemerkungen fallen lassen.

„Ich kann Ihre Argumentation durchaus verstehen, Herr Kunde. Berücksichtigt man allerdings einen weiteren Aspekt, dann ...“

„Das hat eine ganze Menge für sich, was Sie sagen. Zusätzlich gilt es zu berücksichtigen ...“

„Verständlich, das was Sie sagen. Einen weiteren Aspekt sollten wir diskutieren.“

Überbrücken Sie die schwierige Situation direkt nach dem Aussprechen der Aussage durch Ihren positiven Gesprächsanfang. Stimmt die Argumentation des Kunden nicht, erfragen Sie die Hintergründe, stellen Sie die Aussage bis zur Klärung weiterer Einzelheiten zurück und finden Sie in der Aussage des Kunden auch etwas Positives. Fühlen Sie sich vor allem nicht durch die Aussage persönlich angegriffen. Viele Aussagen werden auch aus taktischen Gründen gemacht, um etwas anderes zu erreichen. Betrachtet man die Aussage isoliert, läuft man Gefahr, den eigentlichen Kern nicht zu treffen.

2.12 Entscheidung

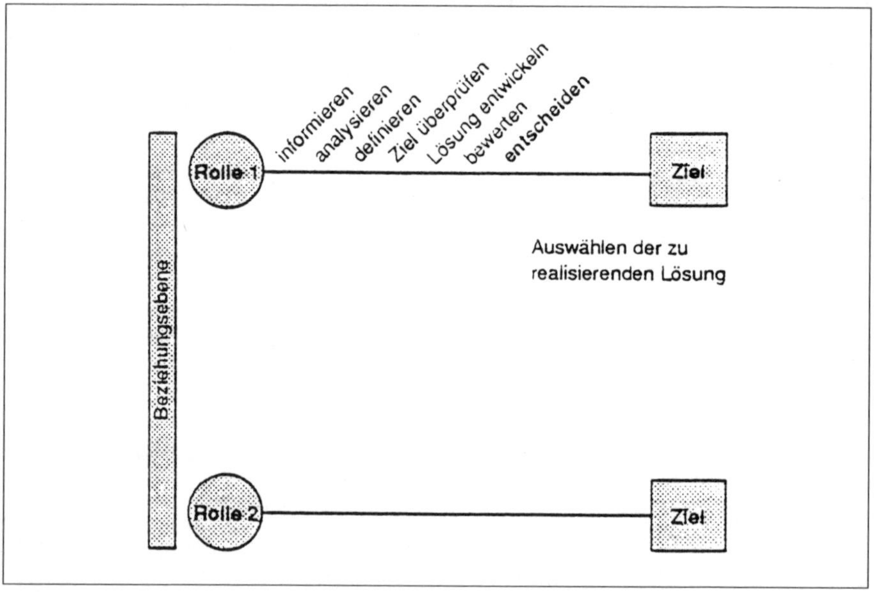

Abb. 15: Entscheiden über die Lösungsalternativen

In der Entscheidungsphase wägt der Kunde ab zwischen (noch) vorhandenen Hemmnissen und dem erkannten Nutzen. Sie als Verkäufer wissen, daß Menschen kaum objektiv entscheiden, sondern ihre Entscheidungen immer von vielen Faktoren und der Situation beeinflußt werden.

Daher sind Sie in dieser Phase gefordert, den Entscheidungsprozeß des Kunden so zu unterstützen und zu beeinflussen, daß eine optimale Lösung erreicht wird. Optimal bedeutet aus Ihrer Sicht die Erreichung der Ziele bei weitestgehender Berücksichtigung der Kundenziele.

Da spontane positive Entscheidungen des Kunden als logische Konsequenz aus dem bisherigen Verlauf des Verkaufsgesprächs nicht die Regel sind, versuchen Sie den Weg der Entscheidung für den Partner schrittweise und nachvollziehbar zu gestalten.

Eine wichtige Fähigkeit des Verkäufers besteht darin, Kauf- und Entscheidungssignale beim Kunden zu erkennen und in entscheidungsorientierte Argumentation umzusetzen. Solche Entscheidungssignale, die Sie nicht übersehen sollten, sind unter anderem folgende:

2.12.1 Entscheidungssignale

Definition:
Verbale und nonverbale Verhaltensweisen, die Entscheidungsbereitschaft signalisieren.

Ziel:
Erkennen der Signale, um mit Reaktionsauslösern und Abschlußtechniken den Kaufentschluß zu fördern.

Nonverbale Signale sind zum Beispiel:

- Annäherung an Gegenstand
- Kopfnicken
- wohlwollendes Betrachten
- häufiges In-die-Hand-Nehmen einer Entscheidungsvorlage

Verbale Signale sind zum Beispiel:

- anderen hinzuziehen
- Fragen nach Details
- Fragen nach Referenzen
- Zustimmung formulieren
- Entscheidungswunsch außern

Sind keine Entscheidungssignale zu erkennen, setzt der Verkäufer Reaktionsauslöser ein, durch die entsprechende Anzeichen von Entscheidungsbereitschaft hervorgerufen werden können.

2.12.2 Reaktionsauslöser

Wir unterscheiden die folgenden Reaktionsauslöser:

- Zusammenfassung
- Empfehlung

- Teilentscheidung
- Referenzen
- Reserveargumente
- Extravorteile
- Ja-Fragen
- Zurück und vor

Zusammenfassung

Der Verkäufer zählt zusammenfassend seine wichtigsten Argumentationen (die Merkmale, Eigenschaften, Vorteile, Nutzen der von ihm favorisierten Alternative) auf. Am Anfang und am Schluß der Zusammenfassung stehen die wichtigsten Argumentationen, d.h. die Punkte, die der Partner am höchsten bewertet und nicht diejenigen, die für den Gesprächsführer von besonderer Bedeutung sind.

- *Beispiel:*

„Diese Lösung hat viele Vorteile für Ihren Anwendungsbereich. Sie beinhaltet ..."

Empfehlung

Der Verkäufer äußert eine neutrale Empfehlung anstelle eines subjektiven Ratschlags. Empfehlungen sind wertfreier und ermöglichen eher Alternativen.

Ratschläge werden oft als Bevormundung empfunden und daher abgelehnt.

- *Beispiel:*

„Zu empfehlen ist, daß Sie sich für diese Lösung entscheiden, weil ..."

Teilentscheidung

Bei dieser Technik erfragt der Verkäufer „scheibchenweise" Entscheidungen über Details.

- *Beispiel:*

„Welche Finanzierungsform sagt Ihnen mehr zu: die mit dem variablen Zins oder die mit festem?"

Referenzen

Der Gesprächsführer nennt Empfehlungen Dritter. Am besten geeignet sind Pauschalreferenzen (z. B. „Führende Wissenschaftler empfehlen ..."). Referenzen von Einzelpersonen sollten nur dann angeführt werden, wenn deren Einverständnis vorausgesetzt werden kann und sicher ist, daß der Partner diese Person anerkennt. Beruft sich ein Gesprächsführer z. B. auf einen unbeliebten Konkurrenten seines Partners, so wird er statt positiver Entscheidungssignale nur Ablehnung ernten.

● *Beispiel:*

„Viele Ärzte haben sich für diese Lösung entschieden, weil ..."

Reserveargumente

Der Verkäufer bewahrt während des Gesprächs ein oder ein paar Argumente für die Entscheidungsphase auf. Diese Argumente setzt er zum Herbeiführen von Entscheidungssignalen ein.

● *Beispiel:*

„Zudem ermöglicht Ihnen die Gesamtleistung mit Finanzierung den Zusatzvorteil weiterer Einsatzmöglichkeiten."

Extravorteile

Extravorteile sind Vorteile, die dem Partner zusätzlich zugestanden werden (z. B. Lieferzeit, Zahlungsziel, Rabatt, Beförderung u. a.) und seinen Nutzen erhöhen.

Ja-Fragen

sind geschlossene Informationsfragen, deren Beantwortung mit „Ja" wahrscheinlich oder logisch ist. Werden mehrere Ja-Fragen gestellt und mit „Ja" beantwortet, entsteht eine Ja-Stimmung, eine Tendenz, weiterhin positiv zu antworten. Entscheidungssignale werden gezeigt.

Zurück und vor

Der Verkäufer stellt zwei Lösungsmöglichkeiten dar. Diejenige Lösung, die nicht seinem Ziel entspricht, beantwortet er selbst mit „Nein“ bzw. läßt den Partner dies tun. Übrig bleibt nur noch die vom Gesprächsführer favorisierte Lösung (das Angebot).

2.12.3 Reaktion auf Entscheidungssignale

Auf die Signale des Partners sollte der Verkäufer vorsichtig reagieren. Die Reaktionen sollten nicht drohend, unehrlich, abschreckend oder nichtssagend sein. Nützlich sind ehrliche Antworten, die eine Entscheidung herbeiführen.

Hinweis:

Der Partner stellt eine Frage, die seine Entscheidungsbereitschaft erkennen läßt. Wenn der Verkäufer zu schnell antwortet, gerät er in Zugzwang. Die bereits aufgebaute Entscheidung könnte wieder zusammenbrechen. Das kann verhindert werden mit dem Stellen einer Gegenfrage. So wird die Entscheidung konkretisiert und gefestigt.

- *Beispiel:*

P: „Ab wann kann die neue Lösung laufen?“
V: „Wann wäre Ihnen lieber, sofort oder im nächsten Monat?“

2.12.4 Abschlußtechniken

Die Abschlußtechnik muß zu dem vorher gesendeten Entscheidungssignal passen und darf nicht zu früh kommen. Die Zielerreichung scheitert, wenn der Partner sich überrumpelt fühlt.

Wir unterscheiden die beiden folgenden Abschlußtechniken:

- Alternativfragen
- direkte Bestätigung

Alternativfragen

Dem Partner wird die Wahl zwischen zwei Alternativen geboten. Beide Alternativen sind dem Gesprächsführer gleichwertig, sie sind in eine Frage „verpackt".

● *Beispiel:*

P: „Wie sind Ihre Übernahmemodalitäten?"
V: „Sollen wir sofort die Gesamtlösung übernehmen oder zunächst die Teillösung A realisieren?"

Direkte Bestätigung

Bei dieser Technik wird das Kaufsignal sofort mit einer Abschlußformulierung beantwortet.

● *Beispiel:*

P: „Können Sie die Lösung bereits im nächsten Monat realisieren?"
V: „Wir werden Ihnen die Formalitäten vorbereiten und bis nächsten Dienstag zusenden."

2.12.5 Verhalten in der Entscheidungsphase

Schon im Hinblick auf langfristige gute Beziehungen zum Partner sollten während der Entscheidungsphase die folgenden Verhaltensregeln beachtet werden:

1. Keine neuen Gesprächspunkte (Ausnahme Reaktionsauslöser)
2. Sicherheit ausstrahlen (Körpersprache)
3. Statt reden handeln!
4. Bleiben Sie kurz, konzentriert und freundlich!
5. Lassen Sie den Partner das Erlebnis seiner freien Entscheidung genießen!
6. Betrachten Sie das „Ja" Ihres Partners als eine Selbstverständlichkeit. Sie haben hart genug dafür gearbeitet. Ersparen Sie sich das Siegeslächeln.

2.13 Durchführung (Realisieren)

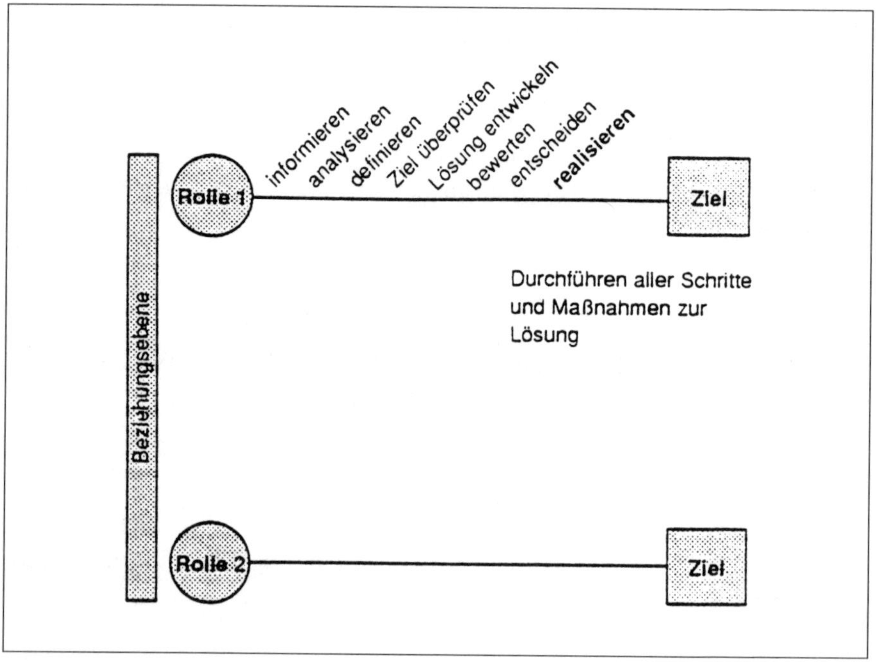

Abb. 16: Realisieren der gewählten Lösung

Erst die sorgfältige Durchführung und die Nachbearbeitung der bisherigen Maßnahmen garantieren, daß die weitere Abwicklung reibungslos und zur Zufriedenheit des Kunden verläuft.

In dieser Phase ist der Verkäufer für den Kunden verantwortlich. Denn erst die sorgfältige Abwicklung des Auftrags entscheidet über zukünftige Verkaufschancen.

Die Zentrale stellt einen Termin und Tätigkeitskatalog mit den genauen Modalitäten der Durchführung auf. Darin wird unter anderem festgelegt:

- Liefertermine
- Möglichkeiten der Lieferung

- Toureneinteilung
- Betreuungsbesuche u. a.

Mit dem Abschluß allein ist der Verkaufsvorgang jedoch nicht abgeschlossen. Über die Besprechung von Abwicklungsmodalitäten hinaus ergeben sich für den Verkäufer noch folgende Möglichkeiten der aktiven Kundenbetreuung:

- den Kontakt zum Kunden und den zuständigen Abteilungen halten
- die Beziehung zum Kunden pflegen
- mögliche auftretende Probleme rechtzeitig erkennen und auffangen
- Anwendungsfehler und Reklamationen vermeiden
- Zusatzbedarf beim Kunden erkennen, wecken und durch geeignete Angebote abdecken
- Folgeverkäufe vorbereiten

2.14 Kontrolle

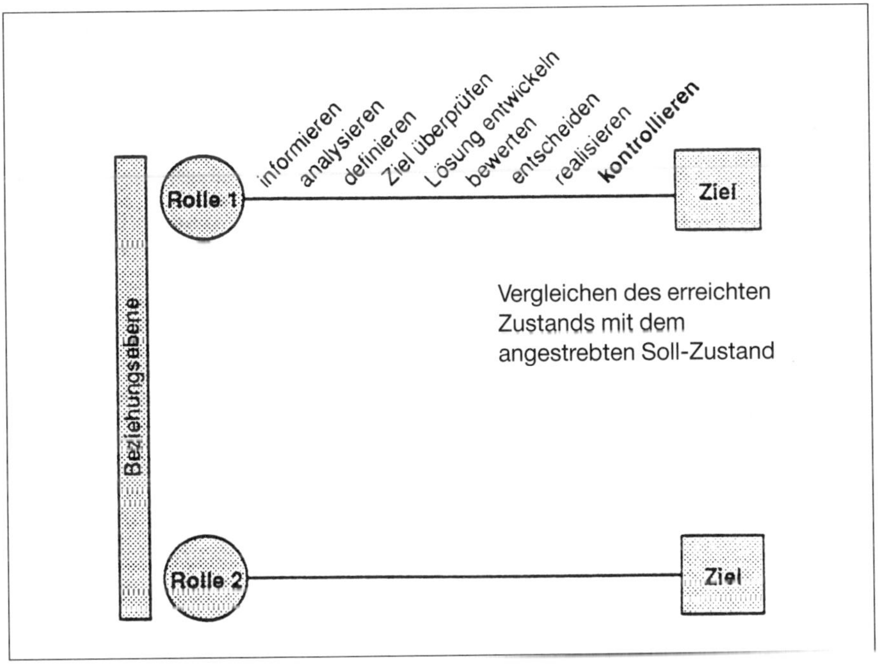

Abb. 17: Kontrollieren des Ergebnisses

Mit Kontrolle ist der Vergleich des angestrebten Soll-Zustands mit dem tatsächlich erreichten Ist-Zustand gemeint. Dabei vergewissert sich der Verkäufer, ob der Auftrag richtig bearbeitet wird und der Kunde zufrieden ist.

Die Kontrollphase überschneidet sich in vielen Bereichen mit der Durchführungsphase. So stimmen Sie mit dem Betrieb die Abwicklung des Auftrags ab und analysieren noch einmal die Schritte des Durchführungsprozesses. Ebenso überprüfen Sie gemeinsam die nächsten Maßnahmen auf ihre Erfolgswahrscheinlichkeit.

Wenn es Ihnen gemeinsam gelingt, beim Kunden den Eindruck zu hinterlassen, daß für Sie nicht nur der Abschluß wichtig ist, sondern Sie es als seine Aufgabe betrachten, bei der Lösung von Problemen zu helfen, bewirken Sie viel Positives auf der Beziehungsebene. So lassen sich viele Probleme partnerschaftlich und ohne großes Aufheben beseitigen.

2.15 Nacharbeit

Nach jedem Besuch, vor allem aber beim erfolgreichen Abschluß eines Projekts ist es notwendig, nachzuarbeiten.

intern

- Abteilung/Personen
- Zuständigkeiten für den Auftrag klären
- Prioritäten klären
- Kapazitäten und Ressourcen berücksichtigen
- Stets realistische Einschätzung des Projekts
- Vorgesetzten- und Kollegeninformation

extern

- Kunden
- Dank und Bestätigung für den Besuch
- die nächsten Schritte aufzeigen
- Zwischenbescheide geben, falls Termine aus irgendwelchen Gründen nicht eingehalten werden können
- proaktive Referenzpflege vornehmen, auch bei einem Nein des Kunden den Kunden weiterhin kontaktieren

Habe ich alles Wichtige erfaßt?

Welche Termine habe ich mit dem Partner vereinbart?

Was muß ich veranlassen?

Wer muß über die Gesprächsinhalte informiert werden?

Wann benötige ich von wem welche Rückmeldung?

Wann muß ich meinen Gesprächspartner über was unterrichten?

Welches Mittel setze ich zur Benachrichtigung ein?

Abb. 18: Checkliste Gesprächsnachbereitung

Literatur

Fischer, R. / Uri, W. (1987): Das Harvard-Konzept. Sachgerecht verhandeln – erfolgreich verhandeln, Frankfurt

hr Team und betriebswirtschaftlicher Verlag Dr. Th. Gabler Gmbh: Fachstudien für den Außendienst
Lehrbriefe: Kontakt – Beziehung – Vertrauen
– Das Berufsbild des Verkäufers im Außendienst
– Strukturen von Verkaufsgesprächen

Rückle, Horst (1976): Sind Sie ein guter Verkäufer?, München

Rückle, Horst (1979): Das große Handbuch der täglichen Verkaufspraxis, München

Kapitel 7

Rhetorik für Verkäufer

Matthias Hartmann

1. Rhetorische Kenntnisse und Fähigkeiten für die Verkaufssituation
   1.1 Vom Ziel her gestaltet sich der rhetorische Auftritt
   1.2 Der Aufbau folgt dem Aufnahmevermögen und der Verarbeitungsweise des Zuhörers
   1.3 Die Darstellung der Lösungsmöglichkeiten oder: Ein Bild sagt mehr als tausend Worte

2. Ohne Worte wird das meiste gesagt
   2.1 Der Körper wirkt
   2.2 Ein Satz muß rote Backen haben
   2.3 Werte weisen wie die Sterne den Weg

3. Nicht nur reden, handeln!

4. Zusammenfassung

1. Rhetorische Kenntnisse und Fähigkeiten für die Verkaufssituation

Worte informieren – Bilder und Beispiele reißen mit

Reden kann jeder, wirksames Sprechen kann man lernen. Es gibt rhetorische Talente, genauso wie es Begabungen in der Mathematik und Musik gibt.

Der Erwerb von rhetorischen Fähigkeiten mag mühsamer sein, er entwickelt sich jedoch nach denselben Grundlagen. So mag es auf Dauer Unterschiede in der Souveränität bzw. Flexibilität beim Einsatz der rhetorischen Mittel geben, nicht jedoch in der Tatsache, daß durch den Einsatz von rhetorischen Kenntnissen und Fähigkeiten die Wirksamkeit des eigenen Sprechens erhöht wird. So ist auch der erste Punkt bei allem rhetorischen Bemühen, wirklich etwas mit dem Sprechen erreichen zu wollen. Das ist eine ziel- bzw. ergebnisorientierte Einstellung, die auf das eigene Sprachvermögen baut. Es geht hier darum, selber das Geschehen zu bestimmen statt externe Faktoren für Erfolg bzw. Mißerfolg verantwortlich zu machen. Der zweite Schritt ist es, die Elemente bewußt zu können und zu gestalten, die körpersprachlicher Natur sind. Das heißt, auf die Signale im eigenen Auftreten zu achten, die ohne Worte geschehen. Schließlich geht es um grundlegende Techniken, die zum Handwerkszeug gehören. Sie gilt es in einer vergleichbaren Kompetenz zu beherrschen, so wie ein Fußballspieler bestimmte Standardsituationen beherrscht oder wie ein Klavierspieler, der seine Techniken einzusetzen versteht.

1.1 Vom Ziel her gestaltet sich der rhetorische Auftritt

Vom Ziel her will Rhetorik eine Verhaltensänderung bei den Zuhörern. Mit Worten zu informieren, mit Bildern und Beispielen mitzureißen, darum geht es und es gilt, es bewußt zu wollen. Gerade, weil Worte und Bilder eine große Wirkung erzielen und von dort her schnell der Vorwurf der Manipulation gegenüber der Rhetorik erhoben werden wird, gerade deswegen ist es wichtig, die Kraft der Worte und Bilder zu nutzen. Das heißt, nicht nur auf die reinen Fakten und Zahlen zu vertrauen oder auf hierarchische Beeinflussung von Verkaufs- und Entscheidungsprozessen, sondern auf die persönliche Kraft zur Vermittlung von Perspektiven, Handlungsalternativen und Faszinationen.

Am Beispiel einer Laudatio, des Grußwortes, der Ansprache an einem Jubiläum bzw. zu Weihnachten kann deutlich werden, daß es hier sehr legitim ist, bei den Zuhörern eine feiernde Stimmung und Bereitschaft zu erreichen.

Das wird von dem Redner verlangt und das soll er als Veränderung bei den Zuhörern bewirken. Sie sollen aus dem Alltag herausgeholt werden und in eine feiernde, zufriedene und dankbare Gruppe verwandelt werden. Genauso ist es legitim und wird es vom Redner erwartet, wenn er in einem Fachvortrag sorgsam Pro und Kontra gegeneinander abwägt und zu einem neuen weiterführenden Schluß kommt. Diese Klarheit und Erleichterung zukünftigen Handelns wird vom Redner erwartet. Seine Zuhörer sollen nachher besser in der Lage sein, zwischen den vielen Details und Meinungen die ertragreichen und zukunftsweisenden Alternativen zu erkennen. Der Redner soll Daten und Fakten, Meinungen und Perspektiven so ordnen und bündeln, daß der Zuhörer hinterher klarer und entschiedener handeln kann.

Genauso ist es legitim in der sogenannten Meinungsrede, die uns zumeist bei Politikern begegnet, die aber auch in jedem Verkaufsgespräch gegeben ist, die eigene Sicht der Dinge selbstbewußt und entschieden vorzutragen.

Wie sagt man: Jede Mutter lobt ihre Kinder. Damit ist nicht gemeint, daß es auch andere Sichtweisen geben kann, nur in einer Verkaufssituation bzw. politischen Situation erwartet der Zuhörer, daß jemand zu seiner Meinung und seiner Sichtweise der Dinge steht. Hier soll der Redner seine eigene Person nicht durch kritische Anfragen, die er an sich selbst richtet, in Frage stellen. So soll ein Verkäufer ja auch nicht von den Mängeln seines Produktes her verkaufen, sondern von den Stärken und Vorzügen. Insofern arbeitet die Rhetorik, wenn sie sich Ziele setzt und bei dem Zuhörer Veränderungen bewirken will, mit wirklichen und wahren Tatsachen. Sie verbiegt die Wirklichkeit nicht, sondern stellt den einen oder anderen Gesichtspunkt (Klarheit der Sache, Eindeutigkeit der Position) in den Vordergrund. Sie verlangt mit dieser klaren, zielorientierten Einstellung ein mündiges, erwachsenes Verhalten beim Zuhörer. Er soll sich selber eine Meinung bilden, seine Freiheit wird nicht in Frage gestellt, sondern herausgefordert, da sie sich mit einem klaren Anspruch konfrontiert sieht.

Insofern ist das Gesagte in einem rhetorischen Auftritt wahr, auch wenn es nicht alles ist, was man zu diesem Punkt sagen könnte.

1.2 Der Aufbau folgt dem Aufnahmevermögen und der Verarbeitungsweise des Zuhörers

Daß bei dem Zuhörer eine Veränderungsbereitschaft entwickelt werden soll, ist das Maß und der Rahmen für den Aufbau der Argumentation. Neben der logischen Seite der Argumentation, daß sie wahr und richtig ist, braucht sie psychologische Elemente, daß das, was man sagt, verstanden wird. Das Thema ist für den Zuhörer immer schwerer als für den Redner. Der Redner weiß, worüber er etwas sagt, der Zuhörer muß es erst nacheinander aufnehmen. Von dort her erklärt sich die konsequente Orientierung am Zuhörer. Methodisch bedeutet das, daß es nach einer kurzen Begrüßung immer darum gehen wird, das Thema im Horizont des Zuhörers zu verankern, z. B. einen Aufhänger aus der Zuhörersituation zu nehmen. Das kann eine kurze Geschichte, ein Vergleich, ein gemeinsames Erleben, ein Zitat aus dem gemeinsamen Erfahrungsschatz sein etc.

Der zweite Hauptteil der Argumentation bezieht sich auf die Entwicklung der Handlungsalternative, die am Ende stehen soll. Dementsprechend ist es logisch wie psychologisch angebracht, mit der Information über zum Beispiel eine Ist-Situation anzufangen. Mit der Ist-Situation wird ein Einverständnis mit dem Zuhörer darüber erreicht, was und worüber gesprochen wird. In der Beschreibung der Ist-Situation liegt die erste große Leistung des Redners, weil es hier darum geht, ein Einverständnis mit dem Zuhörer darüber zu erreichen, daß er die Situation genauso sieht wie der Redner, daß man also von der gleichen Ausgangssituation ausgeht, und um dies zu erreichen, wird der Redner prüfen, ob seine Zuhörer die Situation identisch erleben. Er beobachtet und analysiert die Reaktion seiner Zuhörer, um Übereinstimmung oder Abweichung zu definieren. In Verkaufsgesprächen ist dies spätestens das Ergebnis der Bedarfsanalyse. Erfahrungsgemäß gehen hier die Redner bzw. Verkäufer zu schnell vor und leiden später unter einer zu schmalen Argumentationsbasis. Entsprechend den Regeln der Logik liegt der zentrale Überzeugungspunkt in den Voraussetzungen. Politiker sind in diesem Punkt sehr geschickt, sie vergewissern sich im ersten Teil der Rede meistens über die grundsätzliche Akzeptanz ihrer Sichtweise beim Zuhörer. Das kann über solche Suggestivformulierungen gehen wie „Wir sind doch alle der Meinung" oder „Auch Sie stöhnen unter ...“; mit diesen pauschalen Situationsanalysen ist es im Verkaufsgespräch jedoch nicht getan, sondern hier gilt es, sehr detailliert mit dem Kunden oder mit der Kundengruppe die Bedarfssituation festzustellen. Sie ist die wirksame Voraussetzung für jede weitere Entwicklung von Handlungsalternativen.

Der nächste Schritt ist dann die Behauptung bzw. der Soll-Zustand. In der Verkaufssystematik ist dies die Phase, wo das Ziel der Kooperation bzw. des Geschäfts miteinander geklärt wird. Ziel meint in diesem Zusammenhang nicht eine Position, wie z.B. Reduzierung des Preises oder Rabatte oder Termin- bzw. Zahlungsvorgaben. Das gehört in die Kategorie der Mittel. Unter Ziel ist in diesem Schritt zu verstehen, daß die längerfristige Perspektive in der Zusammenarbeit zwischen Redner und Zuhörer bzw. Verkäufer und Käufer zur Sprache kommt. Nur entsprechend diesem Ziel lassen sich dann die Mittel und Wege zur Erreichung des Ziels argumentieren. Wenn auch nicht das Ziel mit gleicher Gemeinsamkeit festgestellt werden kann, wie die unbezweifelbare Voraussetzung bzw. die Ist-Situation, so ist das Bemühen um eine Gemeinsamkeit in der Soll-Situation sehr wichtig. Rhetorisch heißt das, daß man die Lösungsmöglichkeiten alternativ anbietet, gegebenenfalls mit Alternativen, die sich von selbst widerlegen, um als einzige mögliche Alternative das eigene Ziel vorzustellen. Konkret heißt das in der Verkaufsrhetorik: Es geht in der Soll-Definition bzw. in der Zieldefinition um weiterreichende Vorgaben, wie z.B. Kooperation auf längere Zeit bzw. Verbesserung der Zahlungsmodalitäten bzw. Steigerung der Qualität bzw. Stärkung der Wettbewerbsposition etc.

Erst aufgrund dieser Zieldefinition, zusammen mit der Ausgangssituation, greifen dann die Argumente, die Lösungsansätze.

Darin sind die Ist-Situation und die Soll-Definition enthalten. Daran wird auch deutlich, daß sowohl die Ist-Situation wie auch die Soll-Definition eine „Interpretation“ von seiten des Redners ist. Das ist seine Leistung, mit der er sich in die Diskussion begibt. Je mehr Einverständnis er in diesem Punkt erreicht, um so wirkungsvoller wird seine Argumentation des Weges sein, wie man dieses Ziel erreicht.

Beispiele aus der Automobilindustrie mögen dies verdeutlichen. So gibt es Marketingmaßnahmen, die die Ökobilanz herausstellen oder die Transportleistung oder die Mobilität oder die Exklusivität oder die Sicherheit – Motive, die befriedigt werden sollen. Dementsprechend ist der Weg eine Nutzenargumentation, inwiefern das bestimmte Produkt dem jeweiligen Motiv einen Nutzen bringt und es befriedigt. Der Weg ist also das dritte Argumentationsglied nach der Ist-Analyse und der Zieldefinition. Logischerweise dürften nach der Klärung und des Einverständnisses über Ist und Soll wenig Schwierigkeiten bei der Argumentation auftreten. Wenn die Voraussetzung und die Behauptung zusammenpassen, dann ist der argumentative Schluß leicht. Von der Verkaufsrhetorik heißt das, die Präsentation der Lösungen und das eigene Angebot fügen sich dann harmonisch in den Gesamtrahmen ein und machen eine positive Entscheidung als Verhaltensänderung leicht. Wenn man sich, wie es häufig in politischen Gesprächen bzw. Verkaufssituationen geschieht, über die verschiedenen Lösungen streitet, so ist das auf jeden Fall ein Gewinn. Der Redner hat nämlich erreicht, daß der Zuhörer die Voraussetzungen und die Ziele akzeptiert und jetzt nur noch in den Lösungen sucht.

Da man davon ausgehen kann, daß die sogenannten Volksparteien wie auch die Systemanbieter in den verschiedenen Branchen nicht nur eine Lösung parat haben, sondern verschiedene Lösungspakete schnüren und auf unterschiedlichen Wegen dem Kunden entgegenkommen können, so ist dies das große Feld, um mit Kunden zu einer individuellen Lösung zu kommen. Rhetorisch gesehen heißt es, bewußt Alternativen und verschiedene Lösungen vorzustellen. Das stärkt die Freiheit des Zuhörers bzw. des Kunden auf der Basis eines gemeinsamen Zieles. Das bedeutet, es wird in jedem Fall zu einem positiven Entscheid kommen, weil Alternativen nur noch auf dem Horizont der großen Linie entwickelt werden, die akzeptiert ist.

Ob dann der Verkäufer genau sein Produkt verkauft oder eine Lösung aus einem anderen Bereich seines Unternehmens, es bringt auf jeden Fall die Firma weiter.

Diese Großzügigkeit in den Mitteln und Möglichkeiten auf dem Weg zum Ziel erweist sich als Kompetenz und baut an der Vertrauensgrundlage des Kunden. In einem Vortrag wie in einer Präsentation ist das der Bereich, wo es um Handlungsspielraum geht, weil die Grundsatzentscheidung schon in den Voraussetzungen und in den Behauptungen gefallen ist. Von manchen wird diese Vorgehensweise als „Manipulation" bezeichnet, weil sich jetzt der Zuhörer bzw. der Kunde in den eigenen Voraussetzungen bzw. in der Zustimmung zu den Soll-Vorgaben verfängt. Logisch heißt das nur, daß jetzt aus den Voraussetzungen und der Behauptung konsequent weiterentwickelt wird. Oder wie man sagt, wer „A" sagt, muß auch „B" sagen." Diese Schärfe der Logik wird vermieden durch die durchgängige Sie-Ansprache des Kunden. Das heißt, von dem Satzaufbau her wird immer die Anrede des Kunden oder des Zuhörers in den Vordergrund gestellt und durch sogenannte rhetorische Fragen, die man selbst beantwortet, zum Ausdruck gebracht. Mit dieser Technik der „Sie-Ansprache" wird dem Kunden bzw. dem Zuhörer signalisiert, daß er gemeint ist und daß man aus seiner Sicht heraus zu argumentieren versucht. Somit werden auf der logischen Seite Ist, Soll und Weg ermittelt und auf der Beziehungsseite Bedarf, Motiv und Nutzen.

In der Schlußphase des Verkaufsgesprächs braucht es Reaktionsauslöser, um die Entscheidung vorzubereiten. Eine Zusammenfassung der wichtigsten Punkte, der Verweis auf Referenzen oder konkrete Entscheidungsalternativen lösen Reaktionen aus, die auf die Richtung der Entscheidung, ob positiv oder negativ, beim Partner hinweisen. Die oben erwähnten offenen Reaktionsauslöser lassen Raum für weitere Anfragen und Verdeutlichungen, welche dem Partner wichtig sind. Sie sind nicht als Widerstände mißzuverstehen, sondern als Aufforderungen, gezielt nachzuarbeiten. So kann es bei Verhandlungen darum gehen, dem Gesprächspartner Argumentationshilfen für die nächsthöhere Entscheidungsinstanz zu liefern. Beim Autokauf wird es der Hinweis auf steuerliche Vorteile sein oder ein genau umrissenes Nachverhandlungsangebot, wenn das Auto kurz vor der Lieferung steht. Dann sollen alle Kreditrahmen oder Finanzierungshilfen seitens des Herstellers ausgeschöpft werden. In den acht bis zwölf Wochen zwischen Bestellung und der Lieferung können oft neue Kaufanreize propagiert worden sein.

Reaktionsauslöser stellen nicht die grundsätzlich positive Grundentscheidung in Frage. Sie wollen vielmehr über das Interesse des Gesprächspartners an den Modalitäten der Abwicklung oder an freundlichen Zukunftsvorstellungen, wenn das Produkt den gewünschten Erfolg bringt, oder an zustimmenden Körpersignalen erkennen, daß der Partner im Herzen schon gekauft hat.

Die Entscheidung selber wird in Form einer Aufforderung zum Handeln bzw. mit einer Alternativfrage gesucht: „Wann sollen wir liefern? Am 1. oder am 15.?“ Oder mit dem Appell: „Vor Jahresende sollte die Angelegenheit in trokkenen Tüchern sein!“ Oder:“ Mit dem ersten Block bleiben die Investitionen überschaubar und die weitere Zukunft offen!“ Auf jeden Fall steht zum Schluß ein Ergebnis, ob ganz oder gar nicht oder zum Teil. Diese Klarheit setzt einen Schlußpunkt und sagt, wo man beim nächsten Mal beginnt.

1.3 Die Darstellung der Lösungsmöglichkeiten oder: Ein Bild sagt mehr als tausend Worte

Im Rahmen der Argumentation haben Bilder eine zusammenfassende bzw. öffnende Wirkung. Sie fassen bisher Gesagtes in einem Bild oder Gleichnis zusammen und weisen über einen Vergleich oder eine Geschichte über das bisher Gesagte hinaus in die Richtung, die der Redner wählt. Damit ermöglicht der Redner dem Zuhörer eine Verarbeitung des bisher Gesagten in der rechten Hirnhemisphäre. Er bietet für die Vernetzung der Details und Argumente, die er geliefert hat, einen Anknüpfungspunkt. Bilder und Vergleiche hinken, sagt man. Das ist so und soll auch so bleiben, denn es gibt kein Bild, kein Symbol, keine Geschichte, die genau das zusammenfaßt, was Sie gesagt haben. Es sei denn, Sie benutzen eine trockene Zahl.

Denken Sie auch wieder in diesem Zusammenhang an die volkswirtschaftlich wichtige und meinungsbildende Automobilindustrie, die ihre Produkte mit Bildern und Gleichnissen aus der Natur wie Pferd oder Tiger oder Schlange etc. bewirbt. Damit wird inhaltlich nichts Neues gesagt, wohl aber auf die Ebene der Bilder und Gleichnisse transportiert. Dem entspricht die alte Definition der Rhetorik, in der es darum ging, die Orte bei dem Zuhörer zu entdecken, wo ein bestimmtes Thema „sitzt“. Diese Lehre von den „Orten“ sagte, daß jedes Thema bei dem Zuhörer seinen bestimmten Ort, modern gesagt, seine bestimmte Vernetzung besitzt. Diese Vernetzung wird durch Bilder aktiviert, und dadurch erreicht der Redner beim Zuhörer eine stärkere Verankerung.

Eine weitere Aktivierung des Zuhörers geschieht über die Bilder dadurch, daß er selbsttätig diese Bilder im Blick auf die gemeinte Sinnspitze verdeutlichen muß. Konkret gesagt heißt das, ein Auto ist kein Pferd; aber in der Verarbeitung des Zuhörers wird aus dem konkreten Markenartikel ein dynamisches Gerät, was mit Lebendigkeit und Faszination einhergeht. Genau um diese beziehungsmäßige Verankerung und emotionale Vertiefung des Gesagten geht es in Bildern und Vergleichen. Sie erreichen damit die Handlungsebene des Menschen. Der Mensch handelt nämlich nicht aus Kenntnis der Fakten, sondern aus dem Druck der Situation bzw. aus der Faszination der Umstände, wo vieles sich wie in einem Puzzle zusammenfügt und ein schönes Bild ergibt. In dieser Gesamtsicht des Kunden bzw. Zuhörers muß das Bild passen bzw. diese Gesamtsicht aktivieren und für das Handeln erschließen. Nicht zuletzt hat sich die Wirksamkeit der Bilder in der kühlen Computersprache bewährt. Hier geht es um Menues, Masken, Architektur, Design. Alles Dinge, die mit einer Speicherplatte, Transaktionsvorgängen, Halbleitern und Betriebsspannungen wenig zu tun haben.

2. Ohne Worte wird das meiste gesagt

„Wie man kommt gegangen, so wird man empfangen." Zwei Drittel dessen, was beim Zuhörer ankommt, wird über nichtsprachliche – nonverbale Äußerungen vermittelt. Nicht umsonst achten die großen Entertainer darauf, daß die äußere Erscheinung, daß das Umfeld, daß die Beleuchtung, daß die Sitzordnung, daß sozusagen das letzte Detail stimmt und die erzielte Wirkung unterstützt. Sie wissen genau, daß der Körper, wie auch die Randbedingungen, wie ein Resonanzkasten die Wirkung des gesprochenen Wortes verstärkt. Sie wollen so die Beziehung gestalten. Beziehung als wechselseitige Bedürfnisbefriedigung beinhaltet das gegenseitige Interesse und die Anteilnahme. Stimmt die Beziehungsebene, ist der Sachinhalt leichter zu ermitteln. Aus Untersuchungen weiß man, daß das gesprochene Wort nur mit höchstens zehn Prozent Genauigkeit wiederholt werden kann. Weitere 20 Prozent werden erreicht, wenn Bilder und Vergleiche eingesetzt werden. Der Großteil der Wirkung wird jedoch dadurch erzielt, daß das Verhalten als stimmig erlebt wird. „Er steht zu seinen Worten."

Wenn die Körpersprache, die Randbedingungen und der Gesamteindruck stimmig sind, dann erreichen die Worte ihr Ziel. Ganz deutlich wird dieser Zusammenhang, wenn ein Festredner mit „Holpern" und „Stolpern" über die Runden kommt und trotzdem nicht die Atmosphäre der feiernden Gemeinschaft gestört wird. Da tragen die Umstände zur Wirkung des Wortes bei. Genauso zeigt sich dieser Zusammenhang, wenn ein Verkäufer ins Erzählen und ins Schwärmen gerät, sich verheddert, von Hölzchen auf Stöckchen kommt, und doch gelingt ihm ein Abschluß. Das hat er dem guten Image und der verläßlichen Philosophie seines Unternehmens zuzuschreiben, das seine Schwächen ausgleicht und letzendlich für den Kunden zählt. Hier ist der Gesamteindruck das Ausschlaggebende, und der einzelne Schwachpunkt schlägt nicht zu Buche. Neben diesem Zusammenhang zwischen Körpersprache, Umständen der Situation, Gesamtwirkung der Firma bzw. des gesellschaftlichen Anlasses werden in diesem Kapitel die konkreten körpersprachlichen Signale mit der Gestik, Mimik und Körperhaltung besprochen. Darüber hinaus geht es um

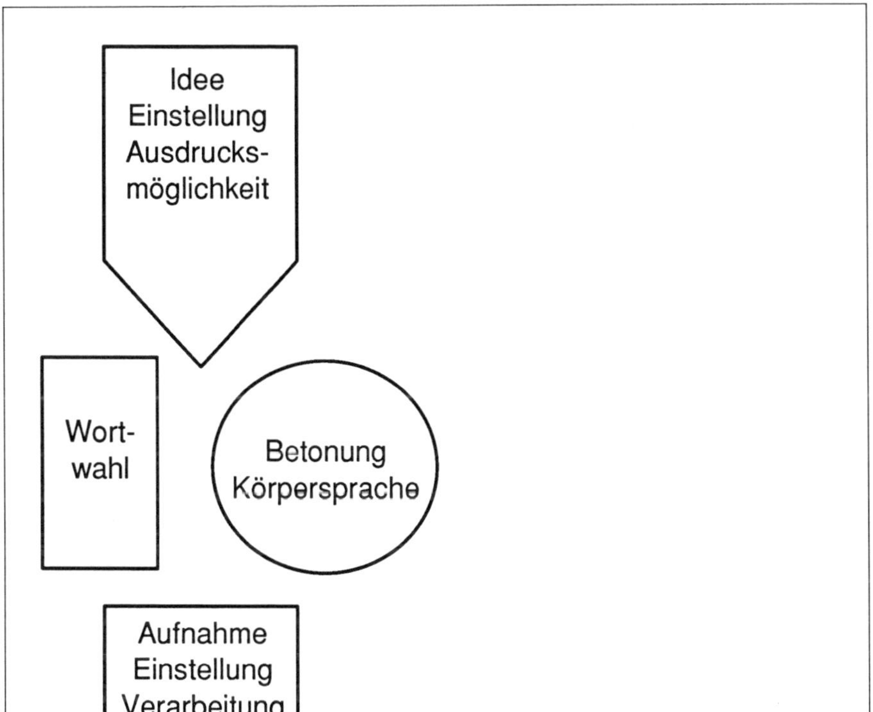

Abb. 1: Reiz und Reaktion

den Stil einer Rede, die sich in der Philosophie des Redners bzw. der Institution, die er vertritt, niederschlägt.

Drittens geht es um die Formulierungen, wodurch „ein Satz rote Backen bekommt". Damit ist gemeint, daß jedes Wort von der Artikulation, Modulation, Dynamik, Lautstärke und Sprachfärbung geprägt ist. Das alles sind körperhafte Elemente des gesprochenes Wortes, wovon immer wieder gesagt wird, daß es nur „Schall und Rauch" sei. Es ist ein Luftzug, eine Vibration in der Luft, und doch bekommt es über die Umstände eine enorme Wirkung. Es geht jetzt darum, diese Wirkung auf die einzelnen Faktoren hin zu untersuchen und dementsprechend Verhaltensweisen zur Zielerreichung zu entwickeln.

2.1 Der Körper wirkt

Wir werden nun auf die verschiedenen körpersprachlichen Signale achten, die bei einem Verkaufsgespräch bzw. einer Präsentation bzw. einem Vortrag zum Ausdruck kommen. Es beginnt mit dem Gang zum Pult bzw. zum Gesprächspartner. Schon auf dieser kurzen Strecke geschieht der berühmte erste Eindruck. Wie jemand seinen Weg geht hängt davon ab, was er vor sich hat. Er gibt darüber Auskunft, wie der Redner zu seinem Thema, zu sich und zum Gesprächspartner steht. Ob er mit kräftigen Schritten, offener Gestik und erwartungsvollem Blick auf die Zuhörer zugeht oder ob er sich eher herantastet, zögernd in der Gestik ist und mit den Augen erst herumsucht. Instinktiv erfassen die Zuhörer bzw. Gesprächspartner, wenn einer fest auf beiden Beinen steht und Sicherheit ausstrahlt oder ob er nervös von einem Bein auf das andere tritt und dazu noch mit dem Oberkörper hin- und herschwankt. Genauso erfassen sie eine wartende bis sich versteckt haltende Einstellung, wenn der Redner nicht mit seinen Händen herausrückt, sie zum Teil in der Tasche verbirgt oder auf dem Rücken verschränkt. Das signalisiert auf der Verhaltensebene, daß er nicht alles ins Gespräch bringt, daß er noch etwas zurückhält. Genauso lassen die eingesunkenen Schultern bzw. das krampfhaft hochgereckte Kinn auf Unsicherheiten schließen. Reibt sich der Redner zudem noch vor Verlegenheit die Hände bzw. zupft nervös am Ohrläppchen oder an der Nase und streicht sich am Kinn, so kommt damit der Zuhörer zu dem Eindruck, daß der Redner noch sehr mit sich beschäftigt ist und noch nicht eine Offenheit auf den Gesprächspartner hin entwickelt hat. Grundsätzlich schaffen rhythmische Bewegungen, im Gegensatz zu mechanischen, getakteten Wiederholungen ein besseres Klima. Wer „taktet", taktiert.

Unter rhythmischen Bewegungen ist hier verstanden, daß es einen Ausgleich zwischen Standbein und Spielbein geben kann, daß die Hände sich öffnen und schließen, daß der Kopf Nähe wie auch Distanz suchen darf und die Augen in die Ferne wie auch in die Nähe schweifen dürfen, wenn es immer wieder einen Bezug zum Gesprächspartner gibt.

In diesen ersten Minuten wird also die Grundbotschaft und Zentralaussage vermittelt. Sie trägt die weitere Entwicklung der Gedanken.

Für die bewußte Gestaltung der körpersprachlichen Signale gilt als erstes Gesetz, daß der Ausdruck des Körpers von innen her gesteuert wird. Er ist Ausdruck des Inneren. „Wovon das Herz voll ist, davon läuft der Munde über", und es läuft nicht nur der Mund davon über, sondern es geht in alle Glieder und Gebärden. Für den Redner bzw. den Verkäufer ist hier wichtig, daß sich bewußt keine körpersprachlichen Reaktionen auf Dauer planen lassen, es sei denn, man identifiziert sich von innen her mit der Situation, der Firma, sich selbst und dem Gesprächspartner. Aus dieser inneren Einstellung und Zustimmung zu der Situation ergeben sich dann die harmonischen und unterstützenden Bewegungen.

Das Ziel eines jeden Redners bzw. Verkäufers kann nur sein, im Rahmen eines Vortrags mit sich einig zu sein und von dort her auch stimmig aufzutreten. Auf jeden Fall ist ein Feedback insofern wichtig, daß er über die Täuschungen aufgeklärt wird, denen er selber unterliegt. Insofern erweitern diese Feedbacks seine Erkenntnis von sich selbst in den Bereich hinein, wo er von anderen wahrgenommen wird und auf Punkte aufmerksam gemacht wird, die ihm selbst nicht bekannt sind.

Eine wesentliche Gestaltungsmöglichkeit der eigenen körpersprachlichen Botschaft liegt in der Auswahl der Kleidung. „Kleider machen Leute". Das weiß jeder und versucht, sich entsprechend zu kleiden. Hierbei geht es um die Wirkung, die mit einer Rede bzw. einer Gesprächssituation verbunden wird. Dementsprechend hat sich die Kleidung zu gestalten. Das heißt, der Entscheidungsspielraum in bezug auf die Kleidung, sei es als Bankangestellter, sei es als Vertriebsmitarbeiter, sei es als Paketzusteller, sei es als Immobilienmakler, folgt dem, was beim Zuhörer bzw. beim Gesprächspartner erreicht werden soll. Grundsätzlich ist diese Wirkung nicht in das Ermessen des einzelnen Mitarbeiters gestellt, sondern in die Erwartungen, die an die Rolle des Verkäufers bzw. des Redners von seiten des Zuhörers bzw. seines Auftraggebers gesetzt werden.

Training in Körpersprache

hilft das Verhalten der Mitmenschen zu deuten und besser zu verstehen,

hilft durch das Beobachten der eigenen Körpersprache sich selbst besser zu verstehen

hilft durch entsprechende Übungen, die Wechselbeziehung zwischen Körper und Seele besser zu verstehen und seelische Prozesse auszulösen,

verdeutlicht Analogien und trainiert die rechte Hirnhemisphäre,

ermöglicht (begrenzt) Nutzen wirksamer Symbole.

Abb. 2: Training in Körpersprache

Glücklicherweise leben wir nicht mehr in den Zeiten, wo über Uniformierungen Rollenerwartungen fixiert wurden. Genauso können wir uns glücklich preisen, daß wir durch das Angebot an Kleidung in der Lage sind, uns für jeden Zweck entsprechend zu gewanden. Heute entscheidet nicht mehr der Geldbeutel über ein stimmiges Auftreten, sondern die geschmackssichere Auswahl. Ob jemand eine Prinzessin oder eine Sekretärin ist, das läßt sich nicht mehr an festen Kleiderordnungen festmachen, sondern in der Sicherheit, wie die Auswahl der Kleidung entsprechend den Umständen und dem Zweck getroffen wurde.

Wenn heute Seriosität und Zuverlässigkeit über Schlips und Kragen bzw. Anzug vermittelt wird und wenn das so gesellschaftlich verankert ist, dann hat ein Redner bzw. ein Verkäufer sich daran zu halten, wenn ihm an Seriosität und Zuverlässigkeit gelegen ist. Und er wird es auch tun. Stehen in der Philosophie seines Unternehmens andere Werte im Vordergrund wie Kreativität oder Entscheidungsfreude, dann wird es entsprechende Abweichungen von dem Schlips und Kragen geben. Immer im Dienste des Unternehmens, des Zuhörers und der Sache. So können z.B. aufgekrempelte Ärmel das Ziel der Rede unterstreichen und Vertrauen schaffen. In einem anderen Zusammenhang signalisieren dieselben aufgekrempelten Ärmel Nachlässigkeit. Genausogut können bunte Hemden und exotische Kleidungsstücke Vertrauen schaffen, wenn es um Ideen quer zum Hergebrachten geht. Andererseits bieten solche Signale auch Anlaß zur Verwirrung, ob es der Redner ernst genug mit seinem Thema meint. Die Kleiderfrage läßt sich also auch in der Rhetorik nur von einem Rollenverständnis und der Unternehmensphilosophie her entscheiden.

2.2 Ein Satz muß rote Backen haben

Die Worte und Sätze, die wir sprechen, verändern ihren Sinn, je nachdem, ob wir sie laut bzw. leise, deutlich oder undeutlich, schnell oder langsam, moduliert oder eintönig, hektisch oder langsam sprechen. Damit ist die Fülle der Variationsmöglichkeiten genannt, die dem Sprechenden zur Verfügung steht.

Im Blick auf die Verständlichkeit seiner Aussage sollte es ein Gebot sein, artikuliert und deutlich zu reden. Das ist Grundvoraussetzung für jeden, der mit seinen Worten Wirkung erzielen will. Sie sollen verstanden werden, zumindestens als Worte. Wenn bestimmte Worte ein besonderes Gewicht im Zusammenhang tragen, dann sind sie auch deutlicher, eventuell langsamer oder auch lauter auszusprechen. Diese Kraft der Betonung durch Lautstärke, Langsamkeit vergessen viele an den entscheidenden Punkten, wo es um das eigene Produkt geht. Das Eigene ist nämlich so bekannt, daß es fast undeutlich schnell oder unartikuliert für den Zuhörer ausgesprochen wird. Wie soll der Zuhörer bzw. der Gesprächspartner glauben, daß dem Redner die Sache wichtig ist, wenn er sie fast verschluckt. Wenn also mit der Artikulation und der Betonung Akzente in Richtung Wichtigkeit und Klarheit gesetzt werden, so bringt die Modulation die emotionale Färbung ins Spiel.

Mit Modulation ist hier gemeint, daß in der Aussprache emotionale Gehalte wie Faszination oder Drohung oder Überraschung oder Erschrecken ausgedrückt werden. Das schlichte Wort „Ertragssteigerung“ kann je nach Umständen verlockend bzw. bedrohlich bzw. ärgerlich formuliert werden. Daran wird deutlich, daß über die Modulation die Beziehung des Redners zum Thema und sein Anliegen an den Zuhörer transportiert wird. Dementsprechend werden eintönige Reden, wo alles gleich wichtig und gleich uninteressant ist, als sehr langweilig empfunden. Und der Zuhörer wendet sich seinen eigenen Gedanken zu, statt der Faszination bzw. dem Interessanten zu folgen.

Ein weiteres Mittel, um dem Gesprächsfluß ein Relief zu verleihen, ist der bewußte Einsatz von Pausen – wie in der Musik. Die Pause will das gesprochene Wort nachklingen lassen, dem Zuhörer Zeit geben, es für sich zu verarbeiten. Wenn jemand ohne Punkt und Komma und ohne Pausen spricht, dann ist es für den Zuhörer sehr ermüdend, und er verliert sich leicht im Dickicht der vielen Gedanken, Fakten und Worte. Dadurch ist er zum Schluß nicht mehr in der Lage, den Punkt genau zu benennen, um den es geht und wo er sich entscheiden bzw. verändern soll; Pausen haben deswegen ein entscheidendes Gewicht im Rahmen der Rede.

Dadurch wird auch vermieden, daß einer durch die Fülle der Worte den anderen „erschlägt“. Die Schnelligkeit in der Entwicklung der Gedanken bestimmt sich von der Aufnahmefähigkeit des Gegenübers und der Gruppe, mit der man redet. Als Stilmittel eingesetzt kann schnelles bzw. langsames Reden auf wichtig bzw. unwichtig hindeuten und dem Zuhörer damit signalisieren, daß er hier besonders aufmerken soll bzw. daß er hier nur eine Erläuterung hört, deren Grundgedanken ihm schon vorher vermittelt worden sind. Für viele ist die Dialektfärbung eine Frage. Generell ist hier zu sagen, daß die Dialektfärbung nicht negativ ist, solange die Aussage verstehbar bleibt. Sie ist oft sogar positiv, weil sie dem Zuhörer die menschliche Seite des Redners vermittelt und ihn als Mensch akzeptieren läßt. So wird in Rundfunk- und Fernsehsendeanstalten der Sprecher daraufhin ausgewählt, daß er eine gewisse mundartliche Färbung hat, um dem anonymen Apparat Fernsehen bzw. der Rundfunkanstalt ein Gesicht zu verleihen. Als Sprecher in einer Fernsehsendung ist er sozusagen der Anker für die Leute.

2.3 Werte weisen wie die Sterne den Weg

Es geht, wie gesagt, in der Rede um ein Ergebnis bzw. eine Verhaltensänderung bei den Zuhörern. Damit die Zuhörer sich mit dieser Verhaltensänderung einverstanden erklären können, braucht es neben der sachlichen Richtigkeit und Dringlichkeit eine Botschaft dahingehend, welche Werte bei der Zielerreichung leitend sind. Ob jemand seine Sache cool und distanziert abliefert oder ob er seriös und detailliert an den Fakten und deren Entwicklungsmöglichkeiten interessiert ist und dementsprechend dem Zuhörer genau alles erklären möchte oder ob jemand zukunftsorientiert auf die kleinen Anzeichen großer Wirkungen überzeugend hinzuweisen vermag – das läßt die Dynamik und die Faszination einer gemeinsamen Zukunftsgestaltung erahnen.

Durch die Werte wird ein Einverständnis mit dem Zuhörer auf der Ebene der handlungsleitenden Motive und Ideen erreicht. Mit den Werten wird also das „Wie" auf dem Weg zur Zielerreichung beschrieben. Diese sind also genau so wie die persönliche Einstellung des Redners nicht direkt an den Worten ablesbar. Die Wertorientierung im Vorgehen erfährt der Zuhörer nur „zwischen den Zeilen".

Hier muß der Redner auf den Einsatz der Mittel insofern achten, als an diesen rhetorischen Mitteln und Techniken deutlich wird, daß er z. B. seriös vorgehen will. Solch eine Seriosität läßt sich für den Zuhörer daran erkennen, daß er z. B. mit Daten und Fakten bei der Hand ist, daß er die Fachbegriffe kennt, daß er Einschätzungen sehr vorsichtig formuliert. Im Gegensatz dazu kann der Wert eigenverantwortlich, wenn er als handlungsleitend und wertvoll für das Vorgehen erkannt worden ist, an folgendem erkannt werden: starke Betonung des Wortes „ich" bzw. der persönlichen Erfahrung, Herausstellen von Geschichten und Ereignissen, wo die Eigeninitiative zu Ergebnissen geführt hat, bewußtes Nennen von Namen etc.

Die Werteorientierung geht also über das konkrete Ziel der Rede hinaus und macht deutlich, auf welcher Basis der Redner bzw. der Verkäufer generell, also auch in Zukunft, mit dem Zuhörer verbunden sein will. Er artikuliert somit die Geschäftsbasis, die auf Dauer Gültigkeit haben soll. Auch hier läßt sich nicht generell, genauso wie in der Körpersprache bzw. wie im Einsatz der sprachlichen Mittel Artikulation bis Modulation sagen, welches Mittel genau dem Zweck der Rede adaquat ist. Dafur gibt es kein Rezept, wohl aber eine Sensibilität und ein Gespür. Wenn ein solches Gespür vorhanden ist, dann wird es sich die entsprechenden Ausdrucksmittel suchen und auch finden. Bewußt läßt sich in dieser Richtung durch Feedback arbeiten. Die Grundlage für ein bewußtes Verändern der eigenen Werthaltung und Philosophie liegt darin, daß jeder Mensch in der Lage ist, entsprechend den Umständen verschiedene Rollen und Wertmaßstäbe zu übernehmen. Er ist nicht wie ein Tier instinktgesteuert.

So läßt sich in der Rhetorik auch der große Wertewandel, der sich in den letzten Jahren in unserer Gesellschaft vollzogen hat, nachweisen. War es früher üblich, viel mehr mit unpersönlichen und abgeschwächten Formulierungen vorsichtig auf Handlungsbedarfe hinzuweisen, um nicht dem Zuhörer zu nahe zu treten, so ist heute üblich, entsprechend deutlicher und entschiedener aufzutreten. Das wäre vor einigen Jahren noch als Anmaßung und als Überheblichkeit eingestuft worden, entsprechend dem Wertemaßstab von Einordnung und Unterordnung. Das war wichtig für den Aufbau nach dem Krieg, der eine Gemeinschaftsleistung über die Jahrzehnte hinweg ermöglichte.

In einer Phase, wo mehr die Eigeninitiative angesichts großer Herausforderungen gefordert ist, ist das persönliche Wort und direkte Verantwortlichkeit gefragt. Man will in dem Verkäufer die von ihm vertretene Firma zum „Anfassen" haben. Mit diesen wenigen Stichworten ist ein Wandel in der Gesellschaft bezeichnet, genauso läßt sich auch ein Wandel in verschiedenen Unternehmen feststellen. So ist auch das Auftreten der Redner bzw. der Verkäufer entsprechend der jeweiligen Unternehmensphilosophie jeweils anders.

Es gibt zunehmend Unternehmen und Institutionen, die auf eine geschlechtsneutrale Sprache Wert legen, um dadurch zum Ausdruck zu bringen, daß sie Mitarbeiterinnen wie auch Mitarbeiter in gleicher Weise fördern wollen. Genauso gibt es Unternehmen, die entsprechend den Herausforderungen des Marktes in der Kundenansprache bzw. in der Werbung nur noch mit Zahlen und Fakten operieren, wie man es in einigen Branchen der Computerindustrie feststellen kann, weil hier die meßbare Leistung im Vordergrund steht und der handlungsleitende Wert sein soll.

Auch der Anspruch eines Unternehmens, auf Dauer Marktführer und Trendsetter zu sein, spiegelt sich in dem rhetorischen Auftreten wider. Hier wird dann sehr stark mit Vergleichen und mit Versprechungen gearbeitet. Bis hin zu Formulierungen wie: „Fordern Sie uns, keiner soll uns unter- bzw. überbieten". Damit kommt schnell ein Redestil zustande, der mit Superlativen, Ausschlußformulierungen und Gegenübersetzungen arbeitet. Auf jeden Fall bringt die bewußte Einstellung auf die Werte des Unternehmens einen Synergieeffekt für das eigene rhetorische Bemühen. Er schließt sich an die große Linie an und profitiert vom Auftritt der Firma am Markt und beim Kunden.Man spricht dann mit einer Sprache, bringt keine Dissonanzen ins Spiel und überzeugt den Zuhörer von der Richtigkeit der Entscheidung. Sie ist dann getragen von dem großen Rückhalt.

Wie diese Beispiele zeigen, lassen sich bestimmte Werte sehr einfach konkreten rhetorischen Verhaltensweisen zuordnen. Es ist eine einfache Übung, einen Text der eigenen Firma oder des eigenen Auftraggebers auf die dahinterliegenden Werte zu analysieren und die dementsprechenden Formulierungen zu erkennen. Solch eine Sammlung von rhetorischen Zuordnungen läßt sich dann auch systematisieren und für den persönlichen Gebrauch zusammenstellen.

3. Nicht nur reden, handeln!

Jetzt geht es um das Reden, das Handlungen auslösen soll. Über die Ansprache bzw. das Gespräch soll eine Entscheidung ermöglicht werden. Dem dienen die verschiedenen Techniken in Sprachgestaltung bzw. Auftritt. Hier sollen konkrete sprachliche Mittel besprochen werden, mit denen eine Klarheit für das Handeln ermöglicht werden kann. Diese sprachlichen Mittel beziehen sich auf das gesprochene Wort und dessen Gestaltung. Sie behandeln also nicht, wie schon oben erwähnt, Körpersprache oder Werteorientierung. Unter sprachlichen Mitteln ist hier der Satzbau verstanden. Damit sind verschiedene Techniken gemeint, die die Verständlichkeit erhöhen und die Dringlichkeit der Aussage deutlich machen.

Indikativische Sprache

Wenn es wichtig ist, beim Zuhörer ein klares Bewußtsein über die Dringlichkeit und die Entscheidungsalternativen zu wecken, so ist es angebracht, mit einer klaren Sprache zu reden. Damit ist hier gemeint, daß der Redner mit sprachlichen Mitteln die Aussage verstärken bzw. verbessern kann. Er kann durch eine klare und deutliche Sprache mit einfachen Sätzen und Gegenwartsformen die Dringlichkeit deutlich machen und die Klarheit fördern. Im Gegensatz dazu sind Formulierungen im Konjunktiv mit „würde“ und „hätte“ und „könnte“ weniger geeignet für den Zuhörer, die Alternative klar vor Augen zu stellen. Genauso verhindern Formulierungen wie „vielleicht“ oder „wahrscheinlich“ oder „eventuell“ oder „zumeist“ beim Zuhörer eine klare Orientierung. Zur Verdeutlichung des Gesagten dient eine Gebrauchsanweisung für ein Küchengerät. In dieser Gebrauchsanweisung geht es darum, daß die Hausfrau genau wissen muß, was sie zu tun hat. Dementsprechend klar und handlungsorientiert ist die Gebrauchsanweisung geschrieben.

Adjektivische Sprache

„Frische Salate“, „knackige Brötchen“, „schmackhafte Weine“, „saftige Steaks“, ... regen mehr zum Verzehr an als wenn man nur sagt: „180 Gramm Steak“, „große Brötchenauswahl“ oder „Salatangebot“. Mit den Adjektiven werden Werte und Faszinationen formuliert, die mit einer Sache verbunden sind. Adjektive bringen „Farbe“, Verben bringen „Dynamik“, Substantive produzieren Bilder.

Die große Kunst von Redakteuren der Versandhauskataloge liegt darin, zwanzig verschiedene Fahrräder in den Begleittexten so darzustellen, daß jedes einzelne als wertvoll und hervorragend in seiner Kategorie erscheint. Das erreichen sie über eine bewußte Auswahl der Adjektive, worin sich der Wert und das Besondere spiegeln. Genauso ist es dem Redner und Verkäufer möglich, sein Produkt entsprechend kurz und prägnant durch Adjektive als herausragend zu kennzeichnen. Erst dadurch gewinnt es die Faszination und das Erstrebenswerte für das Handeln und wird als begehrenswert erlebt.

Ohrwürmer

Genauso wie eine Melodie hängenbleiben kann, können bestimmte pfiffige Formulierungen sich beim Zuhörer verankern und die Aufmerksamkeit auf das Produkt bzw. auf die Entscheidung lenken. Nicht umsonst werden Formulierungen verwandt, die aus verschiedenen Sprachebenen herkommen. So machen z. B. Pferde, Affen und Tiger Werbung für Produkte. So kommt die Alltagssprache ins Spiel, wenn ein Produkt „klasse“ ist. In diesen kurzen und prägnanten Formulierungen, die hängenbleiben, sei es auch nur ein „oh“, vermittelt der Verkäufer dem Zuhörer bzw. dem Gesprächspartner einen Anknüpfungspunkt für sein Verhalten. Er greift damit in die Struktur des menschlichen Gedächtnisses ein, das mehr an solchen Kristallisationspunkten und Merkpunkten interessiert ist als an der langen und nur schwer zu merkenden Entwicklung von Gedanken.

Dementsprechend ist es die Aufgabe des Redners bzw. des Verkäufers, eine interessante und haftenbleibende Formulierung zu finden. Damit bietet er einen Anknüpfungspunkt und einen Wiedererkennungseffekt.

Geräusche und Laute zur Untermalung des Gesagten

Genauso wie jemand seine Hände zu Hilfe nimmt, um eine Wendeltreppe sichtbar zu machen, genauso wird er ein knatterndes Geräusch nachahmen, um einen Motor lautmalerisch darzustellen. Diese lautmalerischen Mittel, mit denen er dem Zuhörer Erleben vermitteln will, greifen tief in die Verarbeitungsstruktur des Menschen ein. Ob es nun um das „sanfte Gleiten von Teilen miteinander" oder um „den abrupten Knall" oder um „das Laufen wie geschmiert" geht oder um „das Klingen der Münze"..., immer wieder geht es darum, beim Zuhörer ein Erlebnis wachzurufen, das mehr ist als ein bloßes Wort. Die Kunst dieser lautmalerischen Unterstützung der eigenen Worte liegt darin, nicht zu übertreiben, sondern im rechten Moment mit einem solchen „Ausrutscher" die Zuhörer von der reinen Wissensebene in die Ebene des Begehrens und des Handelns bzw. des Anfassens und Spürens zu bringen. Denn erst auf dieser Ebene geschehen die Entscheidungen. Die Kunst der heutigen kurzen Werbespots im Fernsehen liegt darin, innerhalb von weniger als 30 Sekunden dem Zuschauer eine ganze Geschichte zu vermitteln, denn sein Handeln orientiert sich an Ganzheiten und will einen Zusammenhang sehen. Das Handeln braucht nicht nur eine Idee ohne Bezug zur Realität, sondern eine Geschichte, wo man noch erleben kann, wie es klappt. Und dem folgt dann ein vorsprachlicher Laut des Staunens, oder da pfeift einer anerkennend, oder es rascheln die Blumen.

4. Zusammenfassung

Mit dem Reden des Verkäufers oder des Vortragenden soll bei dem Zuhörer eine Erlebniswelt aufsteigen. Er soll sich im Ganzen wiedererkennen können, mit Leib und Seele. Dem dient die Entwicklung des Gedankens aus der Zuhörerwelt mit Bildern und Beispielen sowie mit der Vorstellung attraktiver Ziele und gangbarer nachvollziehbarer Lösungen.

Das ist wie eine kleine Geschichte zur Lösung des Problems. Genauso verheißen die körpersprachlichen Signale auf der Ebene des ersten Eindrucks und der Untermalung des Gesagten, daß mit den Worten mehr gemeint ist als nur ein Wissensinhalt, nämlich eine Botschaft zur Veränderung der Situation und zur Verbesserung der Wirklichkeit. Die Werteorientierung will in eine Welt von attraktiven Zielen und Umgangsformen hineinführen und das Vorgehen entsprechend faszinierend darstellen. Mit einfachen und klaren Techniken kann der Zuhörer leicht nachvollziehen und die Alternativen sich vor Augen stellen. So wird für den Zuhörer die Rede zu einem Ausflug in eine neue Welt, die begehrenswert und konkret faßbar ist. Und das soll erreicht werden.

Literatur

Lay, Rupert (1983): Dialektik für Manager, München

Rückle, Horst (1991): Praxis-Lexikon und Videofilm, Reden und Rhetorik von A–Z, Freiburg

Schlüter, Hermann (1974): Grundkurs der Rhetorik, München

Kapitel 8

Strategisches Verkaufen

Peter Stumber

1. Strategisches Verkaufen – neuer Wein in alten Schläuchen?

Ist strategisches Verkaufen nur ein neuer Begriff für etwas, was seit Jahren bereits praktiziert wurde oder ist dies ein neuer Ansatz bzw. eine neue Systematik?

Strategisches Verkaufen beinhaltet sowohl bewährte Vorgehensweisen als auch neue Elemente, die aus dem ganzheitlichen und vernetzten Denken abgeleitet sind. In der derzeitigen Wirtschaftssituation erleben wir eine Reihe von Diskontinuitäten der Umwelt und steigende Turbulenzen im Marktgeschehen. Es reicht meist nicht mehr aus, daß Vorgehensweisen der Vergangenheit und Erfahrungen in die Zukunft übertragen werden. Vielmehr verlangen die komplexer werdenden Forderungen des Marktes und des eigenen Unternehmens Planungsinstrumentarien, die diesen Anforderungen entsprechen.

Die Lösungswege und Methoden für anstehende Aufgaben haben sich im Verlaufe der Zeit wesentlich gewandelt. Mit „einfachen" binären oder kausalen Vorgehensweisen wird es immer schwieriger, die künftigen Anforderungen und Problemstellungen zu lösen. Dies gilt auch – und in besonderem Maße – für Verkaufsgespräche. Dort treffen unterschiedliche Ziele, Bedürfnisse und Haltungen aufeinander: die des Interessenten oder Kunden und die des Verkäufers.

War es in der Vergangenheit häufig einfacher, den Bedarf zu erkennen und Problembewußtsein für neue Lösungen aufzubauen, so ist dies aufgrund der vorgenannten Einflüsse schwieriger geworden. Wollen Verkäufer erfolgreich wirken, so sind sie gefordert, im Rahmen ihrer Aufgabe Komplexitäten im Verkaufsvorgang zu erkennen und hierfür geeignete Lösungen zu finden, mit dem Ziel, das Unternehmen und die Produkte im Markt zu stabilisieren.

Die ganzheitliche Sicht- und Handlungsweise wird zunehmend zu einem wichtigen Erfolgsfaktor für Verkäufer. Sie beinhaltet u. a. folgende Fragestellung:

Bin ich zum richtigen Zeitpunkt beim richtigen Abnehmer, mit dem richtigen Angebot beim richtigen Gesprächspartner?

Die Beantwortung dieser Frage wird immer wichtiger, da die den Verkäufern zur Verfügung stehende Nettojahresarbeitszeit eher geringer als mehr wird. Hierzu tragen u. a. bei:

- die oft großen Entfernungen zu den wichtigen Kunden
- die steigende Verkehrsdichte auf unseren Straßen, die immer mehr Zeit für die gleichen Strecken erfordert
- Tarifverträge, die die Arbeitszeit weiter reduzieren

Um aus diesem Dilemma herauszukommen, ist es notwendig, Kundenkontakte aktiv zu planen und sich stets vor Augen zu halten, welche Kundenkontakte am ehesten dazu beitragen, die Unternehmens- und Vertriebsziele zu erreichen.

Dies sind einige Aspekte, die im Rahmen des strategischen Verkaufens berücksichtigt werden. Die Verkäuferaufgaben finden auf verschiedenen Ebenen statt.

Die erste Ebene ist das Verkaufsgebiet. In ihm betreut und sucht der Verkäufer nach jenen Kunden und Abnehmern, die am ehesten dazu beitragen können, die Vertriebsziele zu erreichen.

Die zweite Ebene repräsentiert das Unternehmen, das der Verkäufer betreut und/oder akquiriert. Der Verkäufer muß umfassend über den Kunden Bescheid wissen: über seine Potentiale, Wachstumschancen, Entwicklungschancen und die Möglichkeiten, mit ihm Geschäftsbeziehungen zu halten oder auszubauen. Die Entscheidungsfindung: Mit wem arbeitet der Abnehmer zusammen? Welche Kriterien sind für ihn entscheidungsrelevant? Welche Motive und Nutzenvorstellungen leiten ihn bei seiner Entscheidung?

Auf der dritten Ebene findet die Analyse und Beeinflussung der Entscheidungsstruktur statt.

Die vierte Ebene ist die Ebene der Interaktion zwischen dem Verkäufer und den Personen, die für die erfolgreiche Gestaltung der Geschäftsbeziehung wichtig sind.

Alle vier Ebenen wirken aufeinander ein, bedingen einander und beeinflussen sich wechselseitig.

Denn was nützt es, das beste Gespräch mit einem Gesprächspartner zu führen, der wenig oder kaum Entscheidungs- oder Beeinflussungsmöglichkeiten be-

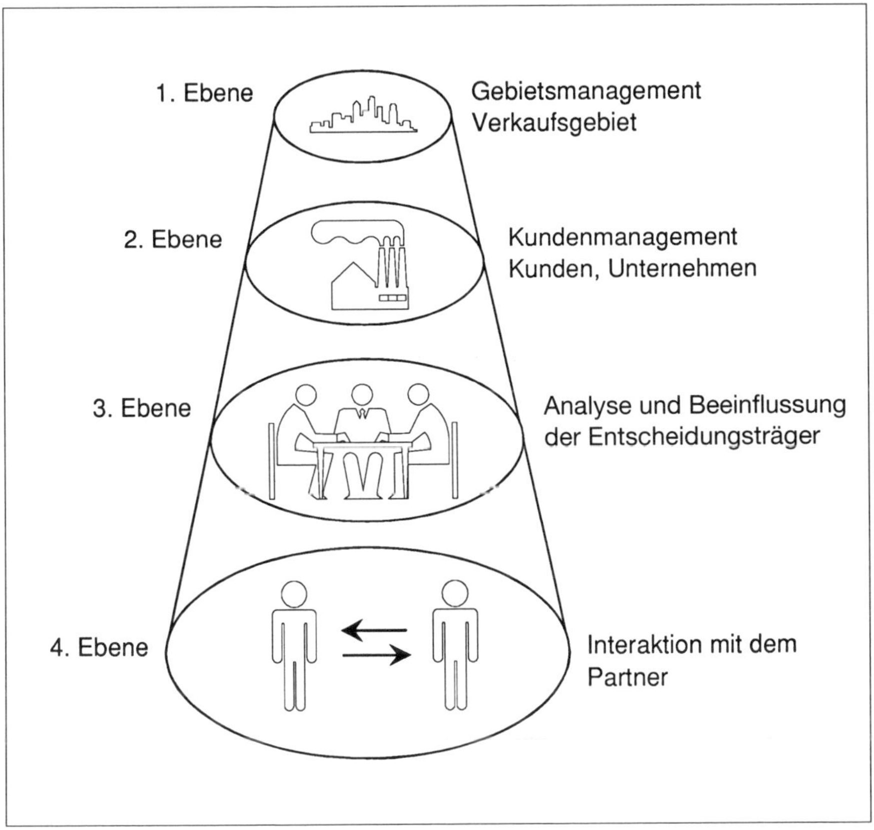

Abb. 1: Die vier Ebenen im strategischen Verkaufen

sitzt? Was nützt es, einen Abnehmer zu besuchen, der aus Sicht des Verkäufers wenig oder kaum Einkaufspotentiale hat? Was nützt es, ein Unternehmen zu kennen, das für unsere Produkte in Frage kommt, in dem der Verkäufer aber nicht oder nur unzureichend weiß, von wem die Entscheidungen über die Aufnahme des Sortiments oder der Dienstleistung gefällt werden?

Unter dem Aspekt, daß die zur Verfügung stehende aktive Verkaufszeit immer geringer wird, steigt die Notwendigkeit, den Verkaufsvorgang sorgfältig zu planen. Betrachten wir diese vier verschiedenen Ebenen nun etwas detaillierter.

2. Die vier Ebenen im strategischen Verkaufsprozeß

2.1 Ebene 1: Gebietsmanagement

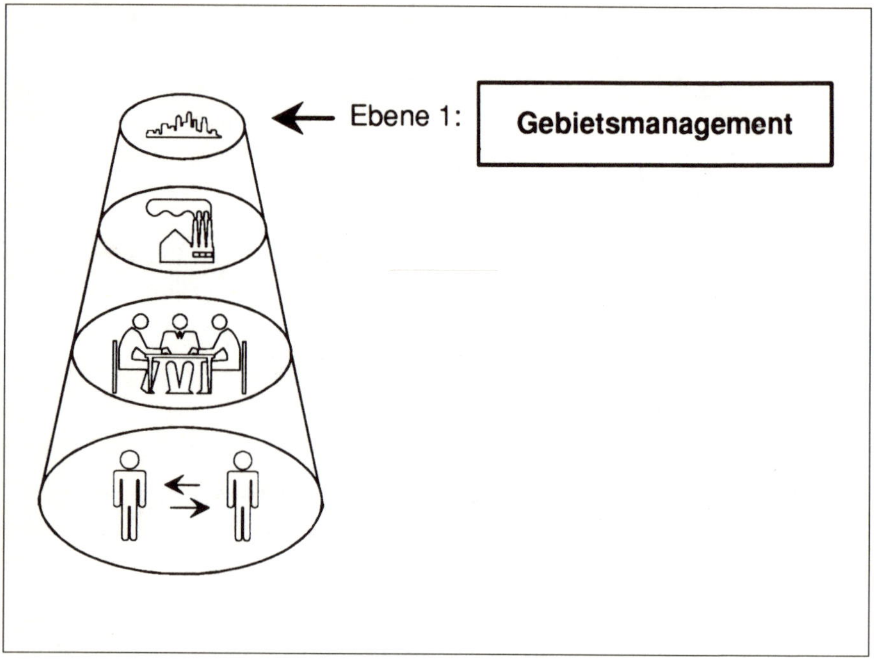

Abb. 2: Ebene 1

2.1.1 Ermittlung der Anzahl der aktuellen und potentiellen Abnehmer für das Verkaufsgebiet

Ein wichtiger Erfolgsfaktor ist die Kenntnis des Gesamtpotentials im Verkaufsgebiet. Voraussetzung hierzu ist es, die regionale Aufteilung des Abnahmepotentials (Marktpotenz) zu kennen. Dazu ist es notwendig, daß das Verkaufsgebiet regional definiert ist.

Innerhalb des Verkaufsbezirks befinden sich potentielle Abnehmer, von denen der Verkäufer vermutlich bereits einige kennt und erfolgreich betreut, und einige andere, die es noch zu gewinnen gilt.

Die Sekundärliteratur bietet Ihnen hierzu Möglichkeiten, potentielle Kunden zu erfassen:

- ABC der Wirtschaft
- Gelbe Seiten
- Hoppenstedt – Wer liefert was?
- Branchenverzeichnisse
- IHK-Mitteilungen
- Verbandsstatistiken
- Adreßverlage usw.

Der nächste Schritt nach der Ermittlung der potentiellen Abnehmer besteht darin, aus den jetzt zur Verfügung stehenden Adressen die Kunden zu bestimmen, die Sie bereits als Kunden betreuen und diejenigen herauszufiltern, die als potentielle Kunden neu dazugewonnen werden sollten.

Als weiterer Schritt gilt es zu berechnen, wie sich das Verhältnis zwischen den Kunden, die Sie bereits jetzt betreuen, und den potentiellen Kunden darstellt. Diese Verhältniszahl kann in Prozenten ausgedrückt werden.

Beispiel:
Als potentielle Abnehmer für Ihr Gebiet stehen Ihnen ca. 1500 Kunden zur Verfügung. Sie betreuen aktuell 500 Kunden. Das Verhältnis 500 : 1500 potentiellen Kunden nennen wir die Ausschöpfungsquote. Sie beträgt in diesem Beispiel 33 Prozent.

2.1.2 Das Abnahmepotential für das Gebiet

Das Abnahmepotential gibt an, welche gesamten Mengen im Markt realisiert werden können. Es stellt das Ihnen in diesem Verkaufsgebiet zur Verfügung stehende Potential dar.

Das Abnahmepotential für Ihr Gebiet ist die Basis zur Einschätzung des Umsatzpotentials in Ihrem Gebiet. Um dieses berechnen zu können, benötigen Sie jedoch einige Hilfsgrößen. Dies sind:

- Anzahl der potentiellen Kunden
- Anzahl der effektiven Kunden

- Die Durchschnittsumsätze von kaufenden Kunden, unterteilt nach bestimmten Kriterien, z. B. ABC-Kunden

Zur Berechnung des Abnahmepotentials ist es notwendig, die Umsätze der kaufenden Kunden zur Verfügung zu haben. Als hilfreich hat es sich erwiesen, hieraus eine Kennzahl zu erarbeiten. Diese Kennzahl drückt aus, wie groß das zur Verfügung stehende Abnahmepotential im Verhältnis zum tatsächlich erreichten Umsatz ist.

Meist bedient man sich zur Darstellung der Umsatzkonzentrationen bzw. einer mathematischen Funktion der Lorenzkurve. Sie drückt grafisch aus, wie viele Kunden wieviel Anteil am Gesamtumsatz haben.

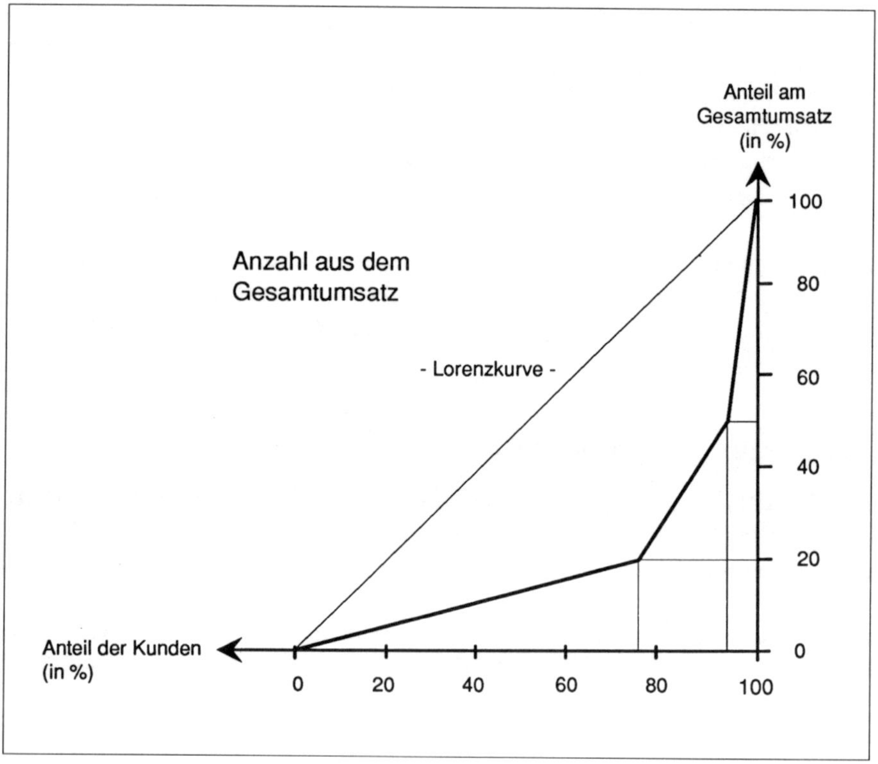

Abb. 3: Lorenzkurve

Der Krümmungsgrad der Kurve gibt die Konzentration der Umsatzträger an. So läßt sich aus den Linien erkennen, daß 75 Prozent der Kunden einen Anteil von 17 Prozent am Gesamtumsatz haben.

Die Konzentration wird noch deutlicher, wenn man die Extremwerte der Kurve betrachtet, wo nur fünf Prozent der Kunden 52 Prozent des Umsatzes ausmachen!

Beispiel: Kundenstruktur-Analyse Gesamtunternehmen

Umsatz in TDM	Anzahl Kunden in %	Anteil am Gesamtumsatz in %
bis 10	75	17
10–20	86	29
20–30	91	38
30–50	94	48
50–100	98	71
100 und mehr	100	100
Gesamt	100	100

2.1.3 Analyse der Umsätze im Verkaufsgebiet

In jedem Unternehmen gibt es „kranke Umsätze", solche beispielsweise, wo den Erlösen zu hohe Kosten gegenüberstehen. Dafür gibt es verschiedene Ursachen. Diejenigen, die durch die Tätigkeit des Verkäufers beeinflußbar sind, werden nachfolgend beschrieben:

Aufträge mit hohen Auftragserlangungskosten

Hierunter fällt vor allem die Überlegung, ab wann ein Besuch nach wirtschaftlichen Aspekten nicht mehr zu vertreten ist. Wodurch werden Mißverhältnisse zwischen Umsatz/Besuchskosten verursacht?

- Die Wichtigkeit der Kunden (A-B-C-Analyse der Umsätze und Deckungsbeiträge) bleibt unberücksichtigt.
- Große und daher wichtige Kunden werden häufig zu selten, kleinere, aber unwichtigere Kunden meist zu oft besucht.

Werden die Besuche nicht auf das Potential abgestimmt und überdies noch viele kleine Kunden besucht, entstehen im Verhältnis zur Umsatzhöhe überhöhte Besuchskosten.

Beispiel: Analyse der Besuchspolitik

Umsätze in TDM (Gruppe)	in TDM Gesamt	in % vom Gesamtumsatz	Anzahl Aufträge	in % der Aufträge	Anzahl Besuche	in % der Gesamtbesuche	Anzahl Kunden	in % der Gesamtkunden
bis 10	374	17	325	47	512	47	375	74
10–20	264	12	110	16	175	16	55	11
20–30	198	9	80	11	131	12	25	5
30–50	220	10	70	10	87	8	15	3
50–100	506	23	60	9	98	9	20	4
100 u. mehr	638	29	50	7	87	8	10	2
Gesamt	2200	100	695	100	1090	100	500	100

Die Analyse zeigt folgende Besuchsstruktur:

- Mit 47 % aller Besuche werden 17 % des Gesamtumsatzes erzielt.
- 52 % des Gesamtumsatzes werden durch 17 % der Besuche erwirtschaftet.
- 86 % der Gesamtkunden beanspruchen 63 % der Besuchskapazität, erbringen aber nur 29 % des Gesamtumsatzes.

Diese Analyse zeigt, daß der Verkäufer einen unzweckmäßigen Besuchsrhythmus hat. Ferner läßt sich mit Hilfe der Analyse errechnen, von welcher Größe an ein Auftrag rentabel ist.

Anhand eines Rechenbeispiels wird nachfolgend aufgezeigt, wie die Mindestauftragsgröße errechnet werden kann. Dem Beispiel liegen die Zahlen aus obiger Tabelle zugrunde.

Annahme: Kosten eines AD-Mitarbeiters pro Jahr = DM 60000,–

Errechnung der Gewinnschwelle:
Auftragsgruppe 1 bis DM 10000,–

1. Anzahl der Besuche (Kundengruppe 1)	512	
2. Kosten je Besuch (DM 60000,– : 512 Besuche)	DM	117,–
3. Umsatz (Gruppe 1)	DM	374000,–
4. notwendiger Deckungsbeitrag 15 %	DM	56100,–
5. Anzahl Besuche × Kosten pro Besuch 512 × DM 117,–	DM	59904,–
6. Deckungsbeitrag – Besuchskosten	DM – DM	56100,– 59904,–
7. Gesamtergebnis	– DM	3804,–

Die Besuchstätigkeit des Verkäufers führt bei den Kleinkunden zu einem Verlust von DM 3804,–. Soll in dieser Auftragsgruppe gewinnbringend gearbeitet werden, so ist zu überlegen, wie die Anzahl der Besuche reduziert werden kann, wobei etwa folgende Überlegungen in Betracht kämen:

- effektive Verkaufsgespräche
- Telefonverkauf
- bessere Tourenplanung
- bessere Verkaufsargumentation

So können mit evtl. weniger Besuchen mehr Aufträge mit höherer Auftragssumme erzielt werden.

2.2 Ebene 2: Kundenmanagement

Nicht alle potentiellen Abnehmer und Kunden haben die gleichen Erfolgspotentiale. Der Verkäufer sollte deshalb eine Kategorisierung der Kunden vornehmen. Er plant, wieviel Zeit er für welchen Kunden aufwendet und wie viele Besuche er plant. Erfahrungsgemäß sollte die Entscheidung nach folgenden Gesichtspunkten erfolgen:

1. Aufbau und Herstellung von Kontakten zu Neukunden unter dem Gesichtspunkt Potential, Wachstum und Image
2. Halten von wichtigen Abnehmern, die in der Vergangenheit zur Erreichung der Vertriebsziele beigetragen haben und auch zukünftig für das Unternehmen wichtig sind

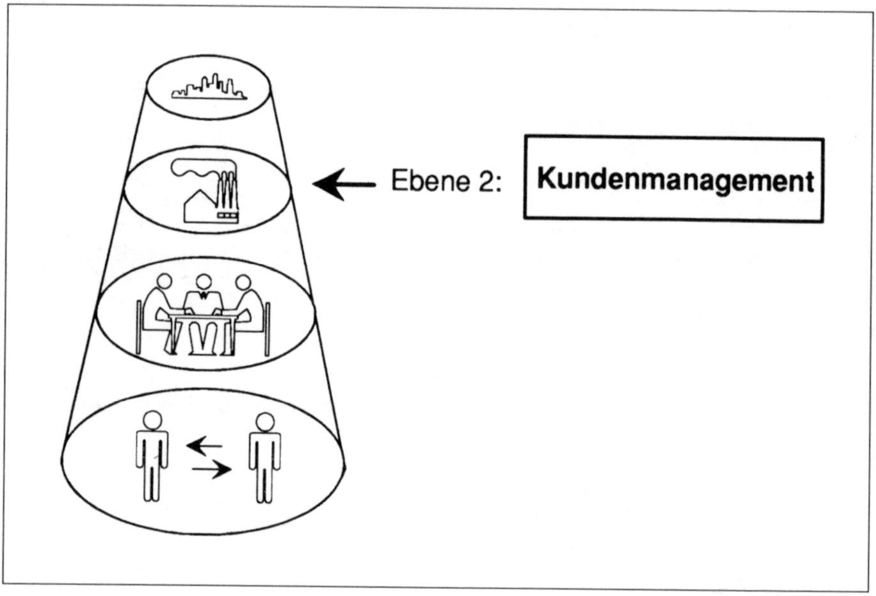

Abb. 4: Ebene 2

3. Analyse der Besuchshäufigkeit bei Abnehmern, die nicht mehr positive Wachstumspotentiale haben
4. Überprüfung weiterer Abnehmer, mit denen Kleingeschäfte gemacht und die Umsätze dort nicht mehr erweitert werden können

Die ständige Analyse der Abnehmerstruktur ist notwendig, weil sich Prioritäten und Wichtigkeiten von Kunden immer wieder verschieben.

Kenne Deinen Kunden und entwickle eine für ihn passende Lösung! Dies ist das wesentliche Arbeitsprinzip des Verkäufers für diese Ebene. Ziel ist es, die Zielkunden ständig und exakt daraufhin zu analysieren, wie sich das Erfolgspotential bei diesem Kunden darstellt und wie und ob er sich zeitabhängig verändert. Wenn ja, durch was?

Da sich die Änderungsgeschwindigkeit der Einflußfaktoren künftig eher beschleunigen als verlangsamen wird, gilt es, ständig den Fokus auf die Analyse der Erfolgsfaktoren zu richten. Warum ist das so wichtig?

Eine Fehleinschätzung des Einkaufspotentials kann zu falschem Mitteleinsatz führen. Das heißt, daß die für diesen Kunden eingesetzte Zeit nicht zur Verbesserung bzw. Steigerung der Kundenrendite beiträgt. Und dies kann gerade heute, wo Unternehmensgewinne eher sinken, bedrohlich werden.

Für ein professionelles Kundenmanagement hat es sich bewährt, folgende Schritte zu berücksichtigen (Informationssammlung):

- Kundenanalyse mit Definition der Erfolgschancen
- Zielbestimmung für diesen Kunden
- Strategieplanung mit Bewertung der Maßnahmen
- Entscheiden für eine bestimmte Vorgehensweise und Realisierung der Strategie
- Kontrolle/Überwachung der Strategie auf ihre Erfolgswirksamkeit

2.2.1 Kundenanalyse

Ziel dieser Stufe ist es, die mehrschichtige und komplexe Situation beim Kunden und Interessenten zu erfassen, zu analysieren, zu verstehen, um dafür eine passende Strategie zu entwickeln.

Die Analyse hat verschiedene Bereiche und Aspekte:

- Analyse des Einkaufspotentials
- Analyse der Kundensituation
  - In welcher Marktsituation befindet sich der Kunde?
  - Welche Ziele/Visionen hat der Kunde?
  - Was sind Besonderheiten des Kunden?
  - In welcher Situation befindet er sich bezüglich seiner Branche, seiner Abnehmer, seiner Mitbewerber?
- Analyse der Bedürfnisse und Anforderungen
  - Wie ist der Kunde strategisch einzuordnen – ist er eher ausbaufähig oder gilt es, bei diesem Kunden unsere Position zu halten, oder ist es gar ein Kunde, auf den langfristig verzichtet werden sollte, weil der Aufwand zum Ertrag nicht stimmt?
  - Kann dieser Kunde noch rentabel gemacht werden?
  - Durch welche Mittel und Maßnahmen kann bei diesem Kunden unser Erfolgspotential erhöht werden?

- Definition unserer derzeitigen Position beim Kunden
- Analyse und Identifikation der Kaufbeeinflusser
- Haltungen der Beeinflusser analysieren und identifizieren
- Gefährdungspotentiale analysieren und identifizieren

Analyse des Bedarfs – die Bedarfsentstehung

Der Kunde/Interessent hat seine Organisation auf seine besondere Art und Weise gestaltet, mit Mitteln und Maßnahmen, die ihm irgendwann einmal geeignet erschienen und mit denen er seine Erfahrungen gesammelt hat – ob gut oder schlecht, sei dahingestellt.

Durch Anregungen – evtl. von Messen, Gesprächen mit Kollegen bei den Verbänden, aus Zeitungsberichten oder Fachzeitschriften – ist beim Kunden vielleicht die Erkenntnis entstanden, daß das bestehende Organisations- und Informationssystem „zumindest" in Frage gestellt werden kann.

Vielleicht hat der Organisationsleiter dieses Interessenten oder Kunden schon eine Vorstellung, eine Vision, was mit einer veränderten, neuen Methode erreicht werden soll.

Diese Vision wird nur von einer Person empfunden, in unserem Beispiel vom Organisationsleiter. Für weitere Personen im Unternehmen muß diese Vision aber noch längst nicht zu einem Bedarf werden.

Die Vision muß aber noch keinen konkreten Bedarf auslösen. Es kann allerdings durchaus sein, daß aus diesem visionären Gedanken plötzlich ein Bedürfnis wird, eine Notwendigkeit des Handelns besteht. Der „vorläufige Charakter" wird plötzlich konkreter. Die Vision wird kontrastreicher – zu einer Vorstellung. Lösungskonturen sind „sichtbar". Fachzeitschriften werden bezüglich neuer Lösungen gelesen; Anzeigen von Herstellern, die eine Lösung anbieten, fallen mehr als vorher auf; Vertreterbesuche der verschiedenen Lösungsanbieter stehen im Mittelpunkt dieser Phase.

Aus der Vision wurde das Bedürfnis und aus dem Bedürfnis, gekoppelt mit einem Motiv, ein konkreter Bedarf. Von ihm werden je nach Stärke des Man-

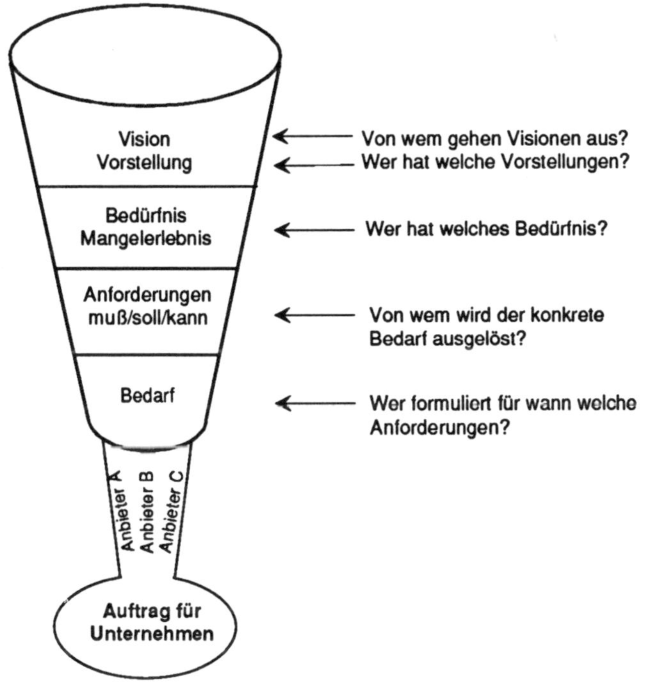

Abb. 6: Auftragsentstehung: von der Vision zum Auftrag

gels Anforderungen ermittelt, definiert, die die Lösung zu erfüllen haben. Diese Anforderungen müssen jedoch nicht immer von ein- und derselben Person kommen, sondern haben meist eine komplexe Struktur. Das heißt, sie werden von verschiedenen Personen in unterschiedlicher Intensität formuliert.

Damit der Verkäufer des Anbieters eine geeignete und effiziente Vorgehensweise entwickeln kann, ist es notwendig, daß er das Stadium herausfindet, in dem sich die Anfrage zur Zeit befindet. Je enger und besser die Beziehung zwischen Verkäufer und Gesprächspartner ist, desto eher kann die Phase „Übergang in die Anforderungen" vom Verkäufer noch beeinflußt werden. Sind die Anforderungen von einem Mitanbieter vorformuliert, ist es für den Verkäufer ungleich schwerer, darauf noch Einfluß zu nehmen.

Analyse der Anforderungen

In der Analyse sollte der Verkäufer herausfinden, welche Bedürfnisse der Kunde hat, wie bisher seine Problemstellung gelöst wurde und wie sich der Ansprechpartner oder weitere Personen im Unternehmen die Ideallösung vorstellen.

Der Verkäufer erfährt durch exaktes Zuhören und Fragen, welches Problem zu lösen ist, welche Anforderungen an die Lösung gestellt werden, welche Entscheidungskriterien der Auswahl zugrunde gelegt werden etc.

Analyse unserer Positionen beim Kunden

Entscheidend für die Akzeptanz unserer Lösung beim Kunden ist nicht, ob wir einen Wettbewerbsvorteil auf der technisch-objektiven Ebene haben, sondern ob ihn der Kunde bzw. Interessent als solchen „wahrnimmt" und dieser für ihn auch wichtig ist (siehe Abb. 6).

Unser Ziel soll es sein, daß wir mit unseren Leistungen, mit unserer Argumentation, mit unserem Angebot und mit unseren Gesprächen dem Gesprächspartner verdeutlichen, daß unsere Leistungsmerkmale für ihn wichtig sind und er sie als wichtigen Wettbewerbsvorteil wahrnimmt. Im Verlauf der Analyse ist es von daher wichtig zu erfahren, wie der Kunde uns im Vergleich zu den alternativen Angeboten sieht.

2.2.2 Die Definition (Diagnose)

Vor der Entwicklung einer Bearbeitungsstrategie für den Kunden ist eine umfassende und aussagekräftige Analyse notwendig. Aus ihr sollten die Stärken und Schwächen in der Angebotssituation und in der momentanen Zusammenarbeit definiert und die Chancen und Probleme für die künftige Arbeit bekannt sein.

Insbesondere stehen bei der Definition der Stärken und Schwächen im Vordergrund:

- unsere gegenwärtige Arbeitsweise mit dem Kunden
- die Arbeitsweise des Kunden mit uns und unseren Produkten in bezug auf Einsatzmöglichkeiten und Verwendung

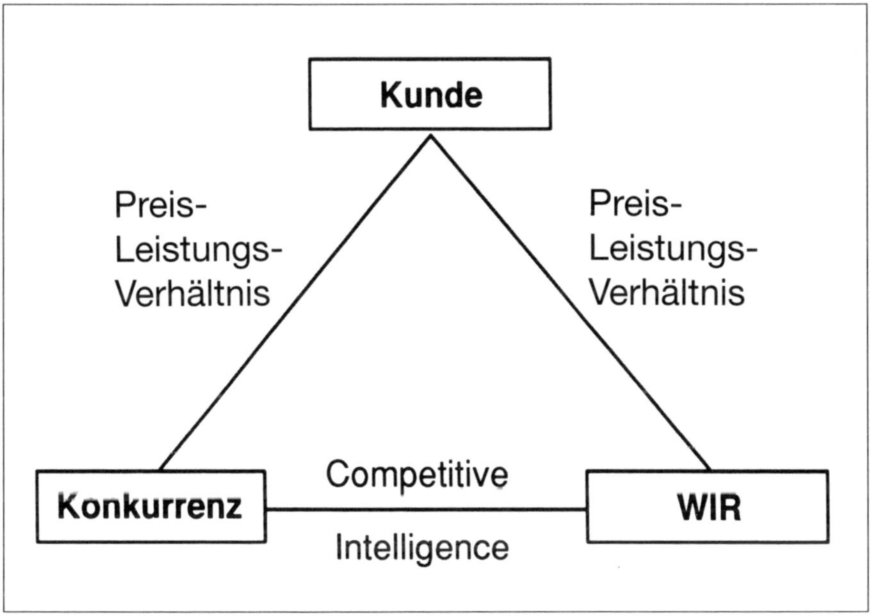

Abb. 6: Strategisches Dreieck

Die Diagnose hat darüber hinaus weitere Detailfragen zu beantworten:

- Was haben wir bisher beim Kunden erreicht?
- Wie ist die momentane Potentialausschöpfung?
- Ist/Soll-Vergleich
- Welche Produkte, Verfahren werden vom Kunden eingesetzt?
- Welches Stimmungsbild hat sich beim Kunden über uns und über die von ihm eingesetzten Produkte ergeben?
- Wie ist unsere Position beim Kunden (der relative Wettbewerbsvorteil)? Wie ist unsere Konkurrenzsituation bei diesem Kunden?
- Womit und wodurch wurde diese Position erzielt?
  - Durch welche Produkte?
  - Durch welche Verfahren?
  - Durch welche Leistungsbereiche?
  - Durch welche Konditionen?
  - Durch welche Kommunikation?

Die Beantwortung der Detailfragen für die Diagnose des Kunden macht deutlich, daß es meist zuwenig ist zu wissen, wie hoch der Umsatz und Absatz unserer Produkte ist. Wesentlich wichtiger ist die Frage, wie sich unser Umsatz im Verhältnis zur Entwicklung dieses Kunden darstellt und welchen Anteil wir daran haben.

So kann beispielsweise unser erzielter Umsatz bei diesem Kunden, gemessen an seiner Gesamtentwicklung, überdurchschnittlich hoch oder niedrig sein. Die Frage, die sich der Verkäufer stellen sollte, ist: „Wie attraktiv ist dieser

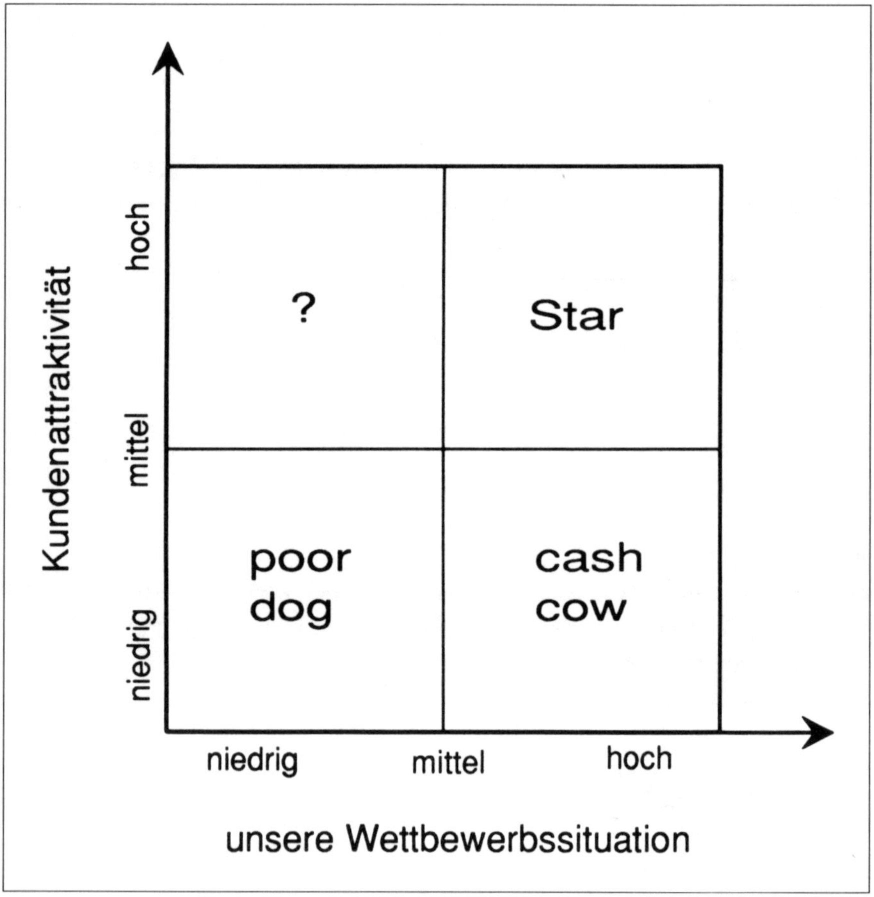

Abb. 7: Portfolio

Kunde aufgrund seiner Ausbaufähigkeit (Absatz/Umsatz), seiner Stellung im Markt und/oder seiner Einflußnahme auf die Auswahl von Verfahren und auf die Meinungsbildung von unserem Angebotsspektrum?“

Kennen wir die Antworten auf die Fragen, ist auch die Frage zu stellen: „Wie attraktiv sind wir für den Kunden? Welche Positionen konnten wir mittlerweile bei diesem Kunden erreichen und/oder wie stark sind wir durch Mitbewerber gefährdet?“

Die Antworten auf diese Fragen lassen sich auch mit Hilfe einer Matrix grafisch darstellen. Hierfür hat sich die Portfolio-Technik als geeignet erwiesen, unsere Position im Umfeld des Kunden darzustellen. Sie hat auf der Ordinate die Attraktivität des Kunden, auf der Abszisse die Qualität unserer Wettbewerbssituation bei diesem Kunden.

Ist unsere Wettbewerbssituation hoch, d. h. also, daß wir für den Kunden sehr attraktiv sind, so hätten wir bei diesem Kunden eine sogenannte hohe, ausbaufähige Position erreicht.

Einordnung in das Portfolio:

Kundenattraktivität	Wettbewerbsposition
Marktvolumen	Unsere Stellung beim Kunden
Zielgruppen	Unser Anteil am Potential
Ergebnisniveau	Unsere Konkurrenzsituation
Risiken	Unsere bei diesem Kunden erzielten Deckungsbeiträge
Verbraucherzielgruppen	
Hoch	Hoch
Der Kunde ist sehr attraktiv, er expandiert – es bestehen Möglichkeiten, den Marktanteil auszuweiten.	Wir haben im Vergleich zu unserem bedeutendsten Konkurrenten eine starke Stellung, wir verfügen über die notwendigen Ressourcen, den Kundenerfordernissen zu entsprechen.
Mittel	Mittel
Der Kunde ist attraktiv, es gibt aber kaum Chancen, den Marktanteil wesentlich zu verändern.	Wir haben im Vergleich zu den Konkurrenten eine mittlere Stellung. Bestimmte Ressourcen sind nicht ver-

	fügbar – hinsichtlich einiger Elemente sind wir im Rückstand gegenüber den Kundenforderungen.
Niedrig Der Kunde ist nicht attraktiv, es herrschen zu negative Einflußfaktoren, oder es ist schwer, durchzudringen.	Schwach Wir spielen gegenüber der Konkurrenz eine untergeordnete Rolle. Maßgebliche Elemente fehlen oder sind mangelhaft ausgebildet.

2.2.3 Ziele formulieren

Ausgehend von der Analyse und Diagnose des Kunden entwickelt der Verkäufer die Zielsetzung für seine Kunden.

Er fragt sich vor der Formulierung der Ziele:

- Welche Entwicklungsmöglichkeiten für welche Produkte sind bei diesem Kunden vorhanden?
- Wie lassen sich unsere Ziele bei diesem Kunden verwirklichen?
- Welche Gewinnerwartung und -situation haben wir bei diesem Kunden?

Aus den Analyseergebnissen kann der Verkäufer folgende Bearbeitungsstrategiefelder entwickeln, aus denen er die Strategie für diesen Kunden formuliert.

Es sind dies:

- ausweiten (ausbauen)
- halten
- abschöpfen bzw. langfristig verzichten

Neben den rein quantitativen Zielen (Was wollen wir mengen- und wertmäßig bei diesem Kunden erreichen?) ist es häufig empfehlenswert, auch qualitative Ziele zu formulieren.

Denn gerade in der Zeit, in der sich Produkte der verschiedenen Hersteller immer mehr gleichen – und dem Abnehmer vom Prinzip her den gewollten Nutzen bringen – benötigen wir Abgrenzungsmerkmale. Diese sind häufig in der „Qualität" der Betreuung, dem Service begründet.

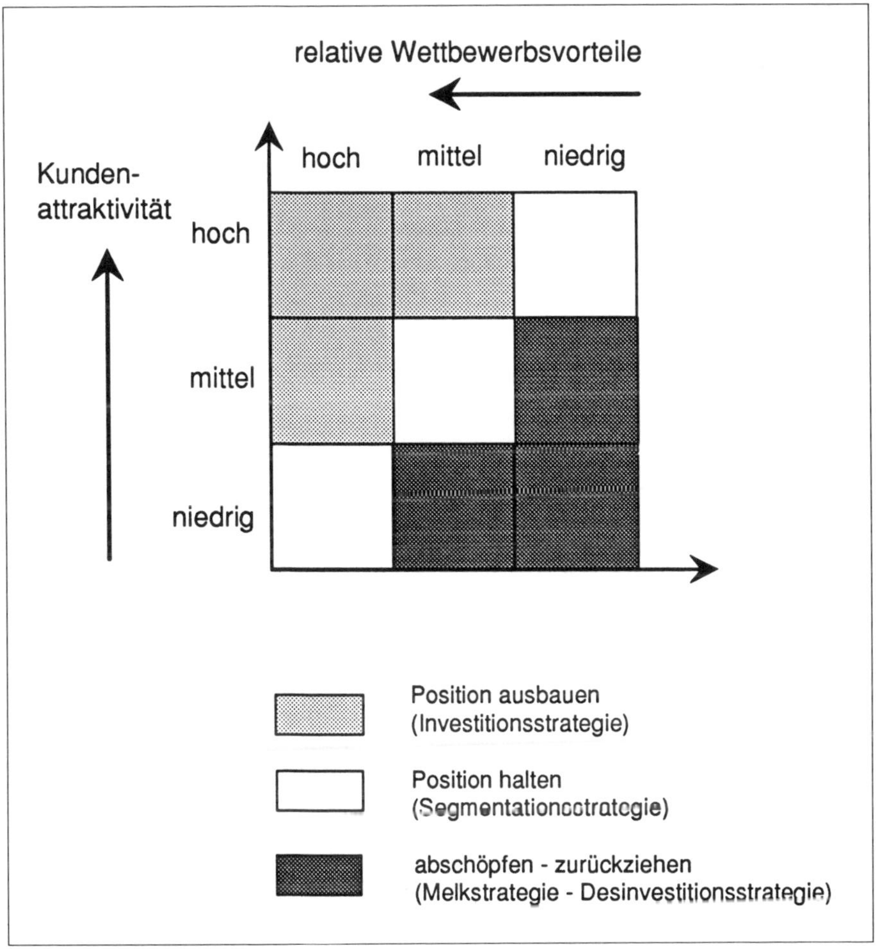

Abb. 8: Portfolio-Strategien

Die quantitativen Ziele geben also bekannt, **was** erreicht werden soll, die qualitativen Ziele, **wie** diese Ziele erreicht werden. Dieses **Wie** beschreibt die Philosophie zu unseren Kunden.

2.2.4 Lösungen entwickeln – Kundenbearbeitung planen

Ausgehend von den Strategien erarbeitet sich der Verkäufer eine Konzeption für die Kundenbearbeitung.

Meist gibt es mehrere Wege und Möglichkeiten, um dieses Ziel zu erreichen. Das bedeutet, daß sich der Verkäufer stets fragen sollte, wie und mit welchem Mitteleinsatz seine Kundenziele zu erreichen sind. Er wählt die Maßnahmen oder ein Maßnahmenbündel aus, das geeignet ist, die Kundenziele zu erreichen.

Bei der Realisierung der Ziele und Maßnahmen müssen die Wirtschaftlichkeit (Aufwand : Ertrag), die Ausbaufähigkeit des Kundenpotentials sowie die Besonderheiten des Kunden berücksichtigt werden.

Des weiteren sollten vor Planung der Mittel und Maßnahmen diese Fragen beantwortet sein:

- Was steht mir von seiten des Unternehmens bereits zur Verfügung?
- Inwieweit kann ich diese Mittel für meine Zielerreichung einsetzen?
- Helfen die eingeplanten Mittel und Maßnahmen, die Unternehmensziele zu erreichen?

Aufgrund der Nachfragekomplexität ist häufig eine Kombination aus verschiedenen Leistungen, Produkten, Mitteln und Maßnahmen erfolgswirksam. Schubladenlösungen beweisen meist wenig Kreativität und lassen das Eingehen auf Kundenbedürfnisse und Erwartungen vermissen.

Welche Leistungen der Verkäufer planen kann, wird im folgenden aufgezeigt.

Maßnahmen-Vorgehensweisen entwickeln

Aufgrund der Vielfältigkeit der Märkte und Kundenbedürfnisse/Zielsetzungen kann es keine allgemeingültige Strategie geben – außer der „Weisheit“, daß sie für jeden Kunden individuell erarbeitet werden muß.

Folgende Strategiefelder haben sich hierbei bewährt:

- Strategieelement Portfolio
  Je nach Stand heute bzw. nach Soll-Position gilt es, exakt zu definieren, welches Ziel (welche Strategie) anzustreben ist:

- Investitionskunde
- Desinvestition
- kontrahieren (zurückziehen)
- konsolidieren

● Strategieelement Akquisitionsstrategie
  - Stufenakquisition
  - Konzentrationsstrategie
  - Breitenstrategie
  - Kooperationsstrategie

● Strategieelement Konkurrenzstrategie
  - aggressive Strategie
  - neutrale Strategie
  - defensive Strategie

● Strategieelement Produkt/Leistungsangebot
  - Standardlösungen
  - Speziallösungen
  - strategische Allianz

● Strategieelement Preis
  - Normalpreis
  - Paketpreis (Projekt)
  - Dumpingpreis
  - Einzelpreiskalkulation

● Strategieelement Leistungsfeld
  - Komplettleistung (ganzheitlich)
  - Teillösungen (partielle Lösungen)
  - Nischenlösung

Hieraus entwickelt der Verkäufer ein Strategienbündel, das Vielfalt darstellt und die Möglichkeit beinhaltet, für unterschiedliche Kundenziele und Situationen adäquate Strategien zu entwickeln.

Manche der Strategiefeldkombinationen schließen sich gegenseitig aus. Es hat sich bewährt, daß der Verkäufer in regelmäßigen Besprechungen mit seinen

Strategie / Element	Ausprägung			
Kunden-portfolio	Investition	Des-investition	kontra-hieren	konsolidieren
Akquisitions-strategie	Stufen-akquisition	Konzen-trations-strategie	Breiten-strategie	Kooperations-strategie
Produkt-leistungen	Standard-lösung		Spezial-lösung	Allianz
Preis	Normal-preis	Paket-preis	Dumping-preis	Einzelpreis-kalkulationen
Konkurrenz-strategie	aggressiv	neutral	defensiv	
Leistungs-angebot	Komplett-leistung	Teillösung	Nischen-lösung	Beteiligung (Allianz)

Abb. 9: Strategiefeldkombinationen

Kollegen die Strategieinhalte bespricht und gegebenenfalls Änderungen bzw. Ergänzungen einleitet.

Im Sinne des strategischen Verkaufens ist mit der Auswahl der geeigneten Vorgehensweise die Strategie gemeint. Die Auswahl der für die Realisierung der Strategie geeigneten Gesprächspartner (Beeinflussungs- und Entscheidungspersonen) ist eine taktische Maßnahme.

Die Realisierung der Strategie erfolgt sowohl durch die Maßnahmen selbst als auch durch die Gespräche. Beides wird in den nächsten Kapiteln für die Ebenen 3 und 4 beschrieben.

2.2.5 Kontrollieren

Der Verkäufer beobachtet stets die Gesamtentwicklung des Kunden. Insbesondere gewinnen dabei die mit dem Kunden erzielten Umsätze und Erfahrungen eine besondere Bedeutung. Ausgangspunkt der Betrachtung ist das jeweilige Erfolgspotential des Kunden und das zwischenzeitlich realisierte Ergebnis.

Um rechtzeitig agieren zu können, ist es notwendig, während der Zusammenarbeit ein sogenanntes „Frühwarnsystem" aufzubauen. Dies ermöglicht es, rechtzeitig zu erkennen, ob die für den Kunden gesteckten Ziele erreicht worden sind.

Treten Fehlentwicklungen oder Differenzen gegenüber den Planungswerten auf, empfiehlt es sich, nach einer chronologischen Vorgehensweise die Fehlentwicklungen zu analysieren und mit geeigneten Methoden zu bearbeiten. Es sind dies:

1. Definition der Situation/Problematik
   - Was ist wo wie aufgetreten?
2. Ursachenforschung
   - Klärung der Lage und ihrer Ursachen: Warum ist es zu dieser Abweichung gekommen (z. B. Kundenstrategie, Eignung unserer Produkte und Verfahren, Ergebnisse von Musterbearbeitungen u.ä.)?
3. Auswirkungen
   - Welche Auswirkungen hatte die Differenz auf den Kunden, auf das eigene Unternehmen?
   - Muß ich sofort etwas einleiten?
   - später?
   - gar nicht?
4. Zielsetzung
   - generelle Ziele
   - spezielle Ziele
   - quantitative Ziele
   - qualitative Ziele
5. Neuer Maßnahmenkatalog inklusive Absicherung, Vorgehensweisen usw.
6. Durchführung
   - Realisierung der geänderten Maßnahmen unter Berücksichtigung der einzelnen Ziele
7. Kontrolle und Korrektur

Fehlentwicklungen sollten mit dem Kunden rechtzeitig besprochen werden. Gemeinsam mit ihm werden Maßnahmen erarbeitet, wie diese Fehlentwicklungen korrigiert werden können.

Gleichermaßen ist es notwendig, daß der Verkäufer mit seinen Kollegen die Kundenentwicklung bespricht und gemeinsam im Projektteam nach weiteren Möglichkeiten sucht, den Kunden zufriedenzustellen und die Fehlentwicklung zu korrigieren.

Sobald von beiden Seiten, d. h. von Kunden als auch von Verkäufern, Maßnahmen zur Beseitigung der Fehlentwicklungen akzeptiert worden sind, gilt es, einen Terminplan zu erarbeiten, der für beide Seiten verbindlich ist und helfen soll, in die vorher vereinbarte Zielrichtung zu kommen.

2.3 Ebene 3: Entscheidungsträger beeinflussen

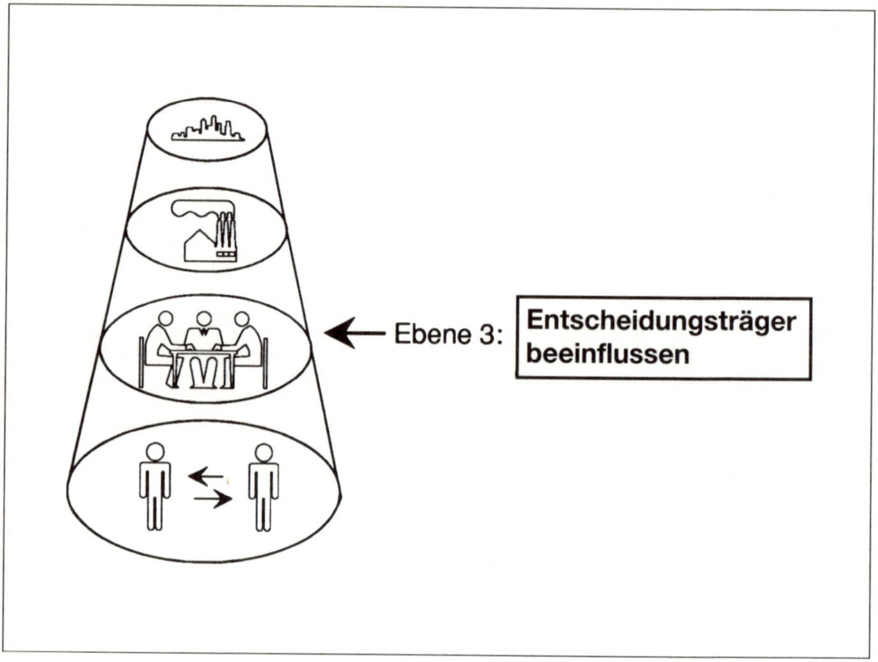

Abb. 10: Ebene 3

Die dritte Ebene, die der strategische Verkäufer aktiv beeinflussen sollte, ist die Ebene der Entscheidungsfindung innerhalb des Unternehmens. Der Verkäufer informiert sich laufend über die Kundenunternehmen und ebenso über die Besonderheiten der Branche des Kunden. Gerade bei den wichtigen Kunden weiß er genau, was sich zwischen seinen Besuchen verändert hat und welche Anforderungen und Bedürfnisse sich daraus ergeben haben.

Der Verkäufer soll auch einschätzen können,

- wie der Kunde sein Unternehmen im Vergleich als Lieferant beurteilt,
- welche Position das Unternehmen bei den Kaufbeeinflussern einnimmt,
- was das Unternehmen tun muß, um eine bessere Position als Lieferant zu erreichen,
- wer in diesem Unternehmen die Entscheidung über Kauf oder Nichtkauf fällt bzw. beeinflußt,
- wie innerhalb des Unternehmens Entscheidungen gefällt werden,
- wer wen mit welchen Informationen versorgt,
- wo die entscheidenden Personen angesiedelt sind,
- wie sich das Netzwerk der Beeinflussung gestaltet.

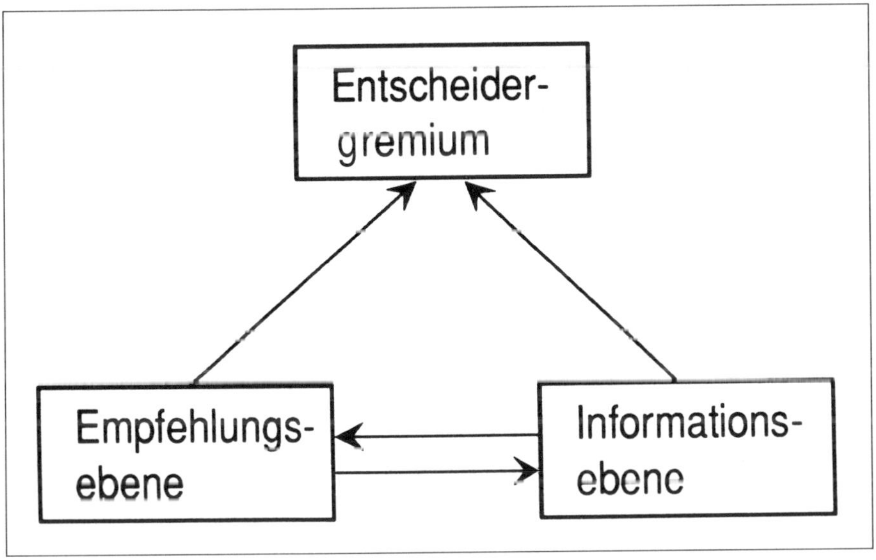

Abb. 11: Entscheidungs- und Beeinflussungspersonen

2.3.1 Entscheidungspersonen und Abläufe kennenlernen

Im Regelfall werden nahezu alle Kauf- und Investitionsentscheidungen von mehreren Personen getroffen oder zumindest beeinflußt. Eine wichtige Aufgabe im Rahmen des Verkaufens ist es daher, beim Kunden die Entscheider, Beeinflussungs- und Meinungsbildner zu kennen.

Diese „Multipersonalität“ fordert, daß der Beeinflussungsprozeß beim Kunden erkannt und dann aktiv geplant und gestaltet wird.

Eine Beeinflussung setzt voraus, daß die an der Entscheidung direkt oder indirekt beteiligten Personen bekannt sind und deren wechselseitiger Einfluß transparent ist.

Hierfür entwickelt der Verkäufer eine Strategie, die das Ziel hat, die Entscheider und Beeinflusser im Sinne der eigenen Zielsetzung für sich zu gewinnen.

- Die Entscheidungsabläufe und -einflüsse kennenlernen
- Die Identifizierung der möglichen und tatsächlichen Kaufbeteiligten

2.3.2 Die Rollenträger bei Entscheidungen

In einem mehrschichtigen Einkaufsprozeß werden verschiedene Rollen eingenommen, aus denen der Kaufentscheidungsprozeß wahrgenommen wird.

Jeden Rollenträger kennenzulernen, ist Aufgabe des Verkäufers, um den Kaufentscheidungsprozeß aktiv beeinflussen zu können:

Der Entscheider

Er gibt das endgültige „Ja“ zum Kauf. Er kann „nein“ sagen, auch wenn alle andren „ja“ sagen. Er hat die Möglichkeit zu intervenieren, wenn es eine Pattsituation ist.

Seine Rolle:

- Er erteilt die Genehmigung für die Investitionen.
- Er konzentriert sich eher auf die Auswirkungen der Entscheidung für das gesamte Unternehmen.

- Er fragt sich eher:
  - „Was bringt die Investition für das Gesamtunternehmen?“
  - „Wie rechnet sich das Ganze?“
  - „Welcher Return on Investment entsteht?“

Die Entscheidung kann aber auch von einem Gremium oder einem Komitee getroffen werden. Selbst wenn dies nach außen eine Stimmengleichheit oder Parität signalisiert, so ist meist dennoch einer darunter, der schließlich und endlich das Sagen hat. Und dies ist dann meist der Entscheider.

Um den Entscheider zu identifizieren, hilft das Nachfragen beim Ansprechpartner oder das direkte Erfragen bei den anderen Personen.

Der Anwender

Der Anwender arbeitet mit der Investition. Er nutzt sie direkt. Der Anwender fragt nach den Auswirkungen des Kaufes, der Investition für den Betrieb. Der Blickwinkel des Anwenders ist eher auf die direkte Nutzung der Investition beschränkt.

Er fragt sich eher:

- „Worin liegt der Nutzen des Produktes?“
- „Wo liegt der Unterschied zu dem Bisherigen?“
- „Wie steht es mit der Zuverlässigkeit?“
- „Wie ist der Service?“

Der persönlich anwendungsbezogene Nutzen steht im Mittelpunkt für den Anwender. Er fragt sich deshalb auch meist: „Was bringt mir (und unserer Abteilung) das Produkt oder die Dienstleistung?“

Die Prufer

Sie haben die Aufgabe, die Investition zu prüfen. Sei es in technischer, wirtschaftlicher oder juristischer Hinsicht. Die Prüfer treten meist im Hintergrund auf. Sie sind meist nicht direkt von der Investition berührt.

Sie werden in ihrer Rolle als Prüfer vom Unternehmen eingesetzt, um aus der Vielzahl der Angebote jene herauszufiltern, die aus unternehmensspezifischer Sicht am besten passen.

Die Rolle des Prüfers können verschiedene Spezialisten einnehmen:

- Einkäufer
- technischer Prüfer
- juristische Abteilung
- Controlling oder Finanzen

Der Koordinator (Ansprechpartner)

Er ist Ihr Partner im Unternehmen – er initiiert häufig den Kontakt zum Anbieter und knüpft die Kontakte zwischen außen und innen zu den Beeinflussungspersonen.

Der Ansprechpartner begleitet den initiierten Kaufprozeß, beschafft und beurteilt Informationen. Er filtert häufig Informationen und versorgt intern die anderen Beeinflusser damit.

Für den Kauf- und Beeinflussungsprozeß ist es wichtig, den Ansprechpartner aufzubauen und zu halten.

Für ihn stellt sich im Rahmen der Investition die Frage:

- „Wie kann ich mich im Unternehmen mit der Investition profilieren?"
- „Welchen Nutzen kann ich aus der Investition meinen anderen Ansprechpartnern und Beeinflussern vermitteln?"

2.3.3 Haltung der Beeinflusser analysieren und identifizieren

Die Haltung der Kaufbeeinflusser zu unserer Lösung zu erkennen, ist eine wesentliche Aufgabe des Verkäufers. Die Haltungen beeinflussen nachhaltig die weitere Vorgehensweise innerhalb des strategischen Verkaufsvorgangs.

Der Verkäufer sollte, nachdem er die verschiedenen Argumente und Lösungen auf die Informationsbedürfnisse und Haltungen des Gesprächspartners abgestimmt hat, überprüfen, ob sich die Haltungen schrittweise geändert haben.

Zwei Dimensionen beeinflussen und bewirken die Haltungen:

1. *Veränderungsbereitschaft* ist die Bereitschaft, innerhalb eines Unternehmens bestehende Abläufe, Vorgänge, Organisationen, Produkte oder Verfahren durch neue, bessere oder geänderte Verfahren auszutauschen. Es ist ein eher innovationsorientierter Punkt.
2. *Dringlichkeit:* Hierunter ist zu verstehen, die Notwendigkeit einer Veränderung einzuleiten. Diese kann aufgrund einer Planung erfolgen oder aufgrund der Notwendigkeit, weil die gegenwärtige oder bestehende Lösung nicht mehr den Anforderungen entspricht.

Ausgehend von diesen beiden Dimensionen lassen sich vier Felder kennzeichnen (siehe Abb. 12).

Die Haltungen sind allerdings nicht statisch. Im Verlaufe der Zeit können sie sich durch die Informationen, die dem Unternehmen oder den einzelnen Personen zugänglich gemacht worden sind, ständig verändern. Dies erhöht die Notwendigkeit, stets die aktuellen Haltungen zu hinterfragen und zu überprüfen, ob die Argumente und die Vorgehensweisen geholfen haben, die Haltungen und Einstellungen der Gesprächspartner zu verändern.

Aufgabe des Verkäufers ist es, mit Hilfe von Maßnahmen und Gesprächen die Haltungen/Einstellungen zu beeinflussen. Die Chancen, diese Aufgabe gekonnt zu lösen, erhöhen sich, wenn der Verkäufer hierfür die passenden Argumente und Vorgehensweisen findet. Um beispielsweise die Änderungsbereitschaft zu erhöhen, bedarf es der Fähigkeit, Visionen zu erkennen und hierfür rationale Begründungen (Beweise) mitzuliefern.

Ein Großteil der Wirtschaft nutzt heute dieses Vorgehen. Die Kunst besteht darin, den Partner mit den von ihm z. Zt. gewählten Lösungen unzufrieden zu machen. Wie gelingt dies?

Der erfolgversprechende Weg leitet die Motiverkennung, die dem Gesprächspartner entweder ein Mehr an Nutzen liefert oder das Bestehende bewahren hilft.

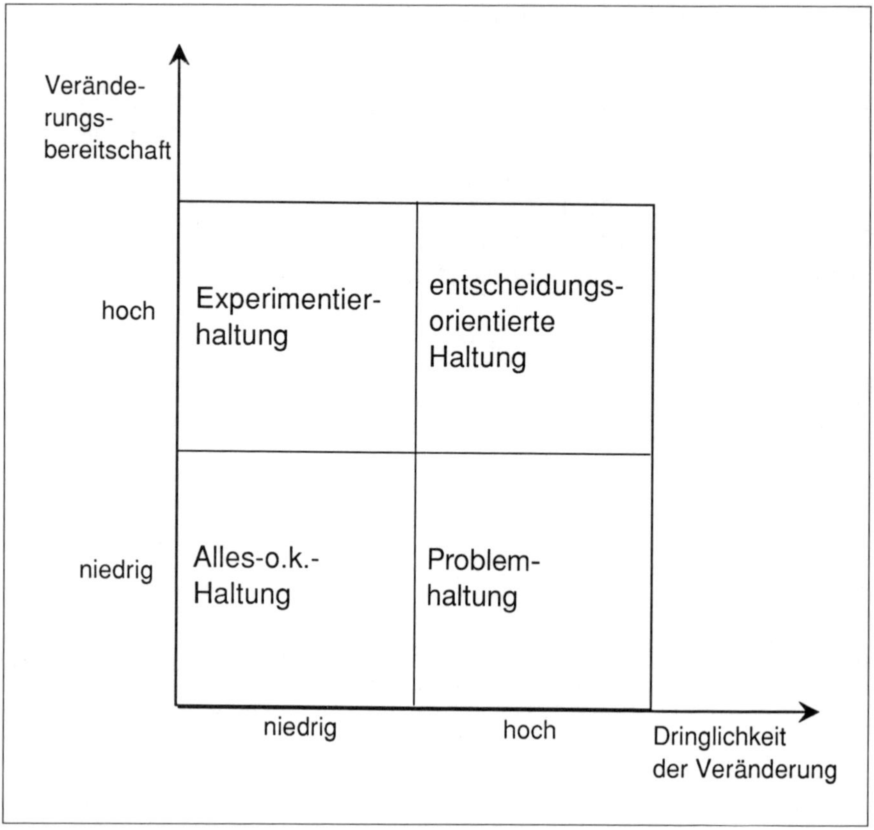

Abb. 12: Entscheidungsverhalten

Motiv	erwartet der dynamische Partner	erwartet der bewahrende Partner
Gewinn	verbessert die Rendite	Kostensteigerungen vermeiden
Sicherheit	erhöht Wirtschaftlichkeit	größeren Aufwand vermeiden
	Produktionssicherheit	Risiken vermeiden

Die in diesem Beispiel aufgeführten Verbesserungen (oder Vermeidung von Nachteilen) werden später durch Zahlen, Daten, Fakten untermauert und dem Partner dargelegt.

Die Dringlichkeit wird damit beeinflußt, daß der Verkäufer in seine Argumente den Zeitfaktor integriert. Hierdurch werden beispielsweise

- Einsparungen hochgerechnet, die der Partner noch heute erzielen kann,
- der Wettbewerbsvorsprung verdeutlicht, den der Kunde schneller erreichen kann, wenn er die Lösung realisiert,
- höhere Produktivität erzielt.

Der Inhalt der Argumentation richtet sich nach den Partnern, den Branchen und Kundenzielsetzungen.

Es hat sich bewährt, daß der Verkäufer zusätzlich zur gezielten Argumentation Maßnahmen berücksichtigt, die sowohl die Dringlichkeit als auch Veränderungsbereitschaft beeinflussen.

Veränderungsbereitschaft läßt sich beispielsweise erhöhen durch

- Referenzbesuche mit dem Kunden,
- das Zusenden von Artikeln,
- den Besuch von Veranstaltungen, die die „Neugierde" auf die Lösung erhöhen.

Eine zielorientierte Bündelung der Maßnahmen ist empfehlenswert.

Wie diese Maßnahmen durch gekonnte Gesprächsführung realisiert werden, erläutert der nächste Abschnitt, die Ebene 4.

2.4 Ebene 4: Interaktion mit den Partnern

Alles strategische Planen ist nur so gut, wie es dem Verkäufer gelingt, die Planungsinhalte durch Gespräche mit den für die Realisierung relevanten Partnern in konkretes Handeln zu überführen.

Die Ziele des Verkäufers im Sinne des strategischen Verkaufens sind:

- Entscheider für die Lösung gewinnen
- Haltungen beeinflussen
- Wettbewerbsposition verbessern

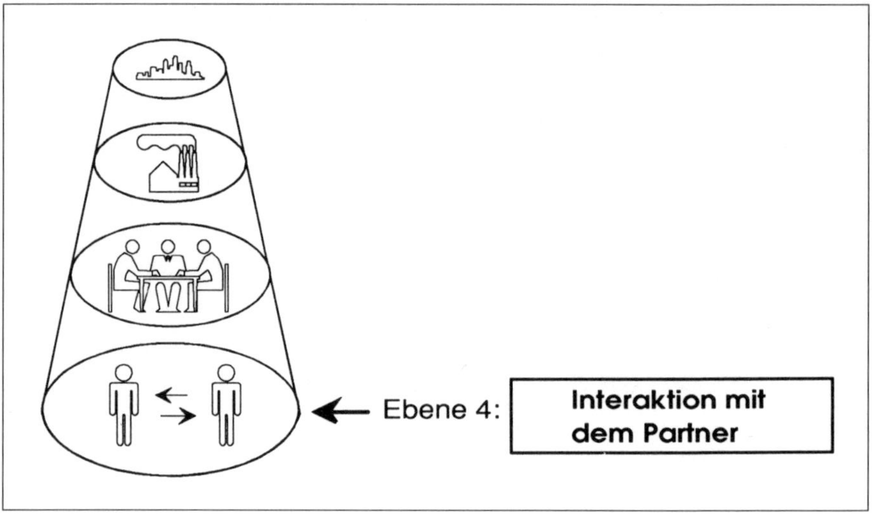

Abb. 13: Ebene 4

Um diese Ziele erreichen zu können, hat es sich bewährt, ähnlich wie im Verkaufsgespräch dargestellt, die einzelnen Schritte des Problemlösungsprozesses schrittweise und bewußt zu gestalten. Jeder einzelne Schritt hat gerade beim strategischen Verkaufen für sich ein eigenes Ziel.

Die Zielerreichung ist sowohl von der aktiven Gestaltung der Sach- als auch der Beziehungsebene abhängig. Stünde „nur" die Sache bzw. die sachliche Lösung im Mittelpunkt, würden zwischen dem Verkäufer und dem Kunden nur sachliche Lösungsaspekte behandelt. Dies scheint aber eher der Ausnahmefall zu sein. Denn es würde voraussetzen, daß jeglicher Kontakt zum Interessenten/Kunden nur sachlich verläuft.

Der Gesprächserfolg auf der Sachebene steht jedoch meist in direktem Zusammenhang mit der Art und Weise, wie die sachlichen und unterschiedlichen Lösungen mit den jeweiligen Partnern besprochen und diskutiert werden.

Je besser es dem Verkäufer gelingt, über den Kontakt eine vernünftige Beziehung (Geschäftsbeziehung) herzustellen, die idealerweise das gegenseitige Vertrauen als Ergebnis hat, desto größer ist die Wahrscheinlichkeit, auch auf der Sachebene eine für beide Seiten akzeptable Lösung zu erreichen.

Insbesondere unter dem Gesichtspunkt der Komplexität ist es hilfreich, eine vernünftige und gute Geschäftsbeziehung zu den Geschäftspartnern aufzubauen. Denn: Je besser die Beziehung ist, desto größer ist auch die Chance, Informationen zu erhalten, die für die Vergabe des Auftrags von entscheidender Bedeutung sein können. Meist sind die Gesprächspartner, zu denen auch ein Vertrauensverhältnis besteht, eher bereit (willig), Informationen über die Denkweisen und Haltungen der am Entscheidungsprozeß beteiligten Personen mitzuliefern.

Wir können daraus ableiten: Je komplexer die Situation ist, desto wichtiger ist es, Informationsvielfalt zu bekommen (Vielfalt statt Einfalt).

Puzzlesteinartig setzt der Verkäufer die Informationen zu einem Gesamtbild zusammen. Dieses Gesamtbild ermöglicht, eine bessere, auf den Kunden abgestimmte Problemlösung zu entwickeln. Je eingeschränkter die Informationen sind, desto größer ist die Gefahr, nur einen Ausschnitt und damit nur Teilaspekte der Anforderung zu erfahren.

2.4.1 Die Interaktion mit den Gesprächspartnern

Wie in dem Kapitel „Das Verkaufsgespräch" dargestellt, verlaufen die Gespräche zeitlich synchron auf drei Ebenen:

- Realisierung der Unternehmenswerte
- Realisierung der Unternehmensziele auf der Sachebene
- Gestaltung der Beziehungsebene

Die Interaktion im strategisch orientierten Verkaufsprozeß hat einen breiteren Focus als bei einem Verkaufsgespräch, bei dem das Auftragsvolumen kleiner ist und der Gesprächspartner meist auch der Entscheider ist. Die einzelnen Schritte auf der Sachebene sind zwar gleich, dennoch gibt es einige Unterschiede, die im folgenden beschrieben werden.

2.4.2 Die aktive Gestaltung der Schritte auf der Sachebene

Information: Vorbereitung auf das Gespräch

Die Vorbereitung auf das Gespräch beinhaltet folgende Elemente:

- Zielsetzung:
  Was will ich erreichen (Maximalziel – Minimalziel)?
- Vorbereitung auf die Gesprächspartner:
  Welche Bedeutung/welchen Einfluß hat dieser Partner für die Entscheidungsfindung, welche Informationen kann ich ihm noch geben, damit er für unsere Lösung „argumentiert"?
- Vorbereitung der Unterstützungsmittel für das Gespräch:
  Welche Unterstützungsmittel benötige ich (Folien, Berechnungen, Muster etc.)?
- Einstimmung auf das Gespräch:
  Gelassenheit – optimistische Grundhaltung einnehmen
- Welche Informationen benötige ich noch, um meine Argumentationen abzusichern?
- Mit welchen Partneraussagen/Konflikten muß ich rechnen – und wie beantworte ich sie?
- Vorbereitung der Gesprächskonzeption

Analyse

Innerhalb des Gesprächs mit den Beeinflussern muß der Verkäufer besonders beim strategischen Verkaufen analysieren:

- Potential des Kunden
- Entscheidungsabläufe/Strukturen
- Entscheidungskriterien der verschiedenen Entscheidungsträger und Beeinflusser
- Haltungen der Gesprächspartner
- In welcher Wettbewerbsposition befinden wir uns?
- Führen unsere bisherigen Strategien zum Erfolg?
- Wie ist unsere Konzeption beim Kunden durchsetzbar?
- Wie kann die Kundenbeziehung aktiv beeinflußt werden?

Überprüfen des Ziels

In diesem Schritt sollte der Verkäufer für sich die Frage beantworten können: „Welche Erfolgswahrscheinlichkeit besteht, diesen Interessenten für uns zu gewinnen bzw. den Kunden zu halten oder das Potential für uns weiter auszubauen?"

Diese Frage sollte sich der Vertriebsbeauftragte häufiger stellen, um so der Gefahr des positivistischen oder negativen Denkens zu entgehen.

Die Überprüfung des Ziels hat die Eckpunkte:

- Wie erfüllen wir mit unseren Leistungen die Kundenanforderungen? (Nicht unsere subjektive Sicht, sondern die Einschätzung des Kunden ist für die Beurteilung relevant.)
- Wie ist die Haltung der Gesprächspartner bezüglich der Zusammenarbeit mit unseren Lösungen im Vergleich zu den Wettbewerbern?

Aus der Beantwortung dieser Fragen kann der Verkäufer entscheiden: Lohnt es sich, weiter in diesen Kunden für diesen Auftrag zu investieren oder lohnt es, ihn für weitere Geschäfte „warm" zu halten?

Selbst wenn wir mit dem Plan, den Auftrag für uns zu gewinnen, wenig Erfolgsaussichten haben, so können wir immer noch die Pflege der Kundenbeziehung in unseren Kundenbetreuungsplan aufnehmen. Auch dies kann ein lohnenswertes Ziel sein.

Beim Überprüfen des Ziels sollten wir zu unserer eigenen Sicherheit gemeinsam mit dem Entscheider (Gremium) unsere gegenwärtigen Wettbewerbspositionen und die Wahrscheinlichkeit besprechen, ob und wie wir miteinander „ins Geschäft" kommen können.

Lösungsmöglichkeiten darstellen und bewerten

In diesem Schritt zeigt der Verkäufer dem Interessenten oder Kunden, wie er mit seinem Produkt und seiner Dienstleistung die Aufgabenstellung löst.

Häufig werden gerade größere Investitionsentscheidungen ohne Beisein der Verkäufer gefällt. Hierzu treffen sich Einkaufs- und/oder Entscheidungsgremien zu Abschlußverhandlungen. Als Entscheidungsvorlage dienen die schriftlichen Angebote, die meist durch die Beeinflusser und/oder Entscheider „entscheidungsreif" aufbereitet wurden. Dazu gehört auch, daß die Beeinflusser und Entscheider die Angebote nach internen Entscheidungskriterien qualifiziert haben und daraus eine Entscheidungsempfehlung ableiten.

Da der Verkäufer an der Endverhandlung meist nicht mehr mitwirken kann, muß er in den Gesprächen vorher die Entscheidungskriterien herausgearbeitet haben. In den Gesprächen mit den Beeinflussern wird er sein Angebot nach den vorliegenden Kriterien beurteilen. Zusätzlich „versorgt“ er seine Gesprächspartner mit ausreichendem Argumentationsmaterial, damit er in der Abschlußverhandlung als „Fackelträger“ für uns agieren kann.

Es hat sich bewährt, die Kernaussagen und die Argumente visuell aufzubereiten und in schriftlicher Form (Folien, Schriftsätze) dem Ansprechpartner zur Verfügung zu stellen.

Ziel sollte es stets sein, daß der Verkäufer Gelegenheit erhält, mit den Mitgliedern des Entscheidungsgremiums sein Angebot zu besprechen.

Das Angebotsgespräch mit den Entscheidern

Das schriftliche Angebot kann noch so gut und ausgearbeitet sein, wenn einer der Beeinflusser darin „ein Haar finden“ will, so wird er es auch finden.

Deshalb ist es empfehlenswert, daß der Verkäufer in der jetzigen, entscheidenden Phase mitwirkt. Er sollte bei der Angebotsbesprechung stets überprüfen, ob sich in der Entscheidungsphase die Haltung der Partner und damit die Position beim Kunden verändert hat.

Deswegen sollte das Angebot persönlich mit den Entscheidern und/oder Beeinflussern besprochen werden. Dabei präsentiert der Verkäufer seine Ideen und Lösungen gedanklich über Wort und Bild. Er beschreibt die Aufgabenstellung und stellt seine Lösung dar. Der Verkäufer beobachtet in dieser Phase sehr genau, wie seine Gesprächspartner körpersprachlich und sprachlich reagieren. Auf diese Reaktion kann der Verkäufer jetzt noch einwirken. Übersieht er das eine oder andere Signal, das sowohl Zustimmung, aber auch Ablehnung bedeuten kann, ist es schwer, eventuelle Fragen oder Informationsdefizite hinterher zu klären.

Je nach jetziger und vergangener Wettbewerbsposition gilt es, eine Reihe von Maßnahmen zu planen, die helfen, eventuelle Haltungen so zu verändern, daß sie in die Idealposition kommen. (Als Idealposition haben wir die bezeichnet, bei der ein objektiver Leistungsvorteil gegenüber der Konkurrenz auch vom Kunden als wichtig angesehen wird.)

In dieser Phase ist es enorm wichtig, über Argumentation, über Beispiele und Anwendungsnutzen

- den eigenen Wettbewerbsvorteil darzustellen,
- den Nutzen der Lösung für den Kunden in seinem späteren Anwendungsbereich deutlich zu machen,
- jedem der einzelnen Beeinflusser in und für seine Rolle den Vorteil des Produkts zu verdeutlichen.

Die Motivation, die Haltungen und Argumente sind auch die Weichensteller für weitere vor-, nach- und parallelgelagerte Maßnahmen, die der Verkäufer noch anbieten kann.

Weitere Maßnahmen, die der Verkäufer bei strategisch orientierten Verkaufsprozessen planen und durchführen kann

Das Angebot – die Offerte – kann vom Verkäufer noch um „auftragsabsichernde Maßnahmen" ergänzt werden, um den Interessenten oder den Kunden für die Annahme seines Angebots zu gewinnen. Nach der Offertenabgabe beginnt jedoch häufig erst die Schwierigkeit innerhalb der Entscheidungsphase. Denn über die Lösung ist in zurückliegenden Gesprächen diskutiert worden. Die Haltungen der Beeinflusser und Entscheider sind bekannt, die Abgrenzung des Angebots zu den Mitbewerbern ebenfalls.

Die Grundhaltungen und Einstellungen der Beeinflusser, die Alternativangebote und -lösungen und der bisherige Verlauf der Gespräche und Verhandlungen entscheiden mit, wie das Angebot innerhalb des Hauses bewertet wird. Sind bisher positive Erinnerungen von Kundenseite an die Gespräche mit dem Verkäufer vorhanden und besteht eine positive Grundstimmung, wird sein Angebot vermutlich auch positiver bewertet, als wenn der umgekehrte Fall eintritt: „Wer durch des Argwohns Brille schaut, sieht Raupen selbst im Sauerkraut."

Wichtig für den Verkäufer ist es nun, daß er kein Vakuum entstehen läßt zwischen der Angebots-(Offert-)abgabe und dem weiteren Entscheidungsprozeß. Der Verkäufer sollte den Kunden im positiven Sinne „beschäftigen". Er sollte Maßnahmen entwickeln, die die Haltungen der jeweiligen Gesprächspartner im Unternehmen schrittweise verändern lassen können. Und zwar in einer zeitlich und inhaltlich sinnvoll aufeinander abgestimmten Folge.

Dies kann beispielsweise sein: das Zuschicken von weiteren Fachinformationen, gemeinsamer Besuch bei einem Kunden, gepaart mit einer – wenn es paßt – Beziehungspflege (gemeinsames Essengehen, gemeinsame Abendveranstaltungen etc.).

Dies kann auch Maßnahmen beinhalten, die speziell für den Kunden geplant sind, wie beispielsweise Hilfestellung bei der Aufnahme von Daten, von Statistiken usw. Ziel ist es, daß der Verkäufer nicht vom Kunden „abgekoppelt" ist und der einzige Anlaß, den Kunden anzurufen, darin besteht zu fragen, wie weit die Entscheidung gediehen ist. Hier ist vom Verkäufer Kreativität und Flexibilität gefordert. Jegliche Maßnahmen müssen auf die Situation beim Kunden abgestimmt sein, wenn sie erfolgswirksam sein sollen.

Entscheidung – Abschluß

Entscheidung bedeutet die Auswahl einer Lösung. Wahrscheinlich wird keine Lösung alle Vorteile in sich vereinen und zugleich keine Nachteile besitzen. Der Entscheider wird sich sinnvollerweise für die Lösung entscheiden, die Vorteile maximiert und Nachteile minimiert: Er will einen Kompromiß schließen.

Die Aufgabe des Verkäufers besteht nun darin, durch Argumentationen, durch Beispiele Hilfen für die Entscheidung zu geben oder den Abschluß selbst zu tätigen. Er beachtet dabei, daß er den Kunden sicher macht und ihm vermittelt, sich richtig entschieden zu haben.

Herbeiführen von Entscheidungen

Während und in Gesprächen und Verhandlungen sollte der Verkäufer sehr genau und sensibel zuhören, ab wann ein Kauf- und Entscheidungssignal ausgesendet wird. Kommen solche vorsichtig formulierten oder direkt formulierten Entscheidungssignale, soll und muß der Verkäufer die Entscheidung einleiten. Hier gibt es eine Reihe von Möglichkeiten:

- Zusammenfassen der wichtigsten Punkte
- Nutzenkonzentration
- direkte Empfehlung
- Handlungs- und Tätigkeitskatalog aufstellen

Durchführung – Projektplanung

Nach der Entscheidung durch den Kunden gibt es einen weiteren wichtigen Punkt für den Verkäufer: die termingerechte und sachlich-inhaltlich richtige Durchführung. Hierzu hat es sich als hilfreich erwiesen, einen Projektplan zu entwickeln, der sowohl für den Kunden als auch für das Unternehmen des Verkäufers intern einen Handlungs- und Terminrahmen bietet. Dieser soll sicherstellen, daß alle an der Durchführung des Auftrags Beteiligten wissen, was, wo und bis wann geschehen soll, um sicherzustellen, daß der Kunde die versprochene Leistung erhält. Spätestens jetzt besteht für den Verkäufer die Notwendigkeit, konzentriert die Durchführung des Auftrags zu planen. Dies kann durch einen inhaltlich und zeitlich abgestimmten Projektplan sichergestellt werden.

Damit die Projekte zielgerichtet realisiert werden, ist es erforderlich, folgende Projektmanagementaufgaben zu realisieren:

- Projektplanung
- Projektsteuerung
- Projektüberwachung
- Managementinformation an die Entscheider und Beeinflusser

Hierzu ist es notwendig, daß ein Projektführer das gesamte Projekt überwacht. Dieser Projektführer hat die Aufgabe, das Projekt zu überwachen, zu steuern und gegebenenfalls zu optimieren:

- Projektaufbau und -ablauf
- zur Projektabwicklung zur Verfügung stehende betriebliche Kapazitäten
- Projektkostenpunkt

Als Entscheidungsunterlagen werden je Projekt

- Zeit- und Terminpläne, Kapazitäts- und Kostenpläne aufgestellt,
- Aktivitäten im Projektablauf hinsichtlich Zeitdauer und benötigter Kapazitäten überwacht,
- graphische oder tabellarische Übersichten zur Bewertung des Projektfortschritts erstellt,
- Auswirkungen eventueller Korrekturmaßnahmen auf das Projekt in Form von Abweichungen ermittelt und den beteiligten Stellen und Abteilungen rechtzeitig die jeweils immer notwendigen Informationen zur Verfügung gestellt.

Kontrolle

Kontrolle ist der Vergleich des erreichten Ist-Zustandes mit dem angestrebten Soll-Zustand oder Ziel beim Kunden.

Insbesondere die Kontrolle der Zufriedenheit des Kunden gibt Möglichkeiten zur Kundenpflege. Wer aus Furcht, etwas könnte nicht geklappt haben, den Kunden meidet, verzichtet auf Verbesserungsmöglichkeiten und Empfehlungen.

Mit der Kontrolle, der Hilfe und der Herstellung der Übereinstimmung zwischen Gewolltem und der Realität wird die Beziehung gepflegt. So kann ein Vertrauensverhältnis entstehen – der Verkäufer kann den Kunden zur aktiven Vollreferenz aufbauen. Er hat dann nicht nur einen Kunden gewonnen, sondern einen „Mitarbeiter", der möglicherweise weitere Interessenten für ihn wirbt.

Nachbereitung

Nach jedem Besuch, vor allem aber beim erfolgreichen Abschluß eines Projekts ist es notwendig, den Auftrag richtig nachzuarbeiten:

intern

- Abteilung/Personen informieren, die mit der Realisierung des Auftrages betraut sind
- Zuständigkeiten für den Auftrag klären
- Prioritäten klären
- Kapazitäten und Ressourcen berücksichtigen
- Vorgesetzten- und Kollegeninformation

extern

- Kunden
- Dank und Bestätigung für den Besuch
- nächsten Schritte beschreiben
- Zwischenbescheide geben, falls Termine aus irgendwelchen Gründen nicht eingehalten werden können
- proaktive Referenzpflege vornehmen, auch bei einem Nein des Kunden den Kunden weiterhin kontaktieren

3. Schlußbemerkung

Die zurückliegenden Ausführungen haben einige Ideen aufgezeigt, die helfen können, die Unternehmensziele durch professionelles Vorgehen des Verkäufers im Markt zu realisieren. Vielleicht haben Sie sich in Ihrer bisherigen Vorgehensweise wiedergefunden. Möglicherweise haben Sie auch einige neue Aspekte gefunden.

Literatur

Miller, Robert B. / Heimann, Stephen E. (1993): Strategisches Verkaufen, 5. Aufl., Landsberg/Lech

Sidow, Hans D. (1993): Key-Account-Management, 2. durchgesehene Aufl., Landsberg/Lech

Wolter, Friedrich-Holger (1985): Großkundenmanagement, Landsberg/Lech

Kapitel 9

Kundenbindung

Wolfgang Weiner

5. Der Verkäufer als gestaltende Persönlichkeit
   5.1 Einstellung zum Gesprächspartner
   5.2 Einstellung zum Unternehmen

Eine Firma und der zuständige Außendienstmitarbeiter freuen sich darüber, daß ein Kunde seit Jahren viele Produkte kauft und Leistungen in Anspruch nimmt. Um so erstaunter ist man darüber, wenn der Kunde plötzlich nicht mehr bestellt oder keine Leistungen mehr abnimmt. Was ist geschehen?

Nicht selten werden die Gründe für das Abreißen der Geschäftsbeziehung beim Kunden gesucht. Zum Beispiel vermutet man, daß dieser keinen Bedarf mehr hat oder daß seine Produktion umgestellt wurde und er die vom eigenen Hause angebotenen Halbfertigfabrikate nicht mehr benötigt.

Nach einiger Zeit reift vielleicht die Überlegung, inwieweit die „außer Takt geratene Kundenbeziehung" in den Leistungen des Unternehmens und der eigenen Verhaltensweise begründet sein könnte.

1. Grundlagen

1.1 Definition

Zwischen einem Kunden und Lieferanten bestehen unterschiedliche Qualitäten von Kundenbeziehungen. Die erste Verbindung geschieht mit der Kontaktaufnahme, die schriftlich, telefonisch oder persönlich erfolgen kann. Der Kunde reagiert entweder auf ein schriftliches Angebot, auf ein telefonisches Gespräch oder den persönlichen Besuch mit Interesse. Bei schriftlichen Kontaktaufnahmen kann die Situation des Kunden nur grob geschätzt werden, weshalb man die vielen Versuche der schriftlichen Kontaktaufnahme, auf die der Kunde nicht reagiert, auch als „Streuverlust" bezeichnet. Leichter ist es, eine positive Reaktion herbeizuführen, wenn der Verkäufer mit dem Kunden telefoniert oder ihn persönlich besucht. In beiden Fällen kann die Erwartungshaltung des Kunden aus der Stimme oder beim persönlichen Besuch sogar noch aus seiner Haltung gefolgert werden. Sobald der Kontakt zustande kam, gehen beide Partner eine Beziehung zueinander ein. Diese ist definiert als „wechselseitige Bedürfnisbefriedigung". Jetzt kommt es darauf an, daß der Verkäufer die Situation seines Kunden aufnimmt und sich auf den Kunden und die Situation einstellt. Die Kommunikationsform, die jetzt genutzt wird, ist das Gespräch. Treten im Gespräch Konflikte auf und die beiden Gesprächspartner kommen zu unterschiedlichen Auffassungen, die sie gegeneinander vertreten, ergibt sich eine Verhandlung. Der Verkäufer wird bemüht sein, aus der Verhandlung wieder eine Gesprächssituation entstehen zu lassen, weil er so leichter zum nächsten Schritt des Miteinander, nämlich zum Verhältnis kommt. Dieses ist eine mit Rechtsgrundlagen ausgestattete Beziehung. Wir sprechen deshalb von vertraglichen Verhältnissen, nicht von vertraglichen Beziehungen. Wird das Verhältnis einseitig, entsteht also eine Abhängigkeit, ist die Situation einer Bindung gegeben. Eine solche Bindung kann entstehen, wenn Kunden die Leistungen, die Aktivitäten sowie die Verhaltensweisen des Lieferanten so gut finden, daß sie keine Veranlassung mehr sehen, zu einem anderen Lieferanten zu wechseln und lieber eine Abhängigkeit eingehen, als die Mühe des Wechselns auf sich zu nehmen.

1.2 Sinn und Bedeutung von Kundenbindung

Jedes Unternehmen möchte seine Produkte und Leistungen optimal vermarkten. Dazu gehört es, das Potential des Marktes optimal auszuschöpfen. Die Marktausschöpfung bezieht sich sowohl auf die Gewinnung neuer Kunden (Kontakt) als auch auf das Ausschöpfen des Potentials bei bestehenden Kunden (Beziehung). Darum geht es in diesem Thema.

Die Qualität der Kundenbeziehung entscheidet in hohem Maß, ob das Potential beim Kunden mit Hilfe unserer Leistungen und Aktivitäten ausgeschöpft werden kann.

Eine intensive Kundenbeziehung nutzt beiden: dem Kunden und dem Lieferanten.

Über Jahre hinaus betrachtet, zeigt es sich, daß eine gute Beziehung zum Kunden die Voraussetzung dafür liefert, daß sich Lieferant und Kunde gemeinsam erfolgreich weiterentwickeln und sich wechselseitig Innovationsimpulse geben.

1.3 Schwierigkeiten bei der Erreichung einer tragfähigen Beziehung zum Kunden

Die Außendienstmitarbeiter lassen sich hinsichtlich ihrer Kontaktfähigkeit in zwei Gruppen unterscheiden: Der ersten Gruppe fällt es relativ leicht, Kontakte zu neuen Kunden aufzubauen. Sie tun sich dagegen mit der Kundenpflege und -bindung etwas schwerer. Die zweite Gruppe erweist sich als besonders erfolgreich in der Gestaltung einer positiven Beziehung zum Kunden. Die Neuakquisition fällt ihnen dagegen weniger leicht.

Daraus resultierend ist es empfehlenswert, sich kritisch selbst zu prüfen, inwieweit man für den Aufbau und die Gestaltung einer Beziehung zum Kunden geeignet ist und ob es hilfreich wäre, diese Aufgabe einem Kollegen, z. B. aus dem Innendienst zu übertragen, dem sie besser liegt.

Kundenpflege benötigt Zeit! Einige Außendienstmitarbeiter sagen, daß sie leider nicht die Zeit haben und sie sich auch nicht nehmen können, um intensive Kundenpflege zu betreiben. Letztlich entscheidet jeder Außendienstmitarbeiter darüber, inwieweit er sich Zeit für die Gestaltung der Kundenbeziehung nimmt, d. h. wie wichtig sie ihm ist.

Eine Schwierigkeit liegt darin, im Vorfeld die Erfolgswahrscheinlichkeit richtig einzuschätzen, ob die einzelnen Aktivitäten, die für den Kunden gestaltet werden, das Ziel erreichen. Jeder Außendienstmitarbeiter muß sich einerseits um die laufende Umsatzerzielung bemühen und dafür intensive Aktivitäten aufwenden, andererseits aber auch Aktivitäten ergreifen, um zukünftige Umsätze überhaupt erst zu ermöglichen. Dazu zählen in hohem Maß die Aktivitäten zur Gestaltung einer positiven Kundenbeziehung.

Dem Außendienstmitarbeiter, der sich entschieden hat, künftig stärker Aktivitäten zur Gestaltung einer positiven Kundenbeziehung zu ergreifen, stehen verschiedene Mittel und Maßnahmen zur Verfügung. Im Folgenden werden einige Möglichkeiten aufgezeigt und besprochen.

2. Verhaltensweisen gegenüber dem Gesprächspartner

Wenn die Beurteilung über die Qualität der Beziehung zum Kunden durch den Kunden eine subjektive Einschätzung ist, dann hängt es entscheidend davon ab, wie sich der Außendienstmitarbeiter gegenüber seinem Kunden verhält.

2.1 Wertschätzung

Jeder Mensch braucht eine positive Resonanz von seiner Umwelt, insbesondere von den Menschen, die er besonders schätzt. Obwohl wir alle wissen, daß auch uns Wertschätzung und Anerkennung guttun, unterlassen wir es häufig, dies unserem Gesprächspartner, insbesondere unseren Kunden zuteil werden zu lassen.

Überlegen Sie sich deshalb, welche Verhaltensweisen von Ihrem Kunden als besonders wertschätzend erlebt werden können. Wichtig bei der Auswahl der Verhaltensmöglichkeiten und Vorgehensweisen ist, daß diese zum Wertesystem des eigenen Unternehmens passen und das Ziel erreichen helfen. Genauso wichtig oder im Einzelfall wichtiger kann es sein, Verhaltensweisen und Vorgehensweisen zu wählen, die vom Kunden positiv erlebbar sind. Grundsätzlich gilt für den Kontakt:

Korrektes Erscheinungsbild

Viele Außendienstmitarbeiter unterschätzen die Wirkung korrekter Kleidung. Stellen Sie sich nur vor, wie andere Menschen, die nicht korrekt gekleidet sind, auf Sie wirken.

Ansprechen mit dem richtigen Namen

Es sollte selbstverständlich sein, daß der Kunde mit seinem richtigen Namen angesprochen wird. Auch die richtige Aussprache des Namens ist sehr wichtig. Insbesondere dann, wenn der Kunde einen besonders schwierigen Namen hat, weiß er es zu schätzen, wenn Sie zu den wenigen zählen, die ihn richtig aussprechen können.

Umgangsformen

In der heutigen Zeit wird der Wert von guten Umgangsformen wieder deutlicher erkannt. Dabei haben es Menschen zu allen Zeiten als wertschätzend erlebt, wenn man sie höflich und zuvorkommend behandelt hat. Selbst bei einer guten, sogar freundschaftlichen Kundenbeziehung sollte dies nicht außer acht gelassen werden, denn der Kunde ist nun einmal derjenige, der vom Lieferanten eine Leistung oder ein Produkt in Anspruch nimmt.

Äußerungen über den Gesprächspartner

Immer dann, wenn Sie bei Dritten Äußerungen über den Gesprächspartner machen, sollten Sie darauf achten, daß sie wertschätzend formuliert sind, denn es läßt sich nicht verhindern, daß die Einstellung, die Sie in Ihren Äußerungen zum Ausdruck bringen, dem Gesprächspartner indirekt wieder zufließen. Sie werden es nicht verhindern können, daß negative Äußerungen als geringschätzig erlebt werden. Dies gilt es zu verhindern.

2.2 Vertrauensvolle Beziehung

Wenn zwei Menschen sich vertrauen, haben sie sich nicht nur akzeptiert und tolerieren sich gegenseitig, sondern sie verlassen sich auf den anderen, d. h. auf seine Zusagen und Äußerungen. Vertrauen entsteht durch bestimmte Verhaltensweisen, auf die hier näher eingegangen werden soll.

In der Praxis können sich folgende Verhaltensweisen, jeweils orientiert am eigenen Wertesystem und an den Erwartungen des Partners, als vertrauensbildend erweisen:

Beratung

Wenn ein Außendienstmitarbeiter einem Kunden Informationen völlig neutral vermittelt, ohne daß er Verkaufsabsichten hat, so findet Beratung statt. Durch solche neutralen Informationen wird der Informationsstand des Gesprächspartners verbessert, und es wird ihm leichter möglich zu entscheiden. Deshalb empfiehlt es sich, die vertrauensbildende Wirkung der Beratung zu nutzen und den Kunden so häufig wie möglich in tangierenden Bereichen zu beraten.

Ehrliche Aussagen

Richtig verstandene Ehrlichkeit bedeutet, daß alle Aussagen wahr sein müssen. Doch muß ein Verkäufer nicht alles sagen, was er weiß. Dies wäre oft undiplomatisch oder ungeschickt.

Einstellung zum Produkt und zum Unternehmen

Jeder Außendienstmitarbeiter braucht eine realistische Einstellung zu den Leistungen und sollte die Werte seines Unternehmens vertreten. Wenn sich das Engagement des Mitarbeiters für die Leistungen, Produkte und Werte des Unternehmens als nicht ausreichend erweist, wird sein mangelnder Einsatz im Gespräch zum Ausdruck kommen und vertrauensmindernd wirken.

2.3 Das Verhältnis zum Kunden

Es versteht sich fast von selbst, daß Zusagen, die einem Kunden gegenüber gemacht worden sind, auch wirklich eingehalten werden. An Zusagen, die in Nebensätzen gemacht wurden, müssen Sie sich erinnern und sie gegenüber dem Kunden erfüllen.

In der Praxis erweisen sich nicht eingehaltene Zusagen als äußerst negativ für das Verhältnis zum Kunden. Deshalb sollte sich jeder Außendienstmitarbeiter im Augenblick der Zusage überlegen, ob er diese auch tatsächlich einhalten kann, insbesondere was die Zeit anbetrifft, in der die versprochene Leistung erbracht werden soll.

2.4 Informationsvermittlung

Als Außendienstmitarbeiter verfügen Sie häufig über hervorragende Kenntnisse des Marktes. Kunden empfinden es meist als angenehm, wenn Sie sich über wesentliche Veränderungen des Marktes informieren.

Kunden sind häufig auch daran interessiert, welche wesentlichen Veränderungen sich in Ihrem Unternehmen ergeben haben, insbesondere dann, wenn es Auswirkungen auf die Leistungserstellung hat. Selbstverständlich sollten auch neue Leistungen oder Produkte dem Kunden vorgestellt werden, auch wenn er diese momentan noch nicht in Anspruch nehmen kann. Es wird ihm durch die neuen Leistungen in jedem Falle bewußt gemacht, daß er es mit einem Lieferanten zu tun hat, der Neuigkeiten auf den Markt bringt, die für ihn künftig relevant sein könnten.

2.5 Problemlösungen

Bei einem guten Verhältnis zum Kunden erfahren Sie viele Informationen über sein Unternehmen und über seine Probleme und Schwierigkeiten.

Immer dann, wenn Sie als Außendienstmitarbeiter in der Lage sind, ihm Anregungen und Lösungsmöglichkeiten für seine Schwierigkeiten aufzuzeigen, stärken Sie damit das positive Verhältnis.

2.6 Betreuung des Kunden

Es gilt, in der Kundenbeziehung zu spüren, wie intensiv ein Kunde betreut werden möchte. Deshalb wäre es wichtig, den Kunden einerseits zu fragen, wie er betreut werden möchte, und ihm andererseits aufzuzeigen, welche Möglichkeiten der Betreuung Sie ihm angedeihen lassen können. Überlegen Sie sich, welche Betreuungsaktivitäten sich für die Kundenbindung als besonders stärkend in der Praxis erweisen könnten. Vielleicht wäre es sogar sinnvoll, einen Plan anzufertigen, in welchen man die einzelnen Betreuungsaktivitäten einträgt und diese dann konsequent in der Praxis durchführt.

3. Vom guten Verhältnis mit dem Kunden zur Bindung des Kunden

Je besser das Verhältnis zum Kunden, desto eher ist dieser auch bereit, sich als Referenzkunde zur Verfügung zu stellen. Damit entsteht automatisch eine über das Verhältnis hinausgehende Bindung des Kunden. Hat sich der Kunde gegenüber anderen Marktteilnehmern eindeutig mit den Leistungen seines Lieferanten identifiziert und sich dafür nennen lassen, ist es für ihn weit schwieriger, den Lieferanten zu wechseln.

3.1 Meinungserforschung

Eine weitere Maßnahme für den langfristigen Ausbau des Verhältnisses zum Kunden in Richtung Bindung ist es, möglichst viele Informationen darüber zu sammeln, wie der Kunde über Ihre Leistungen und Produkte denkt. Fragen Sie insbesondere Kunden, mit denen Sie ein bindungsnahes Verhältnis haben, vor allem danach, was ihm gut gefällt, aber auch danach, was seiner Meinung nach weniger gut ankommt.

In vielen Fällen ist es wichtig zu erfahren, warum er diese Leistungen so erlebt, um, insbesondere bei kritischen Äußerungen, darüber nachzudenken, wie sich sein Urteil zum Positiven verändern läßt.

3.2 Gemeinsame Produktentwicklung und -verbesserung

Aus einem guten Verhältnis zum Kunden kommen viele Anregungen und Ideen, wie sich Produkte verbessern lassen oder auch, welche neuen Produkte und Leistungen entstehen könnten. Nicht selten haben Forderungen des Kunden, die zunächst als unangenehm und vielleicht sogar schmerzlich erlebt wurden, dazu geführt, ein Unternehmen zu neuen Leistungen zu bringen, die am Markt als besonders gut empfunden wurden. Gemeinsame Produktentwicklungen und -verbesserungen stärken über ein normales Verhältnis hinausgehend die Bindung des Kunden an seinen Lieferanten. Dies gilt weitgehend auch für die folgenden Möglichkeiten.

3.3 Kunde ist Referenzkunde

Es versteht sich von selbst, daß nur ein solcher Kunde als Referenzkunde in Frage kommen kann, der die Leistungen eines Unternehmens als besonders gut erlebt. Deshalb wäre es wichtig, solche Kunden auszuwählen, bei denen wirklich das Preis-Leistungs-Verhältnis positiv erlebt wird, und sie zu fragen, ob sie bereit sind, als Referenzkunden aufzutreten.

Wenn Sie einen Kunden bitten, Referenzkunde zu sein, bringen Sie ihm gleichzeitig auch ein hohes Maß an Wertschätzung entgegen. Insbesondere dann, wenn Sie ihm noch zusätzliche Leistungen zukommen lassen, können Sie ihm die Entscheidung, Referenzkunde zu werden, erleichtern.

3.4 Gemeinsame PR-Aktivitäten

Wenn Sie Ihre Leistungen im Markt PR-mäßig bekannt machen wollen, wäre es sinnvoll, dabei auf Referenzkunden zurückgreifen zu können. Auf diese Weise machen Sie im Markt nicht nur Ihre Eigenleistungen bekannt, sondern Sie können gleichzeitig die Zufriedenheit sowie das besondere Leistungsspektrum Ihres Kunden darstellen, so daß sich derartige PR-Aktivitäten nicht nur in Zeitschriften anbieten, die den eigenen Markt abdecken, sondern durchaus auch in solchen Zeitschriften abgedruckt werden können, die über Ereignisse des Marktes, auf welchem der Kunde agiert, berichten.

3.5 Darstellungsplattform für den Kunden

Wenn Sie die Bindung des Kunden stark genug entwickelt haben, läßt er sich oder ein Mitarbeiter aus seinem Unternehmen als Gastredner verpflichten, z.B. bei Firmenveranstaltungen oder auch auf Symposien oder Kongressen.

Es versteht sich von selbst, daß auf diese Weise die intensive Bindung zwischen dem Kunden und seinem Lieferanten den Kongreß- oder Symposiumteilnehmern bewußt wird.

4. Engagement für das Unternehmen des Kunden

Kaum ein Kunde wird über einen längeren Zeitraum oder auf Dauer eine einseitige Bindung eingehen und sich der Definition des Wortes Bindung gemäß abhängig machen. Deshalb ist es besonders wichtig, bei den Kunden, mit denen eine Bindung angestrebt wird, jene Gegenleistungen zu bringen, die aus der Abhängigkeit heraus in eine dann verdiente Partnerschaft führen.

4.1 Beratung des Unternehmens

Als Verkäufer verfügen Sie normalerweise über umfassende Produkt- und Fachkenntnisse. Aus diesem Wissen heraus kann es möglich sein, Beratungen für ein Unternehmen zu erbringen, die zwar nicht bezahlt werden, jedoch eine stärkere Partnerschaft zwischen Ihrem und dem Unternehmen des Gesprächspartners ermöglichen. Deshalb ist es wichtig, sich zu überlegen, inwieweit das eigene Wissen für den Gesprächspartner bzw. seinen Aufgabenbereich im Unternehmen hilfreich sein kann, auch wenn dies unmittelbar mit der Leistungs- oder Produkterstellung nichts zu tun hat.

4.2 Vorträge und Referate

Leistungen, die man für den Kunden erbringt, können z.B. auch durch Fachvorträge und Referate erbracht werden. Selbst wenn diese Leistungen ohne Berechnung erfolgen, führt auch dies zu einer stärkeren Partnerschaft.

Bei den Vorträgen oder Referaten gilt es, darauf zu achten, daß die eigenen Leistungen und das Unternehmen nicht im Vordergrund stehen dürfen, sondern daß die Themenaufbereitung lediglich unter dem Aspekt der Zielsetzung des Referats oder des Vortrags erfolgt.

4.3 Beitrag für Veranstaltungen des Unternehmens

Wenn das Unternehmen Ihres Gesprächspartners Veranstaltungen durchführt, wie z.B. Betriebsfeiern, Ausflüge oder Abteilungsfeiern, ist zu überlegen, inwieweit Sie eine materielle oder ideelle Hilfestellung leisten können. So lassen sich z. B. Sachpreise für eine Tombola stiften oder auch besondere Leistungen erbringen, die den Erfolg einer solchen Veranstaltung spürbar verbessern.

4.4 Aufmerksamkeiten für Mitarbeiter und Kollegen

Außer Aufmerksamkeiten für Ihren Gesprächspartner können Sie überlegen, wieweit Mitarbeiter und Kollegen Ihres Kunden bzw. Ansprechpartners ebenfalls mit Aufmerksamkeiten bedacht werden sollten. Freundliche, wertschätzende Verhaltensweisen, ein Buch zu einem Thema, mit dem sich Ihre Gesprächspartner beschäftigen, Hinweise oder Einladungen zu Veranstaltungen u. a. können das partnerschaftliche Verhältnis immer wieder neu befruchten. Entscheidend ist nicht der Wert, z. B. des Geschenks, welches Sie überreichen, sondern vielmehr Ihre innere Einstellung, mit der Sie dies tun.

Wenn Sie die Mitarbeiter und Kollegen als Helfer für Ihr eigenes Ziel ansehen und Sie diese so behandeln, läßt es sich leicht erreichen, daß Sie auch in der Praxis von diesen Personen unterstützt werden.

5. Der Verkäufer als gestaltende Persönlichkeit

5.1 Einstellung zum Gesprächspartner

Es ist in hohem Maße entscheidend, welche Einstellung Sie zu Ihrem Gesprächspartner haben. Inwieweit ist es Ihnen möglich, diesen Menschen mit seinen Stärken und Schwächen zu verstehen und ihn anzunehmen, wie er ist?

Gehen Sie davon aus, daß Sie in Ihrer Rolle als Verkäufer den Menschen nicht verändern können. Sie können aber Ihre Einstellung zu ihm verändern, d. h. realistisch gestalten. Es läßt sich nicht vermeiden, daß Sie sowohl in Ihrer Wortwahl als auch in der Betonung und in der Körpersprache zum Ausdruck bringen, was Sie empfinden.

Selbst wenn Ihr Gesprächspartner auf diese Elemente nicht bewußt achtet, nimmt er diese unbewußt wahr und richtet seine Einstellung zu Ihnen danach aus. Diese Einstellung prägt auch die Qualität der Kundenbeziehung.

5.2 Einstellung zum Unternehmen

Jedem Verkäufer sollte es möglich sein, zu dem Unternehmen, das als Kunde bei ihm kauft, eine positive Einstellung zu finden. Sie darf nicht allein auf die Beziehung zu Ihrem Gesprächspartner beschränkt sein, sondern sollte sich auf das gesamte Unternehmen ausdehnen. Nur dann ist es möglich, daß Sie auch gegenüber Dritten positiv über das Unternehmen sprechen und damit auf indirektem Weg einen konstruktiven Beitrag für eine positive Gestaltung der Partnerschaft leisten.

Ausgehend von dem eingangs genanntem Beispiel, bei dem ein bisher guter Kunde plötzlich nichts mehr bestellt, kann man sich jetzt noch einmal fragen, welche besonderen Aktivitäten zur Unterstreichung der Kundenbeziehung in der Vergangenheit unternommen wurden und was sie letztlich gebracht haben.

Welche Aktivitäten wurden – ganz gleich aus welchem Grund – nicht ergriffen? Mit welchen Aktivitäten läßt sich für Ihr Unternehmen die Kundenbindung erheblich verbessern, so daß aus einem Kunden ein Referenzkunde werden kann?

Die Qualität der Partnerschaft mit den Kunden zeigt sich auch in dessen Zufriedenheit. Kundenzufriedenheit ist eine Größe, die für jedes Unternehmen nicht nur wichtig, sondern sogar überlebenswichtig ist. Wenn Ihre Kunden nicht mehr zufrieden sind und sich vom Unternehmen abwenden, können Sie in der Zukunft nicht mehr bestehen

Deshalb ist es wichtig, Kundenbeziehung aktiv zu pflegen und sich zu überlegen, welche weiteren und zusätzlichen Möglichkeiten in Frage kommen. Denn bei genauer Betrachtung kommen immer wieder neue Möglichkeiten hinzu, bei denen zu prüfen gilt, inwieweit sie einen Beitrag zur Kundenbeziehung leisten können.

Wenn Sie die Beziehung zu einem Kunden ähnlich wie eine Ehe betrachten, die man zwar einmal eingegangen ist, für die es sich aber immer wieder aufs neue zu engagieren gilt, werden Sie verstehen, wie wichtig es ist, Kundenbeziehungen aktiv wahrzunehmen und nach Möglichkeit zu verbessern.

Prüfen Sie doch einmal selbst, welche Bedeutung Kundenbeziehungen für Sie und Ihre Tätigkeit als Außendienstmitarbeiter haben.

Kapitel 10

Verkaufsfördernde Korrespondenz

Bernd Sattler

1. In der Korrespondenz zum Ausdruck kommende Werte

2. Briefe konzipieren und erstellen
   2.1 Auf den Inhalt kommt es an!
   2.2 Die Betreffzeile als Starthilfe nutzen
   2.3 Auf die Kundenbedürfnisse eingehen
   2.4 Partnerargumente beachten
   2.5 Reaktion des Kunden anstreben – aber wie?

3. Sagen Sie es treffender!
   3.1 Wollen Sie partnerorientiert sein, schreiben Sie im Sie-Stil
   3.2 Wollen Sie bildhaft sein, schreiben Sie in „Bildern“
   3.3 Soll Ihr Brief dynamisch wirken, vermeiden Sie Hauptwörter

4. Checklisten

„Ich habe doch gesagt, daß ich es tue", brummt der Teenager verärgert vor sich hin. „Der Ton macht die Musik", erwidert daraufhin die Mutter.

So ist es auch in der verkaufsfördernden Korrespondenz. Es kommt nicht allein auf das Was (Inhalt), sondern auch auf das Wie (Formulierung) an. Oder ist beispielsweise ein Brief verkaufsfördernd formuliert, wenn er dem Empfänger klar, leicht verständlich, in korrekter Form und bildhafter Sprache einige Unverschämtheiten an den Kopf wirft, ihn belehrt oder ihm Vorwürfe macht? Oder will ich mich mit Hilfe des Briefes dem Kunden gegenüber aufspielen, ihm imponieren, recht behalten – oder will ich verkaufsfördernd formulieren und Erfolg haben?

Die Antwort ist eindeutig. In der Rolle als Verkäufer darf man mit dem Kunden nicht korrespondieren, wie einem beliebt. Durch die Art und Weise, wie der Verkäufer seine Anliegen im Brief formuliert, kann er dazu beitragen, daß die Verkaufsziele erreicht werden können.

Als Verkäufer, der ich ja vom Kunden auch etwas will, muß ich als Partner dafür sorgen, daß die gesteckten Ziele erreicht werden.

Auf den folgenden Seiten werden verschiedene Möglichkeiten verkaufsfördernder Korrespondenz an Fallbeispielen dargestellt; die durch die Formulierungen zum Ausdruck kommenden Werte, die Briefkonzeption, die Formulierungen werden analysiert und Optimierungsmöglichkeiten vorgestellt.

Alle Beispiele und die dazu angestellten Überlegungen dienen Ihnen als Anregungen für Ihre eigene verkaufsfördernde Korrespondenz.

1. In der Korrespondenz zum Ausdruck kommende Werte

Im folgenden werden drei Briefe wiedergegeben, die nach einem Kundenbesuch geschrieben wurden. Die Briefe stammen aus drei unterschiedlichen Unternehmen.

Beispiel 1

Konzepta GmbH
z. Hd. Herrn Prokurist W. Mager
Postfach 111

78166 Donaueschingen

Donaueschingen, den 16.08.93

Bezug: Ihr Zeichen: Gm/GG, unser Zeichen: GM/LD
Betrifft: Besuch am 11.08.93

Sehr geehrter Herr Mager!

Wir möchten Ihnen hiermit unseren verbindlichsten Dank für die Aufnahme in Ihrem Hause am 11.08.93 aussprechen.

Wir erfuhren dabei von Ihrem Vorhaben, ein Lagerwirtschaftsprogramm ohne Abfragemöglichkeiten der Bestandsinformationen in Auftrag zu geben.

Bitte gestatten Sie uns, Sie höflichst davon in Kenntnis zu setzen, daß aufgrund unserer jahrelangen Erfahrung diese Lösung für die beabsichtigten Zwecke nur bedingt zur Installation empfohlen werden kann.

Mit den in der Anlage beigefügten Unterlagen würden wir Sie gerne veranlassen, von Ihrem Vorhaben abzulassen und unsere Lösung einer Prüfung zu unterziehen.

In der Hoffnung auf weiterhin gute Zusammenarbeit und mit vielem Dank für das uns bisher entgegengebrachte Vertrauen verbleiben wir

mit hochachtungsvollen Grüßen

Maier
Prokurist

Anlage

Beispiel 2

Konzepta GmbH
Herrn Mager
Postfach 111

78166 Donaueschingen

16.08.93

Die Lösung Ihrer EDV-Probleme

Guten Tag, sehr geehrter Herr Mager,

bei unserem letzten Besuch konnten wir Ihnen beweisen, daß wir – wie so häufig – etwas Besseres haben als unsere Mitbewerber! Es erübrigt sich wohl, an dieser Stelle noch einmal alle Nachteile der alternativen Programme aufzuzählen, die größtenteils hoffnungslos veraltet sind! Die Vergleichstests, von denen wir erzählten, sprechen wohl eine eindeutige Sprache.

Es ist nun eine Frage der Vernunft, wofür Sie sich entscheiden.

Ich rufe in der nächsten Woche an, damit wir endlich vorankommen.

Bis dahin!

Mit freundlichen Grüßen

Fischer
Sales Manager

Beispiel 3

Konzepta GmbH
Herrn Wolfgang Mager
Prokurist
Postfach 111

78166 Donaueschingen

Hermann Sobel, Durchwahl: 200 16.08.93

Konzept zu Ihrem Lagerwirtschaftsprojekt

Sehr geehrter Herr Mager,

wir möchten uns nochmals bei Ihnen für die freundliche Aufnahme am 12.08.93 und das konstruktive Gespräch bedanken.

Sie berichteten uns von Ihrem Vorhaben, Ihre Fertigung auf den neuesten Stand zu bringen.

Wir hatten Gelegenheit, im Gespräch die diversen Möglichkeiten miteinander zu vergleichen und abzuwägen, welches für Sie unter Kosten-Nutzen-Aspekten die beste Lösung sein könnte. Aufgrund Ihrer Informationen über Ihre zukünftigen Lagerwirtschaftsaufgaben erarbeiteten wir gemeinsam einen Anforderungskatalog für die Lösungsalternativen.

Dieser Anforderungskatalog diente zusammen mit unseren Vergleichsdaten als Grundlage für das von uns erstellte Konzept, das wir Ihnen zusammen mit diesem Schreiben als Diskussions- und Entscheidungsgrundlage übersenden.

Falls Sie zu dem Konzept Fragen oder Modifikationswünsche haben, stehe ich Ihnen gerne telefonisch unter der Durchwahl 200 oder zu einem persönlichen Gespräch zur Verfügung.

Mit freundlichen Grüßen

Hermann Sobel
Projektleiter Lagerwirtschaftssysteme

Anlage

Betrachten wir zunächst Beispiel 1. Der Brief wirkt übertrieben höflich. Die unterschwellige Grundhaltung: „Wir möchten Ihnen etwas verkaufen, wenn Sie es möchten", prägt den Briefstil. Es wird wenig herausgearbeitet, worin die Kompetenz und Erfahrung des Anbieters besteht. Die Formulierungen wirken unterwürfig („Bitte gestatten Sie uns, ..."). Der Brief sollte natürlich wirken, weder übertrieben selbstbewußt noch untertänig.

Der Schreibstil wirkt stellenweise etwas schwerfällig („... würden wir Sie gerne veranlassen, von Ihrem Vorhaben abzulassen und unsere Lösung einer Prüfung zu unterziehen."). Der Kern der Aussage, das eigene Angebot, ist zu wenig herausgestellt; die eigene Kompetenz, die eigene Erfahrung und das Know-how stehen im Hintergrund. Die Erwartungshaltung des Briefschreibers ist eher negativ gefärbt („In der Hoffnung auf ..."), und der Kunde wird nicht explizit zum Handeln aufgefordert.

Dagegen zeugt Beispiel 2 von großem Selbstvertrauen, stellenweise wirkt er arrogant („... konnten wir Ihnen beweisen, daß wir – wie so häufig – etwas Besseres haben ..., es erübrigt sich wohl, an dieser Stelle ..."). Statt verkaufsfördernd zu argumentieren, rutscht der Brief zu Impertinenz ab. Dem Kunden wird Unvernunft unterstellt, sollte er sich für einen anderen Anbieter entscheiden. Dem Kunden wird wenig Wahl gelassen, der Anbieter agiert.

Die Einstellung dem Kunden gegenüber in Beispiel 3 ist einfühlsam: Die Kundensituation steht am Anfang des Briefes. Damit gestaltet der Verkäufer die Beziehung zum Kunden, indem zuerst auf ihn und seine Situation eingegangen wird, bevor die Lösung vorgestellt wird. Der Anbieter hat jahrelang Erfahrungen gesammelt, aus denen der Kunde Nutzen ziehen kann, falls er dies wünscht. In der dritten Fassung stehen häufig „wir, uns, Sie, Ihre, Ihnen"; der Brief ist somit eindeutig auf den Partner ausgerichtet. Der Stil des Schreibens ist flüssig. Die Ausgangssituation des Kunden wird nochmals rekapituliert.

Es wird deutlich, daß hier die Lösungsmöglichkeiten gemeinsam mit dem Kunden erarbeitet wurden und die letztendliche Entscheidung allein beim Kunden liegt. Im vorliegenden Fall steht eine partnerbezogene Lösung im Mittelpunkt. Der Brief dokumentiert eine kundenbezogene Haltung („... stehe ich Ihnen gerne telefonisch unter der Durchwahl 200 ...").

2. Briefe konzipieren und erstellen

2.1 Auf den Inhalt kommt es an!

Worauf kommt es bei der verkaufsfördernden Korrespondenz eigentlich an? Was ist im einzelnen zu beachten, damit Briefe Aufmerksamkeit erwecken?

Mit überzogener Länge und umständlichen Formulierungen mutet der Briefschreiber dem Empfänger manches zu: Es kostet auch den Empfänger viel Zeit und Mühe, solche Briefe zu lesen.

Verkaufsförderung in der modernen Korrespondenz bedeutet heute etwas anderes als früher. Wurden früher häufig unterwürfige Floskeln verwendet, so werden heute gedankliche Ordnung und Kürze in den Formulierungen verwendet.

Ordnen und verbinden Sie deshalb Ihre Gedanken zu einer logischen Kette. Dadurch liest sich der Brief leichter, weil die inhaltlichen Teile ineinandergreifen.

Denken Sie deshalb bei Ihrer Korrespondenz an folgende Gliederung:

1. an bisherige Kontakte anknüpfen, Dank sagen
2. Sachverhalt, Aufgabenstellung oder Problem zusammenfassen
3. Lösungsmöglichkeiten entwickeln und bewerten
4. Nutzen für den Kunden herausstellen
5. Handlungsaufforderung formulieren
6. Termin- oder Zeitrahmen benennen
7. mit freundlichen Worten Brief beenden

2.2 Die Betreffzeile als Starthilfe nutzen

Die Betreffzeile zwischen den Bezugszeichen und der Anrede informiert den Leser schnell über den wesentlichen Briefinhalt.

Das Wort „Betreff“ wirkt heute eher verstaubt, so daß es ganz aus der Betreffzeile verschwinden kann, ohne vermißt zu werden. Jeder Empfänger schriftlicher Nachrichten weiß, daß zwischen Bezugszeile und Anrede der Betreff steht.

Sagen Sie deshalb sofort und ohne „Betreff“, „Betrifft“ oder „Betr.“, worum es Ihnen geht – möglichst klar und so, daß das Interesse des Empfängers geweckt wird.

2.3 Auf die Kundenbedürfnisse eingehen

Bedürfnisse sind Mangelerlebnisse. Sie sind die Grundlage für den Bedarf. Während Bedürfnisse schieben, zieht das Motiv. Motive sind Begründungen für die Durchführung oder Unterlassung von Handlungen. Ein Mensch hat Hunger. Dieses Bedürfnis schiebt ihn in Richtung Nahrung. Er hat das Motiv Gewinn, dieses Motiv zieht ihn in Richtung „billige Bedürfnisbefriedigung“. Hat er das Motiv Deckung, zieht ihn dieses Motiv in Richtung Bedürfnisbefriedigung mit neuen Angeboten. Wirken Bedürfnisse und Motive zusammen, ergeben sich Wünsche. Diese sind oft irrational.

Eine Frau kauft z.B. ein Kleid, damit sie „etwas zum Anziehen“ hat. Sie kauft ein bestimmtes Modell, damit sie hübsch aussieht, damit sich Leute nach ihr umdrehen, damit sie vielleicht auch einen bestimmten Menschen verzaubert.

Ein Mann kauft ein Auto nicht nur, um von einem bestimmten Punkt A nach B zu gelangen. Er kauft ein ganz bestimmtes Modell, um damit vielleicht auch seine Lebensart, seine technische Kompetenz oder seinen Erfolg zu dokumentieren.

Wenn Sie die Motive Ihrer Kunden kennengelernt haben, können Sie diese direkt ansprechen. Sie haben es dann leichter, die rationalen Argumente passend für den Kunden darzustellen.

Häufige Beweggründe (Motive) sind:

Motiv: Gewinn	• Geld sparen • Besitz und Wohlstand mehren • Zeit gewinnen
Motiv: Bequemlichkeit	• Mühe vermeiden, Arbeit erleichtern
Motiv: Ansehen	• Ausgefallenes besitzen • vor anderen gut dastehen
Motiv: Gesundheit	• gesund werden und bleiben

Motiv: Sicherheit — sich vor Unheil schützen
Motiv: Entdeckung — mehr wissen
Motiv: Soziales Mitgefühl — andere Menschen einbeziehen

Motiv: Sicherheit	● sich vor Unheil schützen
Motiv: Entdeckung	● mehr wissen
Motiv: Soziales Mitgefühl	● andere Menschen einbeziehen

Motive werden also durch die aus den Merkmalen und Eigenschaften resultierenden Vorteile und Nutzen angesprochen. Weitere Vorteile und Nutzen, die das jeweilige Motiv aktivieren, können sein:

- individuelle Beratung
- günstige Geschäftslage
- attraktive Verpackung
- zuverlässiger Kundendienst
- freundliche Beratung
- große Erfahrung, Spezialisierung
- absolute Termintreue
- günstige Zahlungsbedingungen
- niedrige Folgekosten
- bequeme Bestellung
- Versicherung gegen Bruch und Verlust

Gewichten Sie Ihre Argumente und bilden Sie für den Brief eine Rangreihe. Möglicherweise kommen Sie beim Erstellen der Rangreihe zu dem Ergebnis, daß für einen Kunden dieser und für den anderen Kunden jener Vorteil entscheidend ist. Das bedeutet, daß je nach Zielgruppe oder Kunde verschiedene Argumente in Ihrem Brief enthalten sein müssen.

Opfern Sie jedoch nicht die Übersichtlichkeit und den leichten Lesefluß einer übergroßen Vielzahl von Argumenten. In der Regel ist es vorteilhaft, sich im Brief auf drei bis vier wesentliche Argumente zu beschränken.

2.4 Partnerargumente beachten

Das Verkaufsgespräch von Angesicht zu Angesicht ist nie ein Monolog. Häufig hat der Kunde Fragen oder als Ausdruck seiner Konflikte, wie es leider häufig immer noch genannt wird – Einwände.

Auch in der verkaufsfördernden Korrespondenz sollten Sie den Kunden mit seinen Fragen und Argumenten berücksichtigen. Bemühen Sie sich, seine Fragen und Argumente vorwegzunehmen – dann können Sie auch entsprechend Ihren Unternehmenswerten darauf eingehen.

Von spezifischen Fachfragen abgesehen, interessiert den Leser meistens folgendes:

- Was habe ich davon, wenn ich den Brief lese?
- Trifft der Inhalt mein Problem?
- Welche Vorteile werden mir geboten?
- Bietet dieses Angebot mehr als andere?
- Kann ich dem Inhalt, dem Absender vertrauen?
- Wie kann ich mich selbst überzeugen und sicher sein?
- Was kostet das?
- Ist die Sache ihr Geld wert?
- Gehe ich damit ein Risiko ein?
- Wie lange muß ich mich binden?
- Welche Konsequenzen zieht das nach sich?
- Was muß ich tun, um das Angebot zu nutzen?

Diese Grundfragen stellen sich jedem Leser in verschiedener Form und Zusammensetzung, auch ihre Wichtigkeit variiert von Leser zu Leser.

2.5 Reaktion des Kunden anstreben – aber wie?

Erst durch die Reaktion des Kunden entsteht eine Beziehung zwischen Absender und Empfänger des Briefes. Selbst dort, wo es nicht direkt um das Verkaufen geht, wird eine Reaktion angestrebt, um den Kundenkontakt zu festigen oder Kundenzufriedenheit als Rückmeldung zu erhalten.

Dieses Ziel ist jedoch nicht immer in einem Schritt zu erreichen. Es bedarf meist vieler kleiner Schritte, um beim Kunden in ständig guter Erinnerung zu bleiben. Zwischenschritte können sein:

- Prospektmaterial verschicken
- Dokumentationen verschicken
- Erfahrungs- und Testberichte weitergeben
- Gratismuster zuschicken
- Einladung zum Fachgespräch

- Einladung in das Unternehmen
- Besichtigung von Ausstellungen
- Bestellung zur Ansicht
- Bestellung mit Rückgaberecht

Der Mensch schiebt Entscheidungen gerne vor sich her. Im Falle der verkaufsfördernden Korrespondenz kann das bedeuten, daß der Brief früher oder später im Papierkorb landet, selbst wenn durchaus Interesse am Angebot vorhanden war. Formulieren Sie deshalb einen zwingenden Grund, warum der Leser reagieren soll, z. B.:

- Messetermin
- Saisonzeiten
- neue Gesetze und Vorschriften
- bevorstehende Preiserhöhungen
- begrenzte Menge

Andere „Reaktionsauslöser" können Sie jederzeit schaffen:

- nur gültig bis ...
- ein spezielles Angebot für Sie ...
- ein Geschenk für die ersten 100 Rückantworten ...
- Teilnahme an einer Verlosung
- bestimmte Sonderleistung

3. Sagen Sie es treffender!

Lange Sätze – nein danke! Schwerverständliche Bandwurm- und Schachtelsätze entstehen, wenn zuviel Information in einen Satz gepackt wird. Sie überfordern die Energie und Aufnahmebereitschaft des Lesers und führen rasch zum „Ausstieg". Der Brief wird oberflächlich gelesen oder zur Seite gelegt.

Beispiel:
„Wir möchten Ihnen vorschlagen, Ihre Anregungen, von deren Vorteilen wir überzeugt sind und die wir warm unterstützen, im Rahmen einer gemeinsamen

Sitzung, zu der wir Sie hiermit herzlich einladen, zu diskutieren, damit entschieden werden kann, in welcher Weise die Aufgaben, die auf uns zukommen, angepackt werden sollen."

Besser:
„Wir sind von den Vorteilen Ihrer Anregungen überzeugt und unterstützen diese. Daher laden wir Sie zu einer gemeinsamen Diskussion ein. Darin kann entschieden werden, wie die zukünftigen Aufgaben gelöst werden sollen."

Formulieren Sie kurze und übersichtliche Sätze. Folgende Grundregeln helfen Ihnen dabei:

- *Nur ein Gedanke pro Satz*

Hängen Sie mehrere Gedanken nicht mit Bindewörtern aneinander. Packen Sie nicht einen ganzen Gedankengang in mehrere Nebensätze.

Beispiel:
„Wie Sie aus der zu Ihrer Orientierung beigefügten Preisliste entnehmen können, wird der betreffende Artikel in zwei Größen und unterschiedlichen Farben geführt."

Besser:
„Die Preisliste ist diesem Schreiben beigefügt. Der betreffende Artikel kann in zwei unterschiedlichen Größen und Farben geliefert werden."

- *Hauptsache nach vorne, keine „Vorreiter" benutzen*

Schachtelsätze entstehen, wenn zu viele Gedanken in einen Satz gepackt werden. Aber auch durch Vorreiter, die die Hauptsache in den Nebensatz drängen. Vorreiter sind Verlegenheitsfloskeln, die nichts aussagen; „daß", „wenn" und „ob" zeigen Vorreiter an.

Beispiele:
„Daß wir Ihnen jegliche Mühe ersparen wollen, zeigt sich ..."
„Wenn wir bald wieder von Ihnen hören würden, ..."

➧ *Maximal 15 Wörter pro Satz*

Ein leicht verständlicher Satz sollte im Durchschnitt etwa zwölf Wörter beinhalten. Wesentlich längere Sätze sind genauso schlecht wie viele kurze. Also kein Telegrammstil: „Bestellen Sie jetzt! Zum Sonderpreis! Ab 15.07.93! Tolle Gelegenheit für Sie!“ 15 Wörter pro Satz sollten die Obergrenze darstellen. Teilen Sie längere Sätze in mehrere kurze ein. Machen Sie aus Nebensätzen selbständige Hauptsätze.

➧ *Treffender formulieren*

Häufig enthalten Briefe pauschale Aussagen, die meist beim Leser kein besonderes Vertrauen auslösen. Es wirkt überzeugender, wenn Sie konkrete Angaben machen.

Beispiele:
„1500 Kunden unseres Unternehmens ...“
„Damit erreichen Sie einen Zeitgewinn von 45 Prozent.“
„Sie sparen 15 Prozent Lagerkosten.“
„Professor Müller und die Universität Mainz haben ...“

Anstatt:
„Viele tausend Kunden ...“
„Mit dem Zusatz arbeiten Sie fast doppelt so schnell ...“
„Sie ersparen sich Lagerkosten.“
„Viele berühmte und bekannte Experten haben ...“

3.1 Wollen Sie partnerorientiert sein, schreiben Sie im Sie-Stil

Manche Briefschreiber neigen häufig dazu, Sachverhalte aus ihrer Sicht einseitig darzustellen. Daraus entstehen Behauptungen, die nicht den Leser in den Mittelpunkt stellen.

Ich-Wir-Stil:
„Wir gewähren Ihnen 3% Skonto.“
„Wir bedanken uns für Ihr Interesse.“
„Unser Service wird ...“
„Unsere neue Kollektion steht Ihnen jederzeit zur Verfügung.“

Stellen Sie den Leser, seine Bedürfnisse und Ziele in den Mittelpunkt Ihrer Überlegung! Dann wird er spüren, daß Sie die Beziehung zu ihm aufbauen wollen. Die Sätze im Sie-Stil werden vom Standpunkt des Lesers formuliert:

Sie-Stil:
„Sie erhalten 3 % Skonto."
„Vielen Dank für Ihr Interesse."
„Genießen Sie den guten Service."
„Fordern Sie die neue Kollektion an."

Der Sie-Stil gewährleistet, daß Sie Ihr Angebot mit den Augen des Kunden sehen und ihm die Vorteile aus seiner Sicht erklären. Ganz brauchen Sie jedoch nicht auf „wir" und „uns" zu verzichten. Ein Satz wie: „Wir danken Ihnen herzlich für ..." oder „Ich schlage Ihnen vor ..." sorgt für wünschenswerte Abwechslung und läßt den Text natürlich klingen.

Hier können Sie Aussagen im Ich-Stil umformulieren:

Ich-Stil	Sie-Stil
1. Ich meine, daß dies die beste Lösung für Sie ist. 2. Wir gewähren Ihnen einen Sonderpreis von ... 3. Wir können Ihnen beweisen, daß ... 4. Wir sind der Meinung, daß der Service wichtiger ist als der Preis. 5. Wir bitten Sie, zukünftig die Verpackungskosten zu übernehmen. 6. Ich bitte um Nachricht, wann Sie in Stuttgart ankommen.	

3.2 Wollen Sie bildhaft sein, schreiben Sie in „Bildern"

Ein Bild sagt mehr als tausend Worte. Jedoch: Wörter sind ziemlich abstrakte „Bilder" und daher weniger anschaulich als das Original. Schreiben Sie deshalb so bildhaft wie möglich, um so mehr nähern Sie sich dem Original. So erkennt der Leser auch Ihren Eifer, den Sie als Schreiber empfunden haben müssen. Sie wecken damit Sympathie, Erinnerungen aus dem Gedächtnis des Lesers und verankern den Satz daran. Diese bildhaften Sätze enthalten oft Vergleiche in übertragenem Sinn.

Beispiele:
„Wir lassen Sie nicht im Regen stehen ...“
„Wie die Perle in der Muschel ...“
„Die Preise sind auf Talfahrt ...“
„Da werden Ihre Ohren Augen machen!“
„Ein Duft wie der Frühling selbst.“
„Die Handhabung ist kinderleicht.“

3.3 Soll Ihr Brief dynamisch wirken, vermeiden Sie Hauptwörter

Hauptwörter ersetzen? Ja, das geht! Ein Text mit vielen Hauptwörtern wirkt wuchtig, klotzig und unpersönlich. Bezeichnen Sie also nur Dinge mit Substantiven, aber Tätigkeiten mit Verben und Eigenschaften mit Adjektiven. So kommt Dynamik in Ihren Brief.

Hauptwörter: statisch	dynamischer
zum Versand bringen	senden, schicken
Antwort zukommen lassen	antworten
darüber Mitteilung machen	mitteilen
konnten in Erfahrung bringen	haben erfahren
den Vorschlag machen	vorschlagen
in Abzug bringen	abziehen
die stattgefundene Aussprache ergab	wir sprachen darüber
die Anmeldung übermitteln	anmelden
zur Erledigung bringen	erledigen, ausführen
erfolgte Ihrerseits keine Antwort	antworteten Sie nicht
in Arbeit befindlich	wird bearbeitet
die Rechnungsstellung erfolgt	wird berechnet
zur Anwendung kommen	anwenden
mit Entschiedenheit feststellen	entschieden feststellen
zu unserem großen Bedauern	wir bedauern, daß ...

Formulierungen mit Hauptwörtern auf -ung und -heit sind meist passive Formen des Verbs, die den Satz künstlich aufblasen und ihm die Dynamik nehmen. Vermeiden Sie diese Wörter, wo immer Sie können.

4. Checklisten

Checkliste: Briefe konzipieren

Vor der Arbeit am Brief sollten Sie sich die Unternehmenwerte in Erinnerung rufen und sich darauf einstimmen.

Sie sollten sich über das Ziel des Briefes klar werden.

- Motive ansprechen, die den Empfänger dazu bewegen, auf das Angebot einzugehen
- Vorteile für den Leser darstellen, das Angebot anzunehmen
- Umfeldbedingungen aufzählen, die für den Kunden einen Zusatznutzen bedeuten
- Welches Problem des Lesers wird durch das Produkt oder seine Eigenschaft gelöst?
- Unterscheidungsmerkmale des Angebots zu anderen Anbietern herausarbeiten
- die Werte der Unternehmer im Briefstil berücksichtigen
- Antworten auf häufige Fragen und Argumente des Kunden geben

Checkliste: Briefe formulieren

- Adresse, Ansprechpartner
- Betreffzeile als Starthilfe nutzen
- Eröffnungssatz: Interesse wecken, Dank sagen
- Sachverhalt oder Problem nennen
- Bisheriges zusammenfassen
- Lösungsmöglichkeiten entwickeln und benennen
- konkrete Aussagen machen
- aus der Sicht des Kunden formulieren
- Handlungsaufforderung an den Kunden formulieren
- Laufzeit oder Termin nennen
- freundlich schließen

Checkliste: Briefe optimieren

- einfache und übersichtliche Sätze
- im Durchschnitt nicht mehr als zwölf Wörter je Satz
- in kurze Absätze gliedern
- bildhaft schreiben mit Eigenschaftswörtern und Vergleichen
- aktive Verben verwenden
- Vorreiter vermeiden
- im Sie-Stil formulieren
- persönlicher und kundenorientierter Schreibstil

Literatur

Gassmann, H. A. / Rennhard, H. (1990): Briefe an Kunden, Stuttgart

Hager, R. (1992): So schreibt man Briefe, die verkaufen, 2. Aufl., Landsberg/Lech

Manekeller, W. (1992): Bürokorrespondenz – professionell und überzeugend, München

Kapitel 11

Verkaufen am Telefon

Birgit Stein

1. Das Telefon als wesentliches Arbeitsmittel des Verkäufers
2. Die bewußte Gestaltung von Sach- und Beziehungsebene
3. Die vier Aspekte der Kommunikation
4. Reklamationsbearbeitung als Problemlösungsprozeß
5. Die Checkliste für das ausgehende Telefongespräch
6. Die Nachbereitung des Telefongesprächs
7. Die Unternehmenswerte am Telefon leben

1. Das Telefon als wesentliches Arbeitsmittel des Verkäufers

Das Telefon ist im Zeitalter der technisierten Kommunikation zu einem unserer wichtigsten Hilfsmittel geworden – auch für den Verkäufer. Es erspart ihm Wege und damit Zeit, nimmt ihm jedoch gleichzeitig die Möglichkeit, den Gesprächspartner während des Gesprächs mit all seinen körpersprachlichen Reaktionen wahrzunehmen.

Damit ist der Telefonierende darauf angewiesen, ausschließlich aus der Stimme und Modulation des Gesprächspartners sowie den gesagten Worten Anknüpfungspunkte für das Gespräch zu finden. Folglich ist der Wahrnehmungskanal „Hören" zwischen Sender und Empfänger derjenige, über den die Beziehung zwischen den Telefonierenden gestaltet wird, um auf dieser Basis schließlich die „Sache" zu besprechen. Der Gesprächsinhalt ergibt sich aus den Aufgaben des Verkäufers, mit denen er die Ziele des Unternehmens erreichen will.

In den meisten Fällen ist das Ziel verkaufen. Für die Realisierung dieses Ziels muß der Verkäufer meist mehrere Arbeitsschritte vollziehen. Ein sehr wesentlicher davon ist derjenige, Termine bei potentiellen Kunden zu bekommen. In der Regel erfolgt dies telefonisch. Abgesehen von der Gesprächsbereitschaft des Kunden aufgrund seines momentanen Bedarfs, wird diese Bereitschaft sehr wesentlich bestimmt durch die Art und Weise, wie der Verkäufer sein Anliegen vorbringt, wie er es versteht, am Telefon Vertrauen aufzubauen. Erst, wenn ihm dies erfolgreich gelingt, wird er vom Kunden die Chance bekommen, die weiteren Arbeitsschritte hin zu seinem Ziel zu vollziehen.

Ein solcher weiterer Schritt ist nach Kontaktaufnahme, Information und der Bedarfsanalyse das Unterbreiten eines auf den Nutzen des Kunden bezogenen Angebots.

Verkäufer, die per Telefon Aufgaben wahrnehmen, erfüllen meist noch eine weitere Funktion, nämlich Reklamationen zu bearbeiten. Hierbei kommt es weit mehr als bei allen anderen Aufgaben darauf an, zum Kunden eine gute Beziehung herzustellen oder das Vertrauen wieder aufzubauen, das durch ein beispielsweise mangelhaftes Produkt verschüttet worden ist. Der Verkäufer muß durch sein Verhalten Verständnis für die Verärgerung des Kunden zeigen und ihm das sichere Gefühl geben, mit seinem Anliegen ernst genommen zu werden.

2. Die bewußte Gestaltung von Sach- und Beziehungsebene

Bisher wurde herausgestellt, daß sich der Verkäufer ständig sozusagen auf zwei Ebenen bewegt: Einerseits verfolgt er sein Sachziel, etwas zu verkaufen – er gestaltet die Sachebene. Andererseits muß er stets bemüht sein, eine vertrauensvolle Beziehung zum Kunden herzustellen und zu pflegen – er gestaltet die Beziehungsebene. Beide Ebenen beeinflussen sich wechselseitig. Dennoch ist die Beziehungsebene diejenige, die ausschlaggebend über Erfolg oder Mißerfolg beim Lösen der Sachaufgaben entscheidet. Drastisch gesagt: Der Käufer „kauft" oft in erster Linie den Verkäufer, erst in zweiter Linie das Produkt.

Die Schritte auf der Sachebene gestalten sich für den Verkäufer am Telefon wie folgt:

1. Er informiert sich vor Gesprächsbeginn über den Kunden, bisherige Geschäftsentwicklung etc.
2. Er stellt Fragen an den Kunden, um dessen Bedarf kennenzulernen.
3. Er analysiert die Aussagen des Partners hinsichtlich des möglichen Angebots.
4. Er definiert den Bedarf des Kunden (dessen Kaufziel).
5. Er überprüft durch Fragen die Richtigkeit des formulierten Ziels.
6. Er unterbreitet Angebotsvarianten (Lösungsvorschläge) für den Kaufwunsch des Kunden. Dabei argumentiert er den Kundennutzen aus den Merkmalen und Eigenschaften des Produkts, indem er dessen anbieterbezogene Merkmale überleitet in abnehmerbezogene. Damit aktiviert er die Kaufmotive des Kunden.
7. Anhand der aktivierten Kaufmotive des Kunden arbeitet er die für den Kunden beste Lösung nachvollziehbar heraus.
8. Er führt durch vertiefende Kundenutzenargumentation den Kaufabschluß herbei.

Wenn nun, wie weiter oben gesagt, die Gestaltung der Beziehung zum Kunden so wichtig ist, dem Verkäufer am Telefon jedoch dafür nur die Mittel seiner Sprache zur Verfügung stehen, wird deutlich, wie wichtig sprachliche Kommunikationsmittel für ihn sind.

Im Telefongespräch kann der Verkäufer seinen Gesprächspartner ausschließlich über den Kanal „Hören" erreichen. Es muß ihm gelingen, auf dieser „Wirklichkeitsebene" allein mit Ausdrucksmitteln der Sprache

- das Ziel seines Anrufs deutlich zu machen, z. B.: Ich möchte mit Ihnen einen Termin vereinbaren;
- die Fakten, Daten zu übermitteln, z. B.: Für Ihren Bedarf habe ich ein völlig neues Angebot;
- das Anliegen des Verkäufers erkennen zu lassen, z. B.: Ich habe mit diesem Angebot konkret an Sie gedacht, mich an Ihren Bedarf erinnert, bin aufmerksam;
- die Sicht des Verkäufers auf den Kunden zu vermitteln, z. B.: Du hast ein Problem, einen nicht gedeckten Bedarf.

3. Die vier Aspekte der Kommunikation

Das heißt, der Sender vermittelt allein über den Kanal „Hören“ diese vier Aspekte der Kommunikation:

- Der Ich-Aspekt beinhaltet Mitteilungen über den Sender.
- Der Du-Aspekt gibt Annahmen über den Empfänger.
- Der Zielaspekt meint die Absicht, den Appell, die Aufforderung, die in der Nachricht enthalten ist.
- Der Sachaspekt enthält Aussagen über den Inhalt, die Sache.

Die folgende Darstellung des Kommunikationskristalls macht deutlich, wie diese vier Aspekte letztlich in ihrer Formulierung Wirklichkeit gestalten.

Beim Verkaufen am Telefon obliegt dem Verkäufer als Sender eindeutig die Aufgabe, den Kanal „Hören“ so zu nutzen, daß der Empfänger die Botschaft mit allen vier Aspekten aufnehmen kann.

Wie aus der Darstellung des Kommunikationskristalls ersichtlich ist, fließen in die vom Verkäufer formulierten Aussagen dessen Werte, Normen und Einstellung ein. Sie beeinflussen seine Sprache.

Möchte der Verkäufer im Sinne der Unternehmenswerte am Telefon beispielsweise partnerschaftlich wirken, wird er jene Worte und Betonungen wählen, die diesem Wert entsprechen. Geeignete Verhaltensweisen wären beispielsweise: dem Partner nicht ins Wort fallen, dessen Fragen so beantworten, daß sich der Partner verstanden fühlt, aber möglicherweise im Ausdruck der

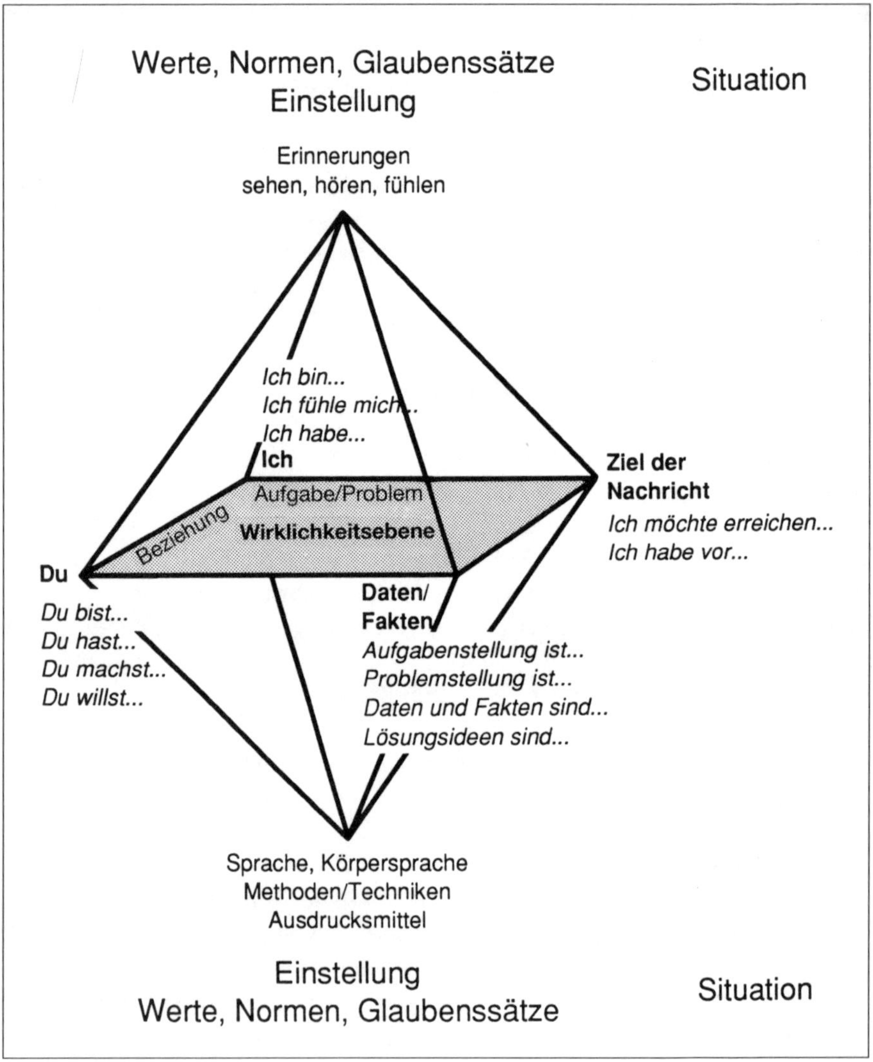

Abb. 1: Der Kommunikationskristall

Stimme sachlich bleiben. Das Gespräch wird er vermutlich nicht mit persönlichen Aussagen anreichern. Durch diese Verhaltenweise vermittelt er im Ich-Aspekt betont höfliche Sachlichkeit.

Erwartet der Gesprächspartner als Empfänger vor dem Hintergrund seiner Werte dagegen ausgesprochen freundliches Verhalten des Senders, wird ihn dessen kühle, höfliche Distanz möglicherweise befremden. Auf diese Weise kann es ungewollt zu einer Störung auf der Beziehungsebene zwischen den Gesprächspartnern kommen. In ihrer Folge ist der Empfänger u. U. nicht mehr bereit, den Ziel- und den Sachaspekt der Botschaft aufzunehmen.

Erbittet der Verkäufer beispielsweise telefonisch einen Gesprächstermin, kann ihm dieser allein durch die beschriebene Störung auf der Beziehungsebene verweigert werden.

Der Verkäufer hat die Aufgabe, schon bei der Begrüßung die Reaktionen des Gesprächspartners am Telefon zu erkennen und zu deuten und sich bezüglich der Wortwahl und dem Inhalt darauf einzustellen. Will er sein Ziel erreichen, muß er sich auf den Partner einstellen wollen. Nur dann steigt die Chance, daß er akzeptiert wird.

Auf der Grundlage einer positiven Beziehung können die Ziele auf der Sachebene, wie beispielsweise einen Gesprächstermin zu erhalten, leichter erreicht werden.

4. Reklamationsbearbeitung als Problemlösungsprozeß

Erinnern wir uns an den im Artikel „Das Verkaufsgespräch als Problemlösungsprozeß" dargestellten Ablauf, so kann der gezeigte Ablauf – angewandt auf den Ablauf eines Telefongesprächs – mit einem Beispiel belegt werden.

Am Kundendiensttelefon geht eine Reklamation ein. Um eine gute Beziehung zum Anrufenden herzustellen, zeigt der Bearbeiter Verständnis für den eventuellen Ärger beim Kunden über den Anlaß der Reklamation (Beziehung). Auf dieser Grundlage kann er auf der Sachebene die Problemlösung beginnen, indem er sich mit Hilfe von Fragen, Aufforderungen und anderen Stilmitteln über den Sachverhalt informiert. Aus den erfragten Daten und Fakten analysiert er den Gehalt der Reklamation und beschreibt (definiert) das Problem des Kunden. Durch eine Rückfrage läßt er sich vom Kunden bestätigen, ob er sein Problem verstanden hat. Jetzt prüft er bei sich und seinen Möglichkeiten, welches Ziel er erreichen will. Will er den Kunden halten oder will er die Reklamation zum Anlaß nehmen, einen seit langem unliebsamen und aggressiven Kunden geschickt loszuwerden? Auf der Grundlage des Ziels unterbreitet der Kundendienstmitarbeiter Lösungsvorschläge, die – und wir gehen davon aus, daß er den Kunden halten will – auf die Behebung des Schadens abzielen oder weitere Maßnahmen, wie etwa eine Terminvereinbarung für den Reparaturdienst, beinhalten. Gemeinsam mit dem Kunden werden die verschiedenen Vorschläge bezüglich ihrer Realisierbarkeit geprüft (bewertet), und dann wird über den am besten geeigneten Vorschlag entschieden. Der Kundendienst hat dann die Aufgabe, die Reparatur durchzuführen. Der Mitarbeiter veranlaßt die Weitergabe des vereinbarten Termins an den Reparaturdienst und kontrolliert die Abwicklung der Maßnahme. Er erbittet die Rückmeldung.

Diese Verhaltensweise gewährleistet, daß das Anliegen (Sache) des Kunden richtig verstanden wird und bearbeitet werden kann. Damit wiederum wird Vertrauen beim Kunden in die Arbeit der Firma erzeugt bzw. bestätigt und die Beziehung gepflegt.

In dem geschilderten Beispiel handelte es sich um ein eingehendes Telefongespräch. Es zwingt den Verkäufer zum schnellen Reagieren. Damit die Reklamation im Sinne seiner Aufgabe und der Unternehmensphilosophie gelöst wird, empfiehlt es sich, ständig folgende „Checkpunkte" vor Augen zu haben:

1. Bin ich auf den Partner eingestimmt?
2. Habe ich den Namen des Anrufers richtig verstanden?
3. Wie heißt seine Firma und lautet deren genaue Adresse?
4. Welches Anliegen hat der Anrufer?
5. An wen muß ich Informationen weitergeben?
6. Welche Termine sind vereinbart worden?
7. Was muß ich nach dem Gespräch veranlassen?
8. Wie bin ich mit dem Anrufenden verblieben?

5. Die Checkliste für das ausgehende Telefongespräch

Auf das ausgehende Telefonat kann sich der Verkäufer intensiver vorbereiten:

1. Einstimmung auf die Werte des eigenen Unternehmens, damit das den Werten entsprechende Verhalten zum Ausdruck kommt.

2. Mit welchem Ziel rufe ich den Gesprächspartner an?
3. Habe ich die Unterlagen zusammen, die für eine Verkaufsargumentation hilfreich sind?
4. Kenne ich den Namen des zuständigen Gesprächspartners?
5. Ist die Anrufzeit günstig?
6. Wie ist die bisherige Umsatzentwicklung
7. Welche Produkte hat der Partner wann und in welcher Menge zuletzt gekauft? Zu welchen Konditionen?
8. Welche Produkte hat er – obwohl angeboten – nicht gekauft? Wo lagen seine Widerstände? Welche Zusagen hatte ich ihm gemacht?
9. Was will ich heute verkaufen? Zu welchen Konditionen? Welche Zusatzangebote will ich unterbreiten?
10. Kann ich dem Gesprächspartner etwas Neues sagen? Biete ich ihm zusätzliche Informationen oder Dienstleistungen an?
11. Wie will ich mein Gespräch eröffnen (Aufhänger)? Was will ich erfragen, wie will ich es erfahren?
12. Welche Konflikte sind zu erwarten? Welche Antworten habe ich hierfür?
13. Welchen Nutzen biete ich meinem Partner? Welche motivbezogenen Argumentationen verwende ich?
14. Bevor ich zum Hörer greife und wähle / bevor ich die Verbindung herstellen lasse: Ich überprüfe meine Einstellung zum Partner – bin ich offen, positiv oder zielorientiert eingestimmt? Ich baue mein Bewußtsein auf, für eine gute Firma tätig zu sein und ein gutes Produkt mit vielen Vorteilen und Nutzen für den Kunden anzubieten.

6. Die Nachbereitung des Telefongesprächs

Nicht minder wichtig, oft genug jedoch nicht beachtet, ist die Nachbereitung eines jeden Gesprächs. Damit schafft der Verkäufer die Voraussetzung zur notwendigen Problemlösung. Gleichzeitig bereitet er für sich selbst damit die Unterlagen auf, die ihm beim nächsten Telefongespräch die notwendigen Informationen über den Sachverhalt vermitteln können.

Anhand der folgenden Checkliste kann der Bearbeiter überprüfen, ob er alle Schritte der Nachbereitung veranlaßt hat.

Checkliste: Schritte der Nachbereitung

1. Was war das wesentlichste?
2. Welche Termine habe ich mit dem Partner vereinbart?
3. Was muß ich veranlassen?
4. Wer muß über die Gesprächsinhalte informiert werden?
5. Wann und von wem benötige ich welche Rückmeldung?
6. Wann muß ich meinen Telefonpartner worüber unterrichten?
7. Welche Mittel setze ich zur Benachrichtigung ein?

7. Die Unternehmenswerte am Telefon leben

Das Telefongespräch selbst verlangt wegen der bereits genannten Besonderheiten ein besonderes Verhalten, in dem die Werte des Unternehmens über sprachliche Ausdrucksmöglichkeiten vermittelt werden.

Möchte eine Firma beispielsweise über das Verhalten ihrer Mitarbeiter den Wert „partnerschaftlich“ gelebt sehen, dann eignen sich die folgenden Verhaltensweisen: Reden Sie ruhig und freundlich. Durch Ihre innere positive Einstellung zum Partner, durch eine gute Körperhaltung beim Sitzen, durch richtiges Halten des Hörers und durch Lächeln beim Sprechen können Sie dies erreichen. Außerdem vermitteln Sie Partnerschaftlichkeit, indem Sie

- den anderen ausreden lassen,
- im Zweifelsfall nachfragen,
- ihn mit Namen ansprechen,
- aktiv zuhören,
- Fachchinesisch vermeiden,
- den anderen nicht in der Leitung „hängenlassen“,
- Wichtiges wiederholen,
- deutliche Aussprache pflegen,
- kurz und klar formulieren,
- langsam sprechen,
- sich freundlich verabschieden.

Soll also der Wert „partnerschaftlich“ telefonisch vermittelt werden, dann sind die folgenden Verhaltensweisen eher ungeeignet:

- Der Verkäufer verwendet Füll- und Modeworte.
- Er spricht in Schachtelsätzen, wenig verständlich für den Partner.
- Er führt lange Monologe, läßt den Partner wenig zu Wort kommen.
- Er verwendet viele Abkürzungen, die der Partner nicht kennt.
- Er benutzt verbale Bestrafungen, wie beispielsweise „Sie müssen …“.
- Er hat eine abstrakte Sprechweise, die den Partner im unklaren läßt, was der Verkäufer meint.

Der Verkäufer sollte also anhand der Werte, die er über sein Verhalten vermitteln möchte, die Wirkung seiner Ausdrucksmittel beurteilen und letztere entsprechend wählen und einsetzen.

Im wesentlichen dienen alle bisher besprochenen Techniken und Hilfsmittel beim Telefonieren dazu, die Ziele zu erreichen, die mit dem Telefonat gekoppelt sind und zusätzlich eine gute Beziehung zum Gesprächspartner aufzubauen und zu erhalten.

Wie weiter vorn bereits erwähnt, kann unter Berücksichtigung dieser Voraussetzungen der eigentliche Zweck des Verkaufsprozesses als Problemlösungsprozeß auf der Sachebene abgearbeitet werden.

Literatur

Ambiel, Bernd / Schwalte, Heinz (1990): Besser telefonieren – mehr verkaufen, Freiburg i. Br.

Döring, Peter (1992): Effektiv telefonieren, 2. Aufl., Landsberg/Lech

Hooffacher, Gabriele (1991): Telefon Marketing, München

Scheitlin, Viktor (1991): Meisterhaft telefonieren, Stuttgart

Weber, Michael R. / Fiedler, Ralf (1993). Telefon-Marketing, 2. Aufl., Landsberg/Lech

Zarro, Richard A. / Blüm, Peter (1991): Den richtigen Draht finden, München

Kapitel 12

Umgang mit der Zeit und Selbstmanagement als persönliche Arbeitstechniken

Matthias Hartmann

1. Aktuelle Erwartungen an den Komplex „Umgang mit der Zeit"

1.1 Erhöhung der persönlichen Arbeitsproduktivität

Durch richtigen, optimalen Umgang mit der Zeit und Optimierung der persönlichen Arbeitstechniken läßt sich die Produktivität um fünf bis 15 Prozent erhöhen. Damit wird der einzelne Mitarbeiter an seinem Arbeitsplatz und in der unmittelbaren Umgebung befähigt, mehr zu leisten. Mehr leisten heißt hier nicht, härter oder länger zu arbeiten, sondern intelligenter und ökonomischer die eigenen Kräfte im Sinne der Firmenziele einzusetzen. Insofern trifft auch hier das Wort „schlank" zu. Es geht darum, direkt und ohne Umschweife Kraft und Zeit zur Zielerreichung und Aufgabenermittlung zu bündeln.

1.2 Planungssicherheit: Überschaubare Zeiträume mit klaren Ergebnissen

Ziele sind etwas qualitativ anderes als Wünsche und Träume, obwohl letztere ebenso den Blick für Zeit, Zukunft, Möglichkeiten, Chancen und Defizite wecken. Sie sind jedoch noch nicht abgeleitet auf die Ebene der Mittel, Maßnahmen und Einzelschritte. Ein Ziel zeichnet sich dadurch aus, daß es meßbar ist. Bei der Zielerreichung muß erkennbar sein, inwieweit es in der veranschlagten Zeit geschah, ob die Mengen stimmen, ob die Qualität den benötigten Grad vorweist, ob das Finanzbudget eingehalten wurde etc.

Im Unterschied zur physikalischen Zeit, wo die Zeit nach natürlichen, mechanischen, elektronischen und ähnlichen Zeiteinheiten abläuft, schafft Zielsetzung eine neue Zeit. So gibt es jetzt den Vorlauf, die Startphase, den kritischen Moment, Parallelaktionen, die Entscheidungsreife, die Durchführung und Realisierung sowie schließlich die Auswertung. Jedes Ziel entwickelt seine eigenen Zeiten. Das bestätigt die alltägliche Erfahrung, daß es Zeiten gibt, die weniger anstrengend sind und daß es Zeiten gibt (in Minuten genau dieselbe Zeit), die als besonders anstrengend und intensiv empfunden werden, z. B. in kritischen Phasen oder bei der Realisierung.

Die einzelnen Phasen des Weges zum Ziel:

- Information (Informationen und Ideen sammeln)
- Analyse (Aufgliedern und Durchdringen der Informationen)
- Definition (Genaue Festlegung und Beschreibung der Aufgabe/des Problems)
- Überprüfung des Ziels (Überprüfung des geplanten Ziels hinsichtlich Erreichbarkeit/Wichtigkeit bzw. neue Zieldefinition)
- Lösungsmöglichkeiten (Suche und Erarbeitung von Vorgehensweisen und Maßnahmen zur Zielerreichung)
- Bewertung (Einschätzung der verschiedenen Lösungsmöglichkeiten zur Zielerreicherung)
- Entscheidung (Auswahl der am besten geeigneten Lösungsmöglichkeit/Maßnahme)
- Durchführung (Realisierung der gewählten Maßnahme)
- Kontrolle (Überprüfung des erreichten Zustands)

Auf diesem Weg gilt es, die Reihenfolge der Phasen einzuhalten, weil sie logisch auf das Ziel hinführt. Dabei ist jede Phase ein in sich abgeschlossener und erfolgreicher Schritt. Sie unterscheiden sich im Zeitbedarf bzw. in der Intensität. Erfahrungsgemäß sind in einem Unternehmen Zeitaufwand und Belastung bei den einzelnen Phasen bekannt. Was fehlt, ist oft ein Bewußtsein für die logische und notwendige Aufeinanderfolge sowie für die regelmäßige Kontrolle der erreichten Zwischenergebnisse.

1.3 Erfolgsorientierung: Die richtigen Dinge zur rechten Zeit tun

In der Medizin gilt das Sprichwort: „Wer heilt, hat recht!" Gleiches gilt beim Selbstmanagement. Es ist ein Mittel und zählt nur in bezug auf den Erfolg. Es gilt deswegen mehr, die richtigen Dinge zu tun, als nur die Dinge richtig zu tun.

Ein Planungsinstrument wie das des Selbstmanagements soll den Blick für die wichtigen Dinge schärfen. Ob die wichtigen Dinge aber A- oder B- oder C-Priorität besitzen, das zu beurteilen kann das „Zeit"-Management dem Menschen nicht abnehmen. Der Mensch muß entscheiden, was wichtig und dringend im Blick auf den Unternehmenserfolg ist und damit auch für seinen persönlichen Erfolg. Was Planungsinstrumente in diesem Zusammenhang wirklich leisten, das ist die Freude des einzelnen am Erfolg, wenn die Ziele in einzelnen, erreichbaren Schritten auseinandergelegt worden sind. Jetzt bringt nämlich jeder Schritt einen Erfolg. Und nichts motiviert mehr als der Erfolg.

Wie gesagt, wenn die Ziele klar sind, dann ist jeder Schritt daraufhin ein Erfolg. Damit wird der Primat des Handelns als Faktor erfolgreicher Führung greifbar und realisierbar.

1.4 Verkürzung der Fristen

Den größten Effekt bringt der richtige Umgang mit der Zeit in Situationen, wo sehr viel Raum für Eigenverantwortlichkeit in bezug auf den Erfolg gegeben wird. Natürlich mit der Konsequenz, beim Mißerfolg auch dafür geradezustehen. Ob es nun Profitcenter, dezentrale Organisationen, Projektmanagement u. ä. heißt, das bleibt in diesem Zusammenhang gleich. Es lohnt sich, die eigene Produktivität zu erhöhen, und das wird über Selbstmanagement erreicht. Je mehr selbstbestimmte Zeit (SBZ) verfügbar ist im Verhältnis zur fremdbestimmten Zeit (FBZ), um so mehr braucht es persönliche Organisation und Disziplin. Der eigene Arbeitseinsatz ist jetzt direkt verknüpft mit dem Erfolg des Unternehmens.

So, wie sich der einzelne über Ziele selbst managt, so wird er jetzt auch die Anziehungskraft von Zielen nutzen, um an die Kreativität, Verantwortungsbereitschaft und Eigenmotivation der Mitarbeiter bzw. Kollegen zu appellieren. Delegation heißt jetzt das Stichwort, um das bisher Unmögliche möglich werden zu lassen, nämlich eigene Arbeitsentlastung bei gleichzeitig schnellerer Zielerreichung. Es lohnt sich, auf die Selbständigkeit und Leistungsbereitschaft der Mitarbeiter zu zählen.

1.5 Optimierung der Persönlichen Arbeitstechniken (PAT)

Ob und welche Erfolge jemand anstrebt, das läßt sich nicht über das Zeitplanbuch entscheiden, sondern das muß derjenige selber entscheiden; aber das Umfeld von persönlichen, familiären und beruflichen Zielen gilt es zu kennen, um realistisch für den beruflichen Bereich den Umfang und die Erfolgswahrscheinlichkeit einschätzen zu können.

Persönliche Arbeitstechniken (PAT) und Zeitplanung sind Mittel, die die wesentlichen Entscheidungen des Lebens nicht abnehmen. Sie setzen darauf, mit klaren Zielen intelligenter und nicht härter zu arbeiten, die eigene Arbeitsproduktivität zu erhöhen, sich von unnötiger Arbeit zu entlasten, den Streß zu reduzieren, den Einsatz von Sachmitteln am Arbeitsplatz zu optimieren und das

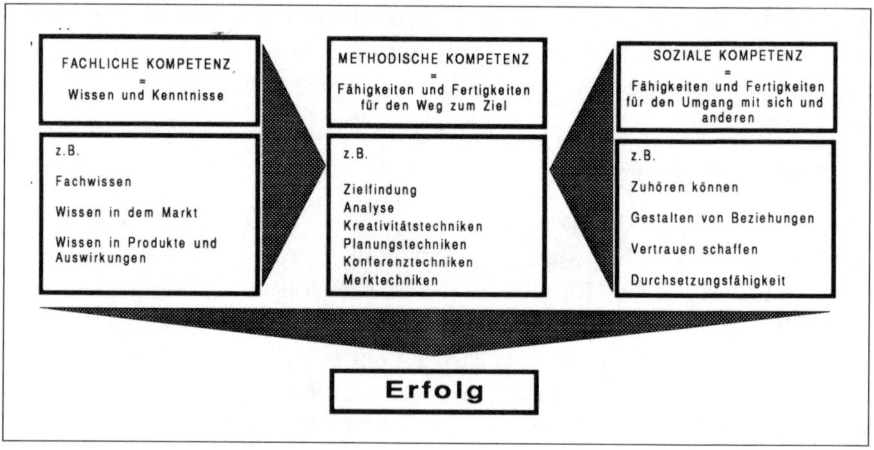

Abb. 1: Kompetenzbereiche

Gesprächsverhalten unter dem Aspekt „Zeit" zu verbessern. Dem voraus geht eine Ist-Analyse, wie sich Fach- und Führungskräfte am Arbeitsplatz die Zeit einteilen und wie sie im unmittelbaren Arbeitsumfeld mit Störungen und Chancen umgehen. Jetzt wird deutlich, daß Selbstmanagement mehr ist als Terminverwaltung und korrektes Führen eines Zeitplanbuchs und Zeitmanagement nicht möglich ist! Es geht um den Erwerb und die Optimierung der persönlichen Arbeitstechnik. Sie dienen dazu, in der vorgegebenen Zeit effektiver und erfolgreicher zu arbeiten.

2. Der Ertrag von dreißig Jahren Erfahrung mit Selbstmanagement

2.1 Die Formel für Wirksamkeit

In den 60er Jahren, vor der ersten Ölkrise, beherrschten zweistellige Wachstumszahlen den Markt. Produktivität war angesagt. Ausgehend von der Automatisierung in den Schlüsselbranchen, wie Automobilbau, erkannten weitere Industriezweige und auch Dienstleistungsunternehmen, wie sich durch Terminierung von Produktionsabläufen, Just-in-time-Lieferungen und Zeitpersonaleinsatz Geld sparen und gleichzeitig die Produktivität erhöhen ließ. So wurde Zeit zu Geld. Auf den Alltag des Managers angewandt, hieß das: Mit welchem persönlichen Einsatz ist die größte Wirkung zu erzielen? Die Pareto-Formel bekam einen neuen Glanz. Sie besagt eine statistische 20–80-Regel und meint, daß nur 20 Prozent einer Menge 80 Prozent der Abweichungen in der Gesamtmenge verursachen.

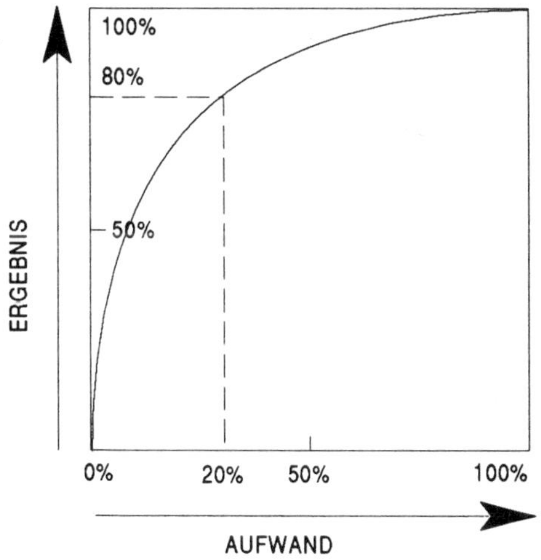

Abb. 2: Pareto-Kurve

Konkret bedeutet das, wenn ein Manager unter zehn wichtigen Punkten nur zwei wirklich erledigt, dann hat er 80 Prozent von dem geschafft, was er wirklich tun muß. Und bei 80 Prozent Wirkungsgrad muß sich keiner als Versager fühlen, wenn er die restlichen acht Punkte nicht geschafft hat. Diese statistische Wahrheit stimmt im Manageralltag. Sie hat die Grundregel wirkungsvollen Handelns bestätigt: Nur wirklich erledigte Punkte bringen weiter.

2.2 Die Prioritäten bestimmt die Firma

Die Wahrheit der Pareto-Formel ist eine statistische Wahrscheinlichkeit. Ob nun der ausgewählte Punkt auch wirklich der wichtigste ist, der am meisten Effekt verspricht, darüber schweigt die Statistik. Oft sind wichtig erscheinende Punkte einfach nur dringend. Entscheidend im Hinblick auf den Erfolg ist daher die Frage: Was ist aus der Sicht der Firma wichtig?

Damit kam ebenfalls in den 60er Jahren eine große Analysewelle in die Firmen. Erstens galt es, alle täglichen Tätigkeiten einzeln zu analysieren, sie dann nach Kategorien zu ordnen, wie Routine, Störung, Sozialkontakt, Konferenz etc. Zweitens mußten dann diese Aktivitäten nach Prioritäten geordnet werden. So gilt bei Priorität A (dringend und wichtig): es selbst tun. Bei Priorität B (wichtig, aber nicht dringend): es planen und terminieren. Bei Priorität C (dringend, aber nicht wichtig) heißt es delegieren. Und letztlich die Priorität D (nicht wichtig und auch nicht dringend): Sie bedeutet, es lassen, weil es sich von selbst erledigt und im Sinne der Firma nichts bringt. Durch dieses Vorsortieren wurden Manager von Routineaufgaben entlastet. Sie konnten Projekte auf mehrere Schultern verteilen und somit schneller zum Erfolg führen. Als Führungskraft waren sie jetzt frei für langfristige Planungen.

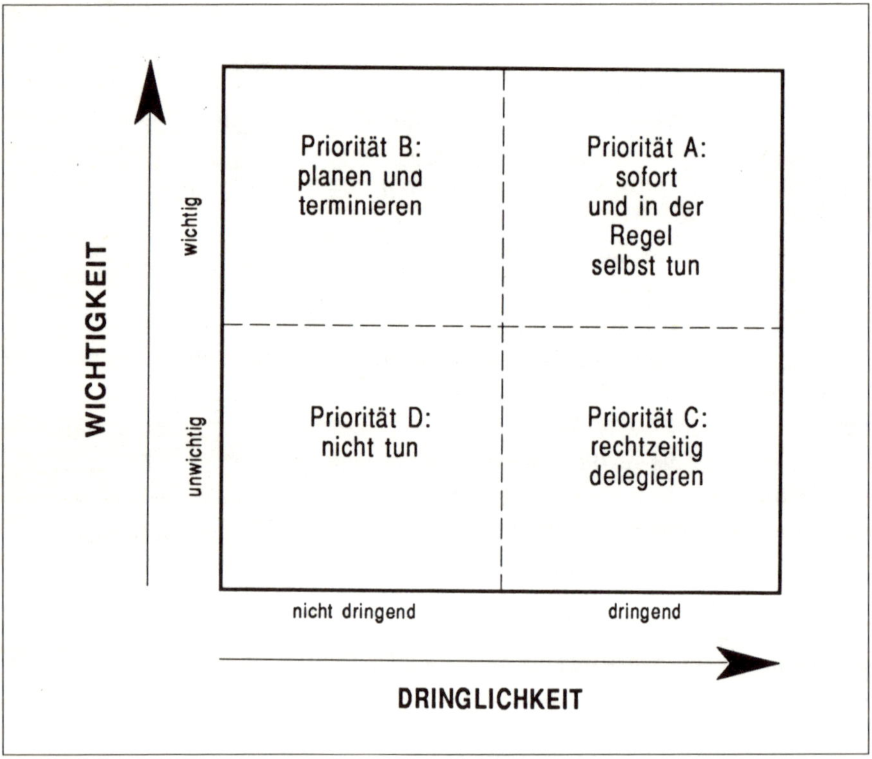

Abb. 3: Prioritätenbildung

Der Zeitaufwand für die Analyse, die neuen Einteilungen und die Absprachen über die jeweiligen Prioritäten und notwendigen Aktivitäten ist groß, größer als vielfach vermutet, wie die Kritiker sagen. Die Befürworter jedoch behaupten, daß sich eine gute Planung und Absprache aufgrund der Kürze in der Realisierungsphase wieder rechnet. Hinzu kommt noch ein nicht unerheblicher Effekt in der Veränderung der Unternehmenskultur durch die Sensibilisierung der Mitarbeiter für den Unternehmenserfolg. Marktveränderungen werden schneller wahrgenommen. Aufgrund der größeren Selbständigkeit der Mitarbeiter gewinnt die Firma eine größere Flexibilität, um auf Kundenwünsche und Markterfordernisse schnell zu reagieren. Insgesamt wird das Reaktionsvermögen als Ganzes beschleunigt, weil über Prioritäten und Ziele kommuniziert und über Delegation die Arbeit auf mehrere Schultern verteilt wird.

2.3 Das Zeitplanbuch: Ein Mittel zur gleichzeitigen Planung und Bearbeitung von mehreren Zielen

Bisher hatte ein übersichtlicher Kalender oder ein normales Ringbuch genügt, um Tagesaktivitäten, Prioritätenlisten, Zielvereinbarungen, Berichtsformulare für den täglichen Gebrauch festzuhalten. Mit der chronologischen Zeiterfassung der 70er Jahre kam das Prinzip der Schriftlichkeit in die persönliche Planung. Neben den sachlichen und teambezogenen Erfordernissen wurde mit den Aufzeichnungen der Blick für die persönliche Arbeitsweise geschärft. Es wurden stille Stunden als Termine mit sich selbst eingeführt, um in der Tagesstörkurve nicht unterzugehen. So wurde die persönliche Leistungskurve ermittelt, um dementsprechend A-Aufgaben bei Leistungshoch oder C-Aufgaben am Nachmittag zu planen. Alles fand Eingang in das Zeitplanbuch, bis hin zu Fitneßtrainings, Sauerstoffzufuhr, Diätplänen und Entspannungstechniken. Dadurch wurde es zu einem mobilen Büro. Es ist Notizbuch, Tagebuch, Adreßregister, Ideenkartei, Nachschlagewerk, Planungsinstrument, Terminkalender, Telefonregister, Datenbank und Kontrollwerkzeug zugleich. In diesem mobilen Büro wird alles schriftlich festgehalten, damit nicht geschieht: aus den Augen, aus dem Sinn. Schriftlich formulieren heißt auch, sich zu konzentrieren, sich mit den eigenen Entscheidungen selbst zu motivieren. Die Kontrolle am Abend und die schriftliche Vorplanung finden die Schwachstellen und Störfaktoren und übernehmen Unerledigtes in den nächsten Tagen. Außerdem ist es eine Dokumentation über die geleistete Arbeit und kann in bestimmten Fällen als Protokoll der Aktivitäten dienen. Weil jetzt die ganze zur Verfügung stehende Zeit im Sinne von Lebenszeit in den Blick genommen wurde, ergab sich persönlich, beruflich wie familiär, ein großer Planungsaufwand. Das bedeutete einerseits eine Beschleunigung in der Zielerreichung mit dem Preis, daß Hektik und Streß zunahmen. Es schien noch mehr möglich zu sein mit der eigenen Planung. Man hatte aber im Endeffekt die Zeit noch weniger im Griff. Es reduzierte nicht die Termine, sondern vermehrte sie.

2.4 Der neue Trend: Mit dem Trend zu gehen und die Zeit für sich arbeiten zu lassen

In den 80er Jahren wurden auf breiter Front die mittlere Führungsebene und viele Fachkräfte im Selbstmanagement (viele auch fälschlicherweise in Zeitmanagement!) geschult. In diesen Seminaren setzte man stark auf den Aufbau eines besonderen Gruppengefühls und förderte ein gewisses elitäres Bewußtsein. In den letzten Jahren ist eine Ernüchterung festzustellen: Zeitmanagement entlarvte sich als wenig tauglich, weil man Zeit nicht managen kann. Jemand kann nur sich selbst managen im Sinne von Persönlichen Arbeitstechniken. Dabei geht es schlicht um den Erwerb von Tools, die ein selbständig Arbeitender braucht. Abschied ist von den großen Versprechungen genommen, daß konsequentes Zeitmanagement Erfolge vorprogrammiert. Außerdem wurde festgestellt, daß diese hochtourige Beschleunigung auf Dauer keiner durchhält. Entscheidend für die Ernüchterung war aber, daß Zeitmanagement systembedingt blind macht für die kleinen und die großen Umweltveränderungen. Sie können nur als Störungen der eigenen Pläne wahrgenommen werden. Wie viele Pläne mußten umgeschrieben werden, als die deutsche Vereinigung perfekt war oder als der Golfkrieg ausbrach oder einfach nur deswegen, weil gutes Wetter die Konsumgewohnheiten veränderte. Gerade diese „Störungen“ jedoch signalisieren Energien, die es zu lenken und zu nutzen gilt.

Selbstmanagement hat zunehmend mit dem Problem unserer Zeit zu tun, mit dem Informationsfluß und der Gleichzeitigkeit von Ereignissen. Es wird immer klarer, wie alles mit allem zusammenhängt. Die Energien, die dort die großen und die kleinen Veränderungen bewirken, sind nicht mehr durch verhältnismäßig schwache Mittel wie Zeitmanagement zu steuern. Es gilt, eine neue Sensibilität und Flexibilität zu entwickeln, die frühzeitig strategische Allianzen wahrnimmt, die den Wertewandel bei den Konsumenten erkennt, die einzuschätzen vermag, wie viele Veränderungen das neu geschärfte Umweltbewußtsein bringen wird, die die Energien des neuen großen europäischen Marktes für die eigene Situation zu deuten weiß, die aus den Flüchtlingsströmen

Folgerungen zieht. Zeitmanagement hat sich selbst ad absurdum geführt. Andere neue Inhalte sind nötig, die wir schon immer als Persönliche Arbeitstechniken (PAT) und Selbstmanagement angeboten haben.

Es stehen jetzt nicht mehr kleinformatige Lösungen an, sondern der Blick für die großen Veränderungen und Umwälzungen. Trendmanagement sucht gerade das, was das klassische Selbstmanagement zu verhindern suchte, nämlich Störungen, Konflikte, unmerkliche Veränderungen, unerklärliche Vorgänge.

Sie werden jetzt wahrgenommen als Anzeichen von neuen Richtungen, als Signale für dahinterliegende und darin wirkende Energien. Zur Förderung dieser Wahrnehmungsfähigkeit werden neue Techniken angeboten, im Sinne von Kreativitäts- und Szenariotechniken. Sie alle dienen der Visualisierung der verschiedenen Daten, um vor lauter Bäumen und Ereignissen wieder den Wald zu sehen. Sich mit der eigenen kleinen Energie den großen Energieströmungen anzuschließen, hat den großen Vorteil, daß die eigene Kraft um ein Vielfaches unterstützt wird und die Erfolge in der Linie der Zeit liegen.

3. Persönliche Arbeitstechniken und Selbstmanagement

3.1 Die Grundlage: Motive sind der Motor auf dem Weg zum Ziel

Die alten Griechen verstanden das Problem einer erfolgreichen Persönlichkeit unter dem Bild des Wagenlenkers. Er hat es mit zwei Pferden zu tun, mit dem Willen und mit dem Verstand. Wie man weiß, sind solche Pferdestärken mit Gewalt und harten Bandagen total zu kontrollieren. Aber die höchste Leistungsfähigkeit und Ergänzung erreichen sie erst, wenn man ihnen die Zügel läßt, sie mit Zurufen lenkt und nur, wenn nötig, mit einem Ruck an den Zügeln korrigiert. Das „Feuer“ der Pferde in die eigene Energieentfaltung gilt es zu entfachen. Gleiches gilt im Umgang mit uns selbst im Laufe der Zeit. Erst eine faszinierende Vision weckt die schlummernden Kräfte, macht Planung und Einsatz sinnvoll und erlöst aus dem dumpfen Bewußtsein, nur Sklaven seiner Zeit und seiner Pflichten zu sein. Genau wie im großen Stil von Unternehmensführung eröffnet die Vision bzw. die Philosophie den weiten Raum der Zukunft.

Nur wer Träume hat, hat auch Zukunft, weiß, was er wert ist, und kennt die Richtung. Er ist gefühlsmäßig aktiviert. Nur mit Zukunft lohnt es sich, planmäßig mit sich und seinen Fähigkeiten, Fertigkeiten und seiner Zeit umzugehen. Ob mit oder ohne Zeitplanbuch, das ist dann eine Frage der entsprechenden Mittel.

So werden in unseren Seminaren Situationen geschaffen, die den Anforderungsgehalt des Alltags widerspiegeln. Es werden die vorweggenommenen Folgen, hier persönlicher Erfolg bzw. Anerkennung bei Gelingen o. a. attraktive Motive, vergegenwärtigt. Aus der erwarteten Gratifikation resultiert dann die Handlungstendenz, d. h. die Motivation, etwas zu tun, weil es sich lohnt. Dieser Ansatz macht sich das Verhaltensgesetz zunutze: Unser Handeln bestimmt sich von erwartetem Glück, Erfolg, der Zufriedenheit, Gesundheit und Sicherheit. Dasselbe gilt, wenn wir durch unser Handeln Mißerfolg, Schmerz, Unzufriedenheit etc. vermeiden wollen. Kurz gesagt: Nichts motiviert so sehr wie der Erfolg, sei er der erwartete oder schon eingetretene. In bezug auf persönliche Arbeitstechnik, Zeit- und Selbstmanagement heißt es: die Freude an den selbst erreichten Erfolgen wecken.

3.2 Der Startpunkt: Klarheit der Teilnehmer über die eigenen Werte und Ziele

Mit Wünschen, Ideen, Träumen, Phantasien eröffnen sich die Menschen ihre Zukunft. Damit die Träume nicht nur Schäume bleiben, sondern wie im Spiegel die eigenen Fähigkeiten und Ressourcen wiedergeben, dazu braucht es die Konkretisierung bzw. Operationalisierung in Zielen. Dadurch werden das Maß, die Zeit, der Mittel- bzw. Personeneinsatz angegeben, wodurch Träume Wirklichkeit werden.

In den Zielen spiegeln sich die Breite einer Persönlichkeit, die Vielfalt der beruflichen Aspekte, die großen Entwicklungsmöglichkeiten in der Familie. Im Seminarablauf werden mehrere Kreativitätstests angeboten, wo Wünsche in Ziele übersetzt werden. Ziele werden dann mit den handlungsrelevanten Motiven zusammengebracht, d. h. ob die Aussicht auf Anerkennung, finanziellen Erfolg, Verbesserung der Gesundheit etc. den Einsatz lohnen wird. Zumindest wird man es weiterbringen als nur davon zu träumen.

3.3 Der persönliche Boden: Die Festigung der Selbstsicherheit

Hierbei wird an der persönlichen Selbstgewißheit eines jeden Teilnehmers gearbeitet. Es wird herausgearbeitet, warum und wie es jemand bis dorthin gebracht hat, wo er im Augenblick steht. Der vertrauenerweckende Ansatz einer Reihe von Checklisten ist die Tatsache, daß sie den faktischen Berufserfolg belegen. Sie klären, inwiefern die persönlichen Stärken die eigenen Schwächen überwiegen.

Gleichfalls wird herausgestellt, daß die Arbeitsgewohnheiten, der Sachmitteleinsatz und die bisher erreichte Kompetenz im Umgang mit Disstreß Klarheit in Routineaufgaben ein Beleg dafür sind, daß schon eine verläßliche Basis da

Fragen ↓		Analyse-Instrumente ↓
A Was tue ich im Beruf?	→	A Wichtigste Aufgaben und daraus abgeleitete Hauptaufgaben
B Was für Stärken und Schwächen habe ich?	→	B Stärken-/Schwächenliste
C Was tue ich den ganzen Tag wirklich? Wieviel meiner Zeit ist fremd, wieviel selbstbestimmt?	→	C Tägliche Zeit- und Tätigkeitsanalyse
D Welche meiner Gewohnheiten hemmen produktives Arbeiten?	→	D Analyse meiner Arbeitsgewohnheiten
E Wo verwende ich Zeit für Delegierbares/Automatisierbares?	→	E IST-Aufnahme und Analyse meiner Routinetätigkeiten
F Bin ich gesundheitlich gefährdet?	→	F Streß- und Belastungstest
G Habe ich meinen Büro- bzw. Arbeitsplatz richtig organisiert?	→	G Arbeitsplatzanalyse

Abb. 4: PAT-Ist-Analyse

ist. Im Seminar kann es also beruhigt darum gehen, diese Basis auszubauen und bewußt zu optimieren. Es geht also nicht darum, das persönliche System eines jeden Teilnehmers, wodurch er seine Erfolge erreicht, in Frage zu stellen, sondern es soll bewußtgemacht werden und auf seine Erfolgsfaktoren hin durchleuchtet werden.

3.4 Ist-Analyse: Ermittlung der persönlichen Ressourcen durch die „tägliche Zeit- und Tätigkeitsanalyse"

Im Vorlauf zu den eigentlichen zwei Seminartagen hat der Teilnehmer die Aufgabe, vier bis sechs Wochen vorher konsequent an fünf normalen Arbeitstagen jede halbe Stunde aufzuschreiben, was da geschieht bzw. was er jeweils tut. Es ist ein Aufschrieb des Tatsächlichen, z. B. wie lange eine Konferenz gedauert hat, wie viele Störungen es gegeben hat, welche Aufgaben mit welcher Priorität wirklich bzw. nur halb erledigt wurden. Mit diesem Ergebnisprotokoll werden auch die mitlaufenden inneren Kommentare, die Ideen zur Verbesserung u. ä. erfaßt. Der wichtigste Aspekt dieser Analysebögen liegt in zwei Auswertungszahlen. Erstens, wieviel Zeit (in Minuten und Prozent) widmete man sich wirklich der Priorität A, also dem, worin der berufliche Beitrag zum (Firmen-)Erfolg liegt. Wie viele Reserven liegen in Umschichtung von Zeit und Energie, wenn man Priorität C verringern und Priorität B durch Delegation erfassen kann? Der zweite wichtige Aspekt ist: Wie lange (in Minuten) war die Zeit fremd- bzw. selbstbestimmt? Letzteres ist in diesem Zusammenhang die entscheidende Größe. Nur in der selbstbestimmten Zeit nämlich greifen Verbesserungen der persönlichen Arbeitstechnik. Dort ist man selbst Herr des Geschehens und hat es in der Hand, es erfolgreich zu verändern.

Der entscheidende Ertrag der persönlichen Zeit- und Tätigkeitsanalyse ist die klare Erkenntnis, daß und wieviel Zeit zur Selbstbestimmung gegeben ist. Mit anderen Worten, daß und in welchem Ausmaß es sich lohnt, die eigenen Arbeitstechniken bewußter zu kennen und zielgenauer zu optimieren. Hier, in diesem Abschnitt, wird deutlich erfahren, daß es möglich ist, eine Stunde pro Tag durch Planung und bessere Arbeitsmethoden zu gewinnen. Und das geschieht alles, ohne daß man ein anderer Mensch werden muß. Es gilt schlicht, die Ressourcen zu nutzen, die da sind. Es ist mehr Erfolg und Produktivität möglich, wenn man will. Das koppelt wieder zurück an die Ziele, um derentwillen sich der Einsatz lohnt.

3.5 Die mühsame Kleinarbeit: Operationalisierung von Zielen

Das Staunen über die eigenen Möglichkeiten wird beim Schopf gefaßt und mit der Zielerreichung verbunden. Es wird nun geübt, Ziele konkret zu formulieren und sie von Maßnahmen und Wegen zu unterscheiden. Diese Ziele werden übungshalber oder auch gleich realitätsbezogen in Jahres-, Monats-, Tages-, Teil- und Unter- bzw. Überziele gegliedert. Und das alles geschieht sauber mit terminlichen Soll- bzw. Ist-Angaben, mit Numerierung und Benennung der Verantwortlichkeiten. Mit diesem Wollen im Hintergrund ist es jetzt möglich, exakt und verläßlich die Techniken und Mittel zur Zielerreichung zu verbessern. Dann sind persönliche Arbeitstechnik und Selbstmanagement nicht Mode, Spielerei oder Selbstbeschäftigung, sondern zielorientiertes Handeln. Der Zweck bestimmt die Mittel.

3.6 Ein Kompendium der Arbeitstechniken: Auswahl der individuell ertragreichen Lösungen

In dieser Phase leistet der Lernende Detailarbeit, er lernt verschiedene Arbeitstechniken kennen und kann sie in ihrem Ertrag für die eigene Situation einschätzen. Da vieles vom Typ und von der Situation abhängig ist, wird ein Kompendium von A bis Z an Methoden, Verhaltensweisen und Hilfsmitteln zunächst auf die jeweilige Brauchbarkeit hin aufgeschlüsselt. Erst dann wird je nach den Akzenten im Konkreten gearbeitet und geübt. Die bisherigen Erfahrungen unserer Teilnehmer sprechen dafür, daß der Sachmitteleinsatz an der Arbeitsstelle nicht das große Problem bereitet bzw. die ergiebigen Ressourcen bietet. Der Hauptakzent liegt auf dem Gebiet der eigenen Einstellung und dem Gesprächsverhalten.

Insgesamt läßt sich zu diesem A-Z-Kompendium sagen, daß es grundlegendes Handwerkszeug für effektives Führungsverhalten enthält. Erst wer sich selbst führen kann, kann auch andere führen. Insofern stellt die Schulung in persönlichen Arbeitstechniken auch einen Test dar, wieweit einzelne in der Lage und willens sind, nicht nur mehr Ergebnisse in kürzerer Zeit und intelligenter herbeizubringen, sondern auch mehr Verantwortung gegenüber Kollegen und Mitarbeitern zu übernehmen. So wird in diesen Schulungen konkret an Gesprächsverhalten, Delegationsvermögen, Zielformulierungen und Moderation von Gruppenprozessen gearbeitet. Ein sauberes Feedback seitens des Trainers und der Teilnehmer ermöglicht dem einzelnen, seinen derzeitigen

Checkliste	Für mich			
	sehr wichtig ++	wichtig +	weniger –	unwichtig ––
Akten ablegen und finden/ Informationen speichern				
Übersicht am Arbeitsplatz				
Aufträge an Mitarbeiter richtig erteilen/Aufträge richtig entgegennehmen				
Besuche steuern				
Delegieren				
Diktiergerät nutzen				
Funktionendiagramm verwenden				
Gespräche abkürzen/Gesprächsnotiz				
Konferenztechnik				
Kontrolle: Aufgaben/Ergebnisprotokoll				
Leistungskurven: Erhöhung/ Tageszeit				
„Nein“ sagen wollen und können				
Positive Einstellung entwickeln				
Störungen und Streßbewältigung				
Telefon: produktiv telefonieren				
Terminkalender/Terminüberwachung				
Zeitmanagement: Zeitfresser, Zeitgewinn				
Ideen: Bewertung der Ideen				

Stand wahrzunehmen und sich mit den darin gegebenen Entwicklungsmöglichkeiten vertraut zu machen. Wieweit er sie dann wirklich nutzen wird, das hängt von seinen Zielen ab. Jetzt kommen sie wieder zum Tragen. Jetzt geht es um die Auswahl der einen oder anderen erfolgversprechenden Lösung, um sich nicht zu verzetteln, sondern um die eigene Aufmerksamkeit und Energie zu bündeln.

3.7 Terminverwaltung: Individuell statt schematisch

Im Zusammenhang mit den möglichen und sinnvollen Lösungen wird nun diskutiert und ausprobiert, welche Terminverwaltung angebracht ist. Der Verkäufer wird je nach Unternehmen, Position und Aufgabe eine einfache oder umfassende, persönliche oder zentrale Terminverwaltung nutzen. Je nachdem, wieviel zentral über EDV abgewickelt wird, ob Laptop zur Grundausstattung gehört oder ob nach dem System „eine Sekretärin für mehrere Außendienstmitarbeiter" gearbeitet wird – immer wieder muß das Tool auf seinen Beitrag zur Erfolgssicherung überprüft werden. Mit der Klarheit über die großen Ziele und mit der Konsequenz, in den kleinen Schritten zielorientiert voranzugehen, kann sich der einzelne mittels einer Checkliste sein persönliches Anforderungsprofil an ein Zeitplaninstrument zusammenstellen. So bringt dieses Seminar Klarheit darüber, welches Zeitplanmittel in der gegebenen Situation nötig ist.

3.8 Der Praxisschock: Maßnahmen zur Erfolgssicherung im Alltag

Ein Sprichwort sagt: Der Weg geschieht im Gehen. Bei der Planung konkreter persönlicher Verhaltensänderung, gerade im sensiblen Bereich der bisherigen Erfolgsstrategien, braucht es höchste Aufmerksamkeit auf den Erfolg bei jedem neuen Schritt. Mißerfolgserlebnisse, gerade auf dem Gebiet des ureigenen Bemühens und wo es zudem noch keiner sieht und kontrolliert, stellen oft das ganze Bemühen in Frage. Es gilt ja, sich von liebgewonnenen, wenn auch nicht so ertragreichen, so doch mit Sicherheit befriedigenden Gewohnheiten zu trennen. Die Phase der Unzufriedenheit mit sich und mit den anderen ist dann schwer zu ertragen. Das neue Verhalten „sitzt" noch nicht, und das alte hat seinen Glanz verloren. In diesem Zusammenhang braucht es die Konzentration auf das Machbare, d.h. nicht zuviel zu wollen. Konkret werden jetzt Fahrpläne erstellt und Erfolgssteuerungen eingearbeitet, bis hin zu Belohnungsmodellen, Teamaktivitäten und Wirtschaftlichkeitsnachweisen.

Mit ganz konkreten Modellen geht es dann zurück in den Alltag, um den Praxisschock zu bestehen. Eine sehr effektive Hilfe bei der Umsetzung ist die Aussicht, daß professionelle und realistische Schulungen in persönlichen Arbeitstechniken nach vier bis sechs Wochen einen Tag zur Transfersicherung ansetzen. Dort kommt die Gruppe wieder zusammen, und jeder interessiert sich für die Fortschritte und Erfahrungen des anderen. Dieses Interesse der anderen an den eigenen Bemühungen ist eine große Stütze. Mit dieser Erfolgskontrolle geht es dann zu neuen, nächsten Zielen, je nach den Erfahrungen der vergangenen Wochen.

4. Die Grenzen für die Planung der Zeit

4.1 Ordnung ist das halbe Leben

Planen läßt sich nur ein bestimmter Teil der (Arbeits-)Zeit. Erfahrungsgemäß sind es 50 Prozent, höchstens 60 Prozent. Diese Grundregel der Zeitplanung wird oft außer acht gelassen. Es wird zu wenig Pufferzeit für „Unvorhergesehenes" angesetzt, wie unerwartete Besucher, interne Betriebsstörungen, technische Ausfälle, persönlich schlechte Disposition, ungenaues Delegieren, Kommunikationssperren oder einfach „Sand im Getriebe", bei Außendienstverkäufern verkehrsbedingte Probleme wie Staus und anderes. Wenn eine Pufferzeit von 40 Prozent angesetzt wird, dann bleibt genügend Zeit für kreative Problemlösungen, zukunftsweisende Einfälle, informelle Gesprächskontakte, „stille Zeiten" für überlegte Entscheidungen sowie Streßabbau.

So gilt: Verplanen lassen sich nur 50 Prozent der Arbeitszeit. Darüber hinaus sollte man 30 Prozent Pufferzeit zur Bewältigung von Störungen ansetzen und sich täglich 20 Prozent an Kreativzeit reservieren. Auch hier gilt für den Außendienstverkäufer eine etwas andere Planung, er wird seinen Terminkalender relativ dicht mit Kundenbesuchsterminen auslasten. So dicht, daß er normalerweise jeweils rechtzeitig zum vereinbarten Termin ankommt. Dabei nimmt er zwangsläufig in Kauf, daß durch verkehrsbedingte Probleme Verspätungen entstehen können. Würde er alle Eventualitäten einkalkulieren, könnte er im schlimmsten Fall pro Tag nur einen oder zwei Termine wahrnehmen.

4.2 Kosten-Nutzen-Rechnung

Der Nutzen, den Selbstmanagement bringen soll, ist die Erhöhung des Nutzungsgrades des menschlichen Leistungspotentials. Gemeinhin wird in der Wirtschaft geschätzt, daß nur 30–40 Prozent des Leistungspotentials der Mitarbeiter wirklich genutzt werden. Da verlockt die Verheißung von Seminaranbietern, hier eine Steigerung von 10–15 Prozent herbeiführen zu können.

4.3 EDV-gestützte Terminverwaltung

Immer mehr EDV-gestützte Terminverwaltungen halten Einzug in Unternehmen. Das klassische Feld war die Ablaufüberwachung bei Produktionen. Hinzu kamen die Projektabwicklungen mit vielen Beteiligten und unterschiedlichen Bereichen. Außendienstmitarbeiter bekommen durch die Tourenplanung und Terminverwaltung, die im Büro geschehen, eine klare Vorgabe ihrer Zeiten. Auch viele Sachbearbeiter erhalten meistens ihre Termine per Bildschirm. Das hat zur Folge, daß die selbstbestimmte Zeit weniger wird. Der Aufwand für die persönliche Zeitorganisation wird deutlich geringer, die Einbindung in die größeren Vorhaben der Firmen besser gesichert und eine Kontrolle des jeweils erreichten Standes ermöglicht.

Diese Vorteile in der terminlichen Abwicklung der Unternehmensziele bringen nun mit sich, daß noch mehr der Erwerb und die Optimierung der persönlichen Arbeitstechniken in den Vordergrund rücken. Es gilt immer mehr, im vorgegebenen Zeitrahmen intelligenter und besser zu arbeiten und die Ergebnisse zu erreichen. Der Nachteil dieses Systems ist, daß der einzelne nicht mehr das Gefühl hat, Herr über seine Zeit zu sein. Diese Schwierigkeit wird dadurch aufgewogen, daß der einzelne Mitarbeiter um so genauer rückgemeldet bekommt, wieviel er erreicht hat und wo er steht. Es werden ihm täglich Erfolge ermöglicht. Das setzt voraus, daß der Mitarbeiter seinen Erfolg mit dem des Unternehmens verbunden sieht. Gerade hier bedeutet der vermehrte Einsatz von EDV-gestützter Terminverwaltung eine besonders intensive Kommunikation der Unternehmensziele und -werte, damit der einzelne weiß, welchen Beitrag er zu deren Erreichung leistet.

Literatur

Hunt, Diana/Hait, Pam (1992): Das Tao der Zeit. Erfolgreiches Zeitmanagement, Düsseldorf/Wien

Mackenzie, Alec (1990): Zeit für Erfolg. Eine Strategie für Zielbewußte, Heidelberg

Seiwert, Lothar J. (1994): Mehr Zeit für das Wesentliche, 16. Aufl., Landsberg/Lech

Autoren-Kurzbiographien

Gerd Bayrhoffer, Dipl.-Psychologe: Gerd Bayrhoffer studierte Psychologie und Volkswirtschaft, war fünf Jahre in der Industrie tätig und ist seit 1977 Trainer im hr TEAM. Seine Tätigkeitsschwerpunkte sind Kommunikation, Problem- und Konfliktlösung, Führungsverhalten und Motivation.

Matthias Hartmann M.A.: Matthias Hartmann hat über zehn Jahre Erfahrung in Rhetorik, Persönlichkeitsentwicklung und Institutionsberatung. Er ist in der hr TEAM Unternehmensgruppe als Trainer für kommunikatives Führungsverhalten, Verkaufsrhetorik und Persönlichkeitsentwicklung tätig. Neben Lehraufträgen an verschiedenen Universitäten und Fachhochschulen hat er zu den Themen Entscheidungsszenarien, Rollenwechsel und biographische Stabilität sowie Selbstmanagement verschiedene Artikel und Bücher veröffentlicht.

Bernd Sattler M.A.: Er studierte neben Sportwissenschaft mit den Schwerpunkten Verwaltung und Organisation auch Sportbiologie und absolvierte anschließend eine Ausbildung zum Industriefachwirt. Anschließend war er als Geschäftsführer eines Großvereins tätig. Seit 1992 ist Bernd Sattler Trainer und Berater in der hr TEAM Unternehmensgruppe. Seine Trainingsschwerpunkte sind Verkaufs-, Telefon- und Korrespondenztraining.

Birgit Stein, Dr. sc. oec., Dr. rer. pol.: Sie arbeitete nach dem Studium und der Promotion als wissenschaftliche Mitarbeiterin in Lehre und Forschung an einer Universität, insbesondere auf den Gebieten der Wissenschaftsorganisation und Wissenschaftsökonomie. Nach ihrer Habilitation sammelte sie als Direktorin für Studium und Lehre Führungserfahrung. Seit 1992 ist sie als Trainerin für Verkauf, Kommunikation, persönliche Arbeitstechniken und Führung in der hr TEAM Unternehmensgruppe tätig.

Peter Stumber: Geschäftsführer für den Geschäftsbereich Offene Seminare. 1978 begann er seine Tätigkeit im hr TEAM als Verkaufstrainer. Bis heute sind dies auch seine Trainingsschwerpunkte. Zusätzliche Trainingsschwerpunkte sind Führungskräftetraining und Aus- und Weiterbildung von Trainern.

Wolfgang Weiner, Dipl.-Kfm.: Nach einer kaufmännischen Lehre in einer Druckerei erwarb er das Abitur, um Betriebswirtschaft zu studieren. Danach war er insgesamt 14 Jahre in Handel und Industrie als Organisator, Systemanalytiker und Marketingleiter tätig. Seit 1985 ist er Trainer für das hr TEAM und nimmt Lehraufträge an einer Fachhochschule wahr. Seine Tätigkeitsschwerpunkte liegen in den Bereichen Kommunikation, Führungstraining, Rhetorik und Projektmanagement.

Stichwortverzeichnis

Zusehend erfolgreicher:
MANAGEMENT BY
VIDEO
Lean Production
VHS, 2 Cassetten
2 x 45 Min.
395,– DM
Vera F. Birkenbihl
DAS ERFOLGREICHE MEETING
Süddeutsche Zeitung
Das erfolgreiche Meeting
VHS, ca. 60 Min.
248,– DM
Michael Birkenbihl
und Vera F. Birkenbihl
TRAIN THE TRAINER
mi Video
Train the Trainer
VHS, ca. 60 Min. 248,– DM
30% besser
Günter Ederer
Lean Production
Teil 1
Die schlanke Fabrik
Teil 2
mi Video
Süddeutsche Zeitung
Hrsg.: mi-Autorenteam
IHR WEG ZUM STARVERKÄUFER
Video
Ihr Weg zum Starverkäufer
VHS, ca. 60 Min. 248,– DM
JENS-PETER KNUST
MITARBEITER MOTIVIEREN UND BEGEISTERN
mi Video
Mitarbeiter motivieren und begeistern
VHS, ca. 60 Min. 248,– DM
mi Video
Lothar J. Seiwert
Mehr Zeit für das Wesentliche
Video mit Begleitheft und Trainingsplan
Mehr Zeit für das Wesentliche
VHS, ca. 60 Min. 248,– DM
Fragen Sie Ihren Fachbuchhändler danach!
mi verlag moderne industrie